北京教育科学研究院学术著作出版资助项目

现代职业教育中企业社会责任的实现机制与评价研究

霍丽娟 ◎ 著

北京大学出版社
PEKING UNIVERSITY PRESS

内 容 简 介

深化产教融合、校企合作是推进现代职业教育高质量发展的关键。企业主体作用的发挥决定产教融合的质量和水平,也关系着企业自身数字化转型升级的共生发展,对社会经济发展、国家核心竞争力的整体提升起着至关重要的作用。

本研究从企业社会责任的理念入手,以发挥企业主体作用来承担职业教育社会责任的视角进行了系统研究,运用企业社会责任"影响因素-行为表现-影响结果"的分析框架,深入探究了企业承担职业教育社会责任的理念认知、合作意愿、伙伴选择、绩效影响及政府和行业的影响作用,并以企业为研究对象,构建了企业职业教育社会责任的利益相关者管理模型,提出了我国企业职业教育社会责任的评价指标体系,对职业教育中企业社会责任的政策制度和保障体系提出了建议。本研究为深化企业社会责任的研究提供了新思路,进一步丰富了利益相关者理论和企业社会责任理论,为推进现代职业教育体系完善、加快技能型社会建设提供了研究基础和行动参考。

图书在版编目(CIP)数据

现代职业教育中企业社会责任的实现机制与评价研究/霍丽娟著. —北京:北京大学出版社,2023.7

ISBN 978-7-301-34140-7

Ⅰ.①现… Ⅱ.①霍… Ⅲ.①企业责任—社会责任—职业教育—研究 Ⅳ.①F272-05

中国国家版本馆CIP数据核字(2023)第110496号

书　　名	现代职业教育中企业社会责任的实现机制与评价研究 XIANDAI ZHIYE JIAOYU ZHONG QIYE SHEHUI ZEREN DE SHIXIAN JIZHI YU PINGJIA YANJIU
著作责任者	霍丽娟　著
策划编辑	杨星璐
责任编辑	曹圣洁　杨星璐
标准书号	ISBN 978-7-301-34140-7
出版发行	北京大学出版社
地　　址	北京市海淀区成府路205号　100871
网　　址	http://www.pup.cn　新浪微博:@北京大学出版社
电子信箱	pup_6@163.com
电　　话	邮购部 010-62752015　发行部 010-62750672　编辑部 010-62750667
印 刷 者	北京宏伟双华印刷有限公司
经 销 者	新华书店
	720毫米×1020毫米　16开本　19.75印张　273千字 2023年7月第1版　2023年7月第1次印刷
定　　价	98.00元

未经许可,不得以任何方式复制或抄袭本书之部分或全部内容。
版权所有,侵权必究
举报电话:010-62752024　电子信箱:fd@pup.pku.edu.cn
图书如有印装质量问题,请与出版部联系,电话:010-62756370

前 言

当前，信息技术赋能产业为要素资源在全球范围内的流动提供了巨大的推动力，人力资本成为促进经济社会发展、推动产业转型升级的关键要素。建设支撑产业转型升级的人才培养体系，培养更多适应企业转型发展的人才队伍，成为各国数字化战略的重心。深化产教融合、校企合作是现代职业教育体系构建的核心驱动和基本逻辑，已经上升成为我国人力资源提升的重要战略部署。发挥企业重要主体作用，加快建立有利于促进产教融合的体制机制，形成产教深度融合、校企协同育人、完善需求导向的人才培养模式，推动教育链和产业链、创新链和人才链的有机衔接是新时代职业教育的新使命。

有关产教融合、校企合作的研究与实践始终是职业教育创新发展的热点和难点。从产学结合、工学结合、校企合作到产教融合，历经了不同的探索阶段，由推动"点对点"的校企之间合作走向促进区域的专业集群对接产业集群的"多校多企"集成化融合，彰显了国家技能型社会建设的顶层设计理念。政策推动的着力点也开始由单一的关注校方转向对企业和院校双主体作用的共同推进，引领现代职业教育体系高质量发展，促进产教融合型企业、行业、城市系统性参与，构建"政府主导、企业主体、多方参与"的产教融合格局。新理念和政策的推动也拓宽了产教融合的研究领域，越来越多的研究开始转向产教融合生态系统、职业教育体系、产业学院等院校企业之间深度合作的问题。而其中，从企业视角出发，观察企业参与校企合作的理念认知、伙伴选择、合作意愿和行为规律，探究利益相关要素的集聚融合等方面问题的研究尚不多见。这也是我着手此项研究工作的初衷。

现代职业教育中企业社会责任的实现机制与评价研究

一直以来，我国职业教育校企合作中存在企业参与职业教育的积极性不高、深度不够、成效不足等问题。在当前政府政策和制度大力推进、全社会高度关注的背景下，企业在职业教育中承担社会责任有了更加多样的表现形式，同时也得到社会各利益相关者的关注和支持。但是，需要看到解决改革过程中的问题不是一蹴而就的。院校和企业两个不同属性的组织之间的制度壁垒向更完善的体制机制、更加协调的社会环境及各方的共识基础提出更高的诉求。本研究从企业承担职业教育社会责任的视角来审视其在职业教育中主体作用的发挥程度，较好地显示出企业参与职业教育的积极性和主动性问题。随着我国产业经济的不断发展，企业开始由原始积累发展模式进入资本积聚和集中时期，越来越多的企业重视价值链打造和核心竞争力升级。企业主体作用的发挥需要内在驱动力，随着技能型社会建设的深入，承担职业教育社会责任应成为企业在数字化转型期获得核心竞争力的战略选择。

企业承担职业教育社会责任对绩效的提升是维系企业持续深入校企合作关系的关键因素，产教融合可以看作企业从理念认知到行为选择，再到对绩效追求的过程。本研究基于利益相关者管理的社会责任分析框架，研究了企业承担职业教育社会责任的"认知-行为-绩效"之间价值链的存在，其相关关系解释了企业深度参与职业教育的内在逻辑和行为规律。这是激励企业发挥主体作用的根本，也是那些对市场信号敏感、对产业链中跨界共生需求高的企业承担社会责任的内在驱动力。通过研究，期待引起企业的共鸣，促使企业将与职业院校深入开展人才培养、技术创新、社会服务、文化传承作为跨界共生的价值定位和战略选择，实现互利共赢。同时，也期待引起政府、行业协会等利益相关者的关注，发挥好引导调节作用，为企业承担责任构建良性运行保障机制和社会环境。当前，深化产教融合的政策措施相继出台，一批产教融合型城市、行业和企业建立了起来，各部门之间的政策合力正在形成，有效促进了产教要素

前　言

的融合匹配和成长，极大地唤醒和强化了企业承担职业教育社会责任的意识。但是，本研究仅对企业承担职业教育社会责任做了初步探究，我们期待更多同行以行业、企业、产业集群为研究对象，在体制机制、行为规律、绩效评价等方面开展深入的研究，以更加精准地指导实践，在实践中不断提高职业教育与产业的适应性。

本书是在国家社会科学基金课题研究成果的基础上形成的，感谢课题组研究团队的各位成员，感谢全国哲学社会科学工作办公室及参与本项研究的各位专家，感谢为企业问卷调研辛勤付出的朋友们！

特别感谢北京教育科学研究院对本书出版给予的资助。

霍丽娟

2022 年 8 月 12 日于北京

目　录

第1章　绪论 ... 1
1.1　研究背景 ... 4
- 1.1.1　企业承担职业教育社会责任是深化产教融合的前提基础 ... 4
- 1.1.2　企业承担职业教育社会责任是企业跨界共生的战略选择 ... 5
- 1.1.3　企业承担职业教育社会责任是推进技能型社会建设的关键环节 ... 6

1.2　问题的提出 ... 7
1.3　概念界定 ... 9
- 1.3.1　企业社会责任 ... 9
- 1.3.2　企业职业教育社会责任 ... 11
- 1.3.3　现代职业教育 ... 12
- 1.3.4　产教融合 ... 13

1.4　研究内容 ... 14
1.5　研究意义 ... 15

第2章　企业社会责任研究概述 ... 16
2.1　企业社会责任的内涵和分类研究 ... 16
- 2.1.1　企业社会责任的内涵 ... 16
- 2.1.2　企业社会责任的分类 ... 17

2.2　企业社会责任的理论研究 ... 18
- 2.2.1　利益相关者理论 ... 18
- 2.2.2　社会契约理论 ... 22
- 2.2.3　资源依赖理论 ... 24

2.3　企业职业教育社会责任的研究 ... 27
- 2.3.1　部分发达国家企业职业教育社会责任的实现 ... 27

2.3.2　我国关于企业职业教育社会责任的研究............29
　2.4　本章小结............31

第3章　利益相关者理论视角下企业职业教育社会责任的实现............33
　3.1　现代职业教育中企业的社会责任............35
　　3.1.1　企业在职业教育领域的利益相关者............35
　　3.1.2　企业在职业教育中的社会责任............37
　　3.1.3　企业在不同发展阶段的社会责任............38
　3.2　企业社会责任报告中的职业教育社会责任............39
　　3.2.1　企业社会责任报告中的利益相关者............41
　　3.2.2　企业社会责任报告中的职业教育相关责任............42
　　3.2.3　企业社会责任报告中职业教育社会责任的类型............44
　3.3　影响企业职业教育社会责任实现的因素............45
　　3.3.1　影响企业职业教育社会责任实现的外部因素............45
　　3.3.2　影响企业职业教育社会责任实现的内部因素............46
　3.4　企业职业教育社会责任的实现中存在的问题............48
　　3.4.1　企业层面：企业承担社会责任的执行力不足............48
　　3.4.2　院校层面：吸引企业承担社会责任的能力不足............49
　　3.4.3　政府部门层面：缺少系统的制度体系予以保障............49
　　3.4.4　行业协会层面：主体作用发挥不足............50
　3.5　本章小结............51

第4章　企业职业教育社会责任的研究设计............55
　4.1　研究假设............55
　4.2　变量定义............56
　4.3　问卷设计............58
　4.4　测量工具............59
　4.5　调研实施............62
　4.6　样本描述............63
　4.7　研究框架............69

第5章　企业承担职业教育社会责任的动因和理念 71

5.1　企业承担社会责任的基本情况 71
5.1.1　企业了解社会责任的途径 71
5.1.2　企业对社会责任的认知和承担情况 72
5.1.3　企业的重要利益相关者 75

5.2　企业承担职业教育社会责任的基本情况 76
5.2.1　企业承担职业教育社会责任的内容 76
5.2.2　企业对承担职业教育社会责任重要性的认识 76
5.2.3　企业承担的职业教育社会责任类型 78

5.3　企业承担职业教育社会责任的动因 79

5.4　企业承担职业教育社会责任的理念 80
5.4.1　上市与否企业承担职业教育社会责任的理念 82
5.4.2　不同发展阶段企业承担职业教育社会责任的理念 82
5.4.3　不同规模企业承担职业教育社会责任的理念 84
5.4.4　不同区域企业承担职业教育社会责任的理念 86
5.4.5　不同产品技术来源的企业承担职业教育社会责任的理念 88
5.4.6　不同经济类型企业承担职业教育社会责任的理念 89

5.5　企业承担职业教育社会责任的诉求 90

5.6　本章小结 94

第6章　企业承担职业教育社会责任的行为表现影响因素分析 97

6.1　影响企业承担职业教育社会责任行为表现的因素 100
6.2　企业承担职业教育社会责任的积极作用 102
6.3　企业承担职业教育社会责任的消极作用 103
6.4　企业承担职业教育社会责任对企业绩效的影响 104
6.5　政府主导对企业承担职业教育社会责任的影响 105
6.6　不同属性企业承担职业教育社会责任的行为表现 107
6.6.1　上市与否企业的行为表现 108
6.6.2　不同规模企业的行为表现 112
6.6.3　不同经济类型企业的行为表现 120
6.6.4　不同发展阶段企业的行为表现 127

6.6.5 不同区域企业的行为表现.. 134
6.7 本章小结.. 142

第7章 共生与依赖：企业承担职业教育社会责任的行为规律......... 146
7.1 共生与依赖.. 148
  7.1.1 共生与依赖的基本理论.. 148
  7.1.2 产教融合中的资源依赖分析.. 149
7.2 企业社会责任中的资源依赖性.. 151
  7.2.1 企业对组织资源的依赖.. 151
  7.2.2 企业对资源依赖关系的依赖.. 152
  7.2.3 企业社会责任的配置.. 153
  7.2.4 资源依赖结构和组织的自主性.................................... 155
7.3 企业职业教育社会责任中的资源依赖性.............................. 156
  7.3.1 职业院校提供自有资源的重要性................................ 156
  7.3.2 企业提供自有资源的重要性.. 157
  7.3.3 校企双方产生共生资源的重要性................................ 158
7.4 企业承担职业教育社会责任行为程度的相关因素分析...... 160
  7.4.1 企业承担责任的行为程度与职业院校提供自有资源
       重要性的相关性分析.. 160
  7.4.2 企业承担责任的行为程度与企业提供自有资源
       重要性的相关性分析.. 161
  7.4.3 企业承担责任的行为程度与校企双方产生共生资源
       重要性的相关性分析.. 161
  7.4.4 企业承担责任的行为程度与政府支持程度的相关性分析....... 169
7.5 校企双方的资源依赖程度比较分析...................................... 172
  7.5.1 校企双方自有资源重要性之间的t检验...................... 172
  7.5.2 校企双方自有资源重要性与共生资源重要性的t检验......... 174
  7.5.3 自有资源、共生资源重要性与政府支持和影响的
       相关性分析.. 175
7.6 不同属性企业承担职业教育社会责任的资源依赖程度比较分析....... 176
  7.6.1 不同发展阶段企业的资源依赖程度比较分析............ 176
  7.6.2 不同规模企业的资源依赖程度比较分析.................... 184

   7.6.3 校企合作与否企业的资源依赖程度比较分析..........................190
   7.6.4 政府对不同属性企业承担责任的影响作用比较分析..........................191
 7.7 企业承担职业教育社会责任行为程度的回归分析..........................196
 7.8 本章小结..........................198

第8章 探索与成长：企业职业教育社会责任评价..........................202

 8.1 校企合作的成效评价研究..........................204
 8.2 企业职业教育社会责任评价的理论基础..........................205
   8.2.1 相关概念..........................205
   8.2.2 基于利益相关者管理模型的研究框架..........................206
 8.3 企业承担职业教育社会责任对企业绩效影响的实证分析..........................207
   8.3.1 一般性描述..........................207
   8.3.2 企业绩效的影响因素分析..........................208
   8.3.3 企业承担职业教育社会责任的程度对企业绩效的影响..........................214
   8.3.4 政府对企业承担责任的支持程度对企业绩效的影响..........................216
   8.3.5 不同区域企业绩效的差异性比较..........................223
   8.3.6 企业是否上市对企业绩效的影响..........................226
   8.3.7 是否参与校企合作项目对企业绩效的影响..........................227
 8.4 企业承担职业教育社会责任对企业绩效影响的回归分析..........................230
 8.5 基于利益相关者管理理论的绩效模型构建..........................233
   8.5.1 企业职业教育社会责任成熟度..........................233
   8.5.2 企业职业教育社会责任的利益相关者管理模型..........................234
 8.6 企业职业教育社会责任的评价指标体系构建..........................238
 8.7 本章小结..........................242

第9章 担当与坚持：企业职业教育社会责任的案例报告
   ——来自河北新龙科技集团的案例报告..........................246

 9.1 企业承担职业教育社会责任的基本情况..........................249
 9.2 企业承担职业教育社会责任的历程..........................250
 9.3 企业承担职业教育社会责任的条件和内在驱动力..........................255
 9.4 企业承担职业教育社会责任的成效和收益..........................257
 9.5 本章小结..........................259

第 10 章　现代职业教育中企业社会责任的推进政策与建议 263
  10.1　研究结论 264
  10.2　政策建议 269
  10.3　研究存在的不足 274

附录 1　企业承担职业教育社会责任情况调查问卷 275

附录 2　企业家访谈实录 291

参考文献 299

第1章 绪论

当前，全球新一轮产业变革和科技革命方兴未艾，科技创新正加速推进，并深度融合、广泛渗透到人类社会的各个方面，成为重塑世界格局、创造人类未来的主导力量。以数据为生产要素的新一轮产业变革，使移动互联网、大数据、人工智能技术快速崛起，世界正在进入以信息产业为主导的数字经济时代。技术和产品生命周期快速更迭，推动新业态、新物种、新内容、新关系、新理念的出现，开创智能化的新纪元。伴随着新一轮科技革命，社会的产业结构、生产工具、劳动者素质等生产力要素，以及人们的生产方式、生活方式、思想观念也正在发生巨大的变化。在这一系列深刻变化中，经济社会发展所蕴含的转型升级、生产率提升和多元创新的变迁要素对企业的人力资源、技术创新、产品升级提出了更高要求，特别是对劳动者知识、技能的储备和更迭速度提出了高标准，提高劳动力市场人力资本积累水平成为经济社会发展中动能转化的重要环节。因此，世界各国都将劳动者素质提升作为促进经济社会发展的重要基础和国家发展战略的重点，培养适应国家经济社会发展、产业迭代升级需要的各级各类技术技能人才，并及时实现知识更新和技能升级是各国实现人力资本强国的根本任务。

"十四五"时期是我国全面建成小康社会、实现第一个百年奋斗目标之后，乘势而上开启全面建设社会主义现代化国家新征程、向第二个百年奋斗目标进军的第一个五年。准确把握新发展阶段，深入贯彻新发展理念，加快构建新发展格局的"十四五"时期要求，对焦到教育层面，推动人力资源提升和技术技能积累是新时期教育高质量发展的基本遵循和任务目标。职业教育作为教育体系的重要组成部分，面对新的发展态势和产业需求，担负着培养更多高素质技术技能人才的历史使命和责任。站在全面建设社会主义现代化国家新征程的起点上，习近平总书记提出要"大力发展职业教育和培训，有效提升劳动者技能和收入水平，通过实现更加充分、更高质量的就业扩大中等收入群体，释放内需潜力"，将推动职业教育发展作为实现高品质生产的重要部分，放在支撑以国内大循环为主体、国内国际双循环相互促进的新发展格局构建的高度进行建设，明确了新时期职业教育在国家经济社会发展中的重要地位。党的十九届五中全会明确提出，要"加大人力资本投入，增强职业技术教育适应性，深化职普融通、产教融合、校企合作，探索中国特色学徒制，大力培养技术技能人才"，为职业教育创新发展指明了总体目标和建设路径。增强职业技术教育适应性是职业教育结构层次、培养质量、创新能力和服务水平与经济社会发展的适应，其根本是对数字化转型升级催生的产业发展的适应，是对高品质人民生活需求及对城市运行管理提升的适应，反映社会治理水平和治理能力的提升。

产教融合是职业教育的本质特征，也是增强职业技术教育适应性的基本路径。深化产教融合，促进校企协同共生，加快培养更多符合产业转型升级需要的新生代劳动者是新时期增强国家核心竞争力和自主创新能力、建设创新型国家的关键，对新形势下全面提高教育质量、扩大就业创业、推进经济转型升级、培育经济发展新动

第 1 章 绪　　论

能具有重要意义。基于产业链需求集成化耦合资源、人才、平台、机制等关键要素，促进人才培养供给侧和产业需求侧结构要素全方位融合，实现教育链与产业链、创新链、人才链有效衔接，让职业教育内生于经济社会，形成教育与产业共建共享、共生共荣的生态系统，为推动区域"围绕产业链部署创新链、围绕创新链布局产业链"提供有力支撑，是新时期构建现代职业教育体系的建设目标。其中，深化产教融合、校企合作的关键在于充分发挥企业的主体作用，构建政府统筹管理、行业企业积极举办、社会深度参与的多元办学格局，实现在政府主导下校企合作形式的创新。

企业的根本属性是追求利益最大化。在技术赋能产业的数字经济时代，产业链向两端延伸，产业之间的融合促使企业不断挖掘新的生产要素，再造组织结构和工作流程，优化组织内共生效率，同时也推动企业寻找跨界的合作伙伴，追求协同共生价值，提高要素配置效率，实现组织外共生创新，从而在产业链上获得新的核心竞争优势。企业承担职业教育社会责任，与职业院校深度合作，获得适应企业转型升级需要的高素质技术技能人才、技术创新成果和咨询服务，是其适应产业链迭代升级的有效途径，也必将成为新时期优质龙头企业的战略选择。将承担职业教育社会责任作为跨界共生的选择，是由企业所属行业领域、属性、规模、成长阶段决定的。企业的参与目的及参与意愿、资源禀赋、成本收益决定着其要素组织和功能诉求，从而呈现出与职业院校不同的合作模式。因此，从企业的视角出发研究和关注企业在产教融合中的主体作用，探索产教协同共生的逻辑规律和管理模型，培养大量适应区域经济社会发展需要的高素质劳动者和建设者，是新时期职业教育高质量发展的根本出发点，也是支撑企业和推动产业数字化转型升级的加速器。

现代职业教育中企业社会责任的实现机制与评价研究

1.1 研 究 背 景

1.1.1 企业承担职业教育社会责任是深化产教融合的前提基础

深化产教融合是现代职业教育改革发展的核心内驱力，充分发挥企业的主体作用是新时期构建职业教育体系的关键环节。党的十八届三中全会通过的《中共中央关于全面深化改革若干重大问题的决定》提出了"加快现代职业教育体系建设，深化产教融合、校企合作，培养高素质劳动者和技能型人才"的目标要求，第一次提出了产教融合的概念，将其作为推动职业教育发展的有效途径进行了明确。2014年，《国务院关于加快发展现代职业教育的决定》提出要"发挥企业重要办学主体作用"，明确了企业在职业教育中的社会责任。党的十九大报告提出"完善职业教育和培训体系，深化产教融合、校企合作"，为职业教育在新时代推进内涵建设和创新发展进一步指明了方向。2017年12月，国务院办公厅印发《关于深化产教融合的若干意见》，提出将产教融合放在整个经济社会发展与产业全面转型升级的大局中进行统筹设计，制定实施同步规划产教融合与经济社会发展政策措施、支持方式、实现途径和重大项目，突出强调发挥企业重要主体作用，从操作层面提出实行"引企入教"改革，健全学生到企业实习实训制度，推动企业以多种形式参与办学，将产业需求及时融入人才培养，由人才"供给-需求"单向链条，转变为"供给-需求-供给"闭环反馈，促进人才培养供给侧和产业需求侧结构要素全方位融合。2018年2月，教育部等六部门印发《职业学校校企合作促进办法》，对企业主体作用进行了界定，构建了校企合作的基本制度框架。2019年1月，国务院印发《国家职业教育改革实施方案》，进一步提出要厚植企业承担职业教育社会责任的社会环境，推动职业院校和行业企业形成命运共同体。2021年10月，中共中央办公厅、国务院办公厅印发《关于推动现代职业教育高质量发展的意见》，将企业主体作用进一步突出，强调完善产教融合办学体制，创新校企合作办学机制，形成校企命运共同体。推动企业承担职业教育社会责任成为深化产教融合的前提基础。

1.1.2 企业承担职业教育社会责任是企业跨界共生的战略选择

企业和院校分属不同性质的组织，其组织属性决定了产教之间的"融合"需要在产业发展的不同阶段做深入的路径探索。企业发挥主体作用，需要与院校在人才培养、技术创新和社会服务方面寻求资源整合创新，以合作模式增强协同创新共同体的内在活力，形成互通、互融、互惠、共生的关系，实现专业链、产业链、产品链及服务链的高度一体化。这是企业和院校共同面临的新的挑战。组织价值进化的方向是融合、跨界与共生。只有当组织的使命感能充分激励与调动组织内外的力量时，才能真正保障高效的组织协同共生[1]。校企协同共生的单元必须不断地主动寻求协同增效，从而实现院校与企业各自边界内组织成长、跨边界组织成长、系统自进化，进而达到整体价值最优的动态平衡。

内求定力，做出最大改变；外联共生，做出有效选择。企业作为社会单元，需要具备适应技术进步和产业发展的能力。在数字经济时代，企业只有提升自己的专业性，创造可持续且不可替代的价值，才会让自身拥有更多、更大的生存发展机会。企业在产教融合中主体作用的深化会提升企业适应产业转型升级的能力，优化企业生产流程，促进流程再造，为企业可持续发展提供人才保证和技术支持。推动企业承担职业教育社会责任，加快企业与院校之间的沟通与协同，建立共生型组织，形成产教融合命运共同体，有利于企业充分发挥其在职业教育中的主体作用，创造组织价值。

促进校企共生发展是推进人力资源供给侧结构性改革的迫切要

求，对新形势下全面提高教育质量、扩大就业创业、推进经济转型升级、培育经济发展新动能具有重要意义。2019年，《建设产教融合型企业实施办法（试行）》和《国家产教融合建设试点实施方案》出台，从企业端发力，鼓励企业参与办学、与院校共建专业、参与人才培养过程、共同开展技术研发，充分发挥城市承载、行业聚合、企业主体作用，以推进企业产业升级应对新技术革命，校企共建技术技能积累命运共同体；建设一批产教融合试点城市，打造一批引领产教融合的标杆行业，培育一批行业领先的产教融合型企业；着力推动需求端和供给端深度融合，将产教融合型企业建设作为现代企业制度建设的重要方向，采取政策组合拳的方式引导、激励企业深入参与产教融合改革，进一步打通人才培养体系供需和科技创新链条，形成加快人才供给侧结构性改革的强大动力。企业承担职业教育社会责任，已成为企业跨界共生的战略选择。

1.1.3　企业承担职业教育社会责任是推进技能型社会建设的关键环节

产教融合、校企合作是现代职业教育体系构建的核心驱动和基本逻辑。企业作为主体承担职业教育社会责任对经济社会发展、国家核心竞争力的整体提升发挥着至关重要的作用，是社会发展到一定阶段的必然需求。新时期，我国经济社会发展、产业转型升级对人才红利和创新活力的需求日益增长，使得职业教育对企业主体作用的发挥提出了更加迫切的期望。

2021年4月，全国职业教育大会创造性提出建设技能型社会的理念和战略。技能型社会是国家重视技能、社会崇尚技能、人人学习技能、人人拥有技能的社会，是以技能为本质与核心，以技能形成体系为重要载体，以技能共同体为建设逻辑的社会。数字经济时代，系统构建技术技能人才培养体系向新时期职业教育发展发起了挑战。加快构建面向全体人民、贯穿全生命周期、服务全产业链的职业教育体系，目标是将技术技能"长入"经济、"汇入"生活、"融入"文化、"渗入"人心、"进入"议程。技能型社会的形成是一个系统工程，需要充分调动和发挥方方面面的积极性。企业参与职业教育是技能型人才培养的有效途径。企业作为产业用人主体，可结合生产需要，建立学习共同体，在培养劳动者的专用性人力资本方面有着突出的优势，在职业技能形成中发挥着重要作用。企业应成为培养技能型人才的重要力量，发挥好其重要的办学主体作用，通过需求导向和产教并举、校企一体的模式，培育出大量跟企业需求适配度较高的人才，同时健全企业内部职业成长体系，让每一个员工都有提升技能、向上流动的渠道，提高产业工人对企业的认同感、对职业的荣誉感。

企业参与职业教育的广度和深度直接影响着职业教育的发展，影响着我国高技能人才的培养质量。随着新产业、新业态、新场景的不断涌现，推动产教深度融合与创新，实现人才培养供给侧和产业需求侧在结构、质量、水平上的精准对接，更是成为推进产业发展转型的关键，而企业承担职业教育社会责任是深化产教融合的前提和基础，也是职业教育创新发展的热点和难点。深化产教融合是时代发展的必然选择，是加快建设实体经济、科技创新、现代金融、人力资源协同发展的推动力，也是增强产业核心竞争力，汇聚发展新动能的有力支撑和保障。推动教育供给侧与产业需求侧精准对接，有效发挥企业主体作用，构建技术技能人才培养体系，加快技术技能人才总量供给是职业教育创新发展的根本出发点。

1.2　问题的提出

企业承担社会责任，实现社会可持续发展，是当今全球发展的潮流。自 2005 年《中华人民共和国公司法》修订提出企业要"承担社会责任"开始,无论是国有企业、民营企业还是外资企业,中国企业投身社会责任实践的步伐在十多年中迅速迈进。

目前,中国企业社会责任理论研究和实践迅速发展,中国企业的社会责任意识不断加强,更多的企业将社会责任融入其发展远景和工作格局中,从而推动整个社会可持续发展。企业承担社会责任已成为当今社会发展的必然趋势。企业要实现产品升级、创新发展,生产出更多的优质产品和服务,满足人民日益增长的美好生活需要,是企业责任的根本所在。在国家经济产业发展的新形势下,企业承担社会责任已经上升到国家战略高度,社会大众对企业社会责任践行的标准也正逐步提高。当前,我国对企业承担社会责任的规定散见于《中华人民共和国公司法》《中华人民共和国劳动法》《中华人民共和国产品质量法》等法律法规中,很多规定过于原则化和概念化,缺乏可操作性和强制执行力,企业参与的主动性和积极性也缺少法律层面的保护,在职业教育领域中的社会责任的内容更是没有明确的界定。

从企业承担职业教育社会责任的视角来审视企业在职业教育中主体作用的发挥,能够很好地反映企业参与职业教育的积极性、主动性和创造性。新时期,深化产教融合、校企合作的核心是建立政府主导、行业指导、企业参与的办学制度,逐步完善校企合作体制机制,有效发挥企业的重要主体作用,推动行业、企业、社区和园区共同参与职业教育,突出职业教育的类型特色。《现代职业教育体系建设规划(2014—2020年)》中明确提出大中型骨干企业要参与职业教育办学,并将国有大中型企业职业教育办学成效列入企业的教育责任。而一直以来,我国职业教育校企合作中一直存在企业参与职业教育积极性不高的问题。在当前国家相关政策和制度的大力推进,全社会高度关注的背景下,企业在职业教育中承担社会责任有了更加多样的表现形式,参与职业教育能够得到更多激励并提高社会声誉，从而得到了社会各利益相关者的关注和支持。但是，需要看到改革过程中有些问题不是一蹴而就的，院校和企业两个不同属性的组织之间的制度壁垒还都存在，企业对承担教育责任的体制机制保障提出了诉求。我们应该更多地关注如何激发企业在职业教育领域中的责任意识，从企业参与的意愿现状入手，分析企业在职业教育领域承担社会责任的影响因素，关注企业承担责任是否对自身核心竞争优势有明显提升，并进一步探究推动企业承担职业教育社会责任的实现路径和运行机制。同时，在培育产教融合型企业的过程中，我们需要建立评价标准并对合作成效进行测量，思考如何评价企业承担教育责任的成效，在项目优势集成中如何建设产教融合型行业、产教融合型城市等热点和难点问题。这些问题的解决既需要政府层面自上而下的推动和促进，又需要企业层面自下而上的认同、响应和实现。而要建设什么样的鼓励与激励措施，其具体的实现路径和方法如何，以及如何评价企业在职业教育领域承担社会责任对自身核心竞争优势的影响，亟待研究者进行深入分析和研究。

1.3 概念界定

1.3.1 企业社会责任

1. 基础概念

Carroll 认为，企业社会责任是社会在一定时期内期望企业承担的经济、法律、伦理和慈善责任，并将这四个企业社会责任构建了金字塔模型[2]40-48。从概念上看，企业的社会责任包含了盈利、守法、合乎伦理和支持社会的商业行为。承担社会责任意味着企业的营利性和对法律的遵守，是讨论企业伦理和企业以其资源支持社会程度的最主要条件。

企业社会责任的四部分之间并不相互排斥。不同的责任在同一企业会同时存在，企业根据自身条件及外部情况决定承担责任的范围和程度。其中，经济责任是企业生存的根本，也是企业承担其他责任的前提；法律责任是企业正常运行的基础条件；伦理责任和慈善责任是对企业更高层次的要求，也是企业发展的助推器。在当今激烈的竞争环境下，很多实力相当的企业利用伦理责任和慈善责任来笼络消费者，以求提高产品的市场占有率，最终在竞争中获胜。在不同历史时期，企业社会责任的内涵也有所不同。

2. 利益相关者视角下的企业社会责任

企业社会责任与一个组织的利益相关者之间有着天然的联系。从这个意义上讲，企业的社会责任就是在某个特定的社会发展时期，企业对其利益相关者应该承担的经济、法律、伦理、自愿性慈善以及其他相关的责任[3]6。利益相关者是指对企业有合法要求权的，在企业中进行一定程度的专用性投资，并承担一定风险的个体或者群体。他们通过向企业提供关键性资源来满足个体的目标利益，其活动能够影响该企业目标的实现，或者受该企业实现其目标过程的影响。企业的利益相关者通常包括政府、股东、员工、债权人、供应商、消费者、环境、当地社区及其他利益相关者（图1.1）。

由于利益相关者的兴趣和利益要求不同，或者对企业社会责任准则的理解和接受程度不同，他们对企业社会责任会做出不同的反应和评价，使企业承担社会责任的行为表现不尽相同，因而其利益要求的实现方式和实现程度也不同。利益要求的平衡性体现在利益相关者的综合相关度和利益要求实现程度之间的匹配性上[4]139。企业特定的社会责任目标可以通过对企业特定利益相关者的管理来实现，从而提高企业的社会责任表现。根据企业生命周期理论，一个企业的发展可以分为初创期、成长期、成熟稳定期、持续发展期四个阶段。企业处于不同的发展时期，其所考虑承担的社会责任的内容也不同。而不同类型、规模、分属不同行业的企业，其承担社会责任的内容和程度也都不尽相同。

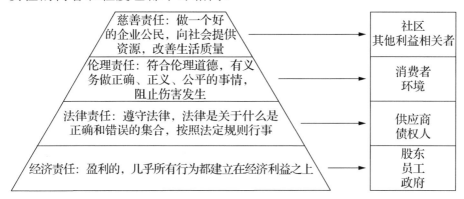

图 1.1　企业社会责任金字塔模型和企业利益相关者之间的关系

我国企业社会责任的内涵正随着时代的发展不断获得新发展，被赋予新的时代内容。企业社会责任的范围也随着社会公共利益的需要、企业能力的发展而逐渐扩大和细化。现阶段具有现代性、中国性的社会责任实体内容是我国企业承担社会责任的主要范围。我国企业社会责任的体系早已由简单的"公益""慈善"转为"对利益相关主体负责"，即企业针对消费者、员工、供应商、社区、社会组织、同业竞争者等利益相关者制定不同的社会责任目标和内容，不同类型的企业也会根据其侧重点开展不同类型的社会责任实践。

1.3.2　企业职业教育社会责任

《中华人民共和国职业教育法》规定，企业应当依法履行实施职业教育的义务。企业职业教育社会责任是强调企业由于享受到社会培养出的人才为其生产经营创造的价值而相应承担的能促进职业教育发展的社会义务[5]。从狭义上来说，企业职业教育社会责任是指企业参与职业院校人才培养培育过程；从广义上来说，凡是人们增进职业知识技能、提升职业道德素质、改善职业发展状况所采取的措施,都应纳入企业职业教育社会责任的范畴。从责任范围上看,企业承担职业教育社会责任属于外部责任,其实质是通过承担责任实现组织内部和外部的共生需求;从履行方式上看,企业应为职业院校提供师资、资金、场地、设备设施、文化理念等;从实施对象上看,企业应对职业院校学生进行培养及实习就业在职培训,对学龄前儿童的职业认知、技能与特长进行培养,以及进行企业员工的职业提升、转岗就业及社区群众的文化熏陶等;从涉及内容上看,由企业援助的一切有关职业教育基础设施和文化理念的战略或实践都可算作企业职业教育社会责任的体现。企业参与职业教育的情况应纳入企业社会责任报告。

本研究中企业职业教育社会责任涵盖职业教育的各个环节,即企业利用资本、技术、知识、设备设施和管理等要素在人才培养、技术创新、就业创业、社会服务、文化传承等方面与职业院校开展的合作行为。

1.3.3 现代职业教育

职业教育与普通教育是两种不同的教育类型,但具有同等重要的地位。现代职业教育是一种大职业教育观,包括中职、高职、职教本科学校、技工学校的学历教育和各级各类职业培训。现代职业教育改革与发展要经过 5~10 年时间,"由参照普通教育办学模式向企业社会参与、专业特色鲜明的类型教育转变",旨在"大幅提升新时代职业教育现代化水平,为促进经济社会发展和提高国家竞争力提供优质人才资源支撑"。党的十九届五中全会通过的《中共中央关于制定国民经济和社会发展第十四个五年规划和二〇三五年远景目标的建议》中,对"十四五"时期"坚持创新驱动发展""激发人才创新活力""建设高质量教育体系"做出整体谋划,明确提出"加强创新型、应用型、技能型人才培养,实施知识更新工程、技能提升行动，壮大高水平工程师和高技能人才队伍"。构建高质量现代职业教育体系，需要从层次结构完善到类型特色彰显，体现其开放性、多样性、系统性和独特性；加大人力资本投入，增强职业技术教育适应性，深化职普融通、产教融合、校企合作，探索中国特色学徒制，大力培养技术技能人才，从加快构建"双循环"新发展格局、促进创新驱动、改善人民生活品质出发，赋予职业技术教育新的历史使命。

1.3.4 产教融合

职业教育作为一种教育类型，其协同育人的办学格局在于由一元主体转向双元主体，即产教融合。双元主体中"产"是指产业，"教"是指教育，这里特指职业教育。产业与教育的深层次对接耦合和发展是职业教育类型特色的体现。产教融合是指职业教育与物质生产、社会服务等行业共同开展生产、服务和教育活动，并且形成不同于简单的教育与产业的新组织模式，这个新组织模式承担起学校按照市场需求培养人才并使其顺利走上工作岗位且能胜任工作的重任，是学校和企业之间有效衔接的桥梁。而为这座"桥梁"提供保证的是政府，由政府制定相关政策制度，以保障这座"桥梁"的畅通。因此，产教融合形成了"政府-企业-学校"三重螺旋的组织结构。产教融合是推动职业教育改革的重要举措，也是构建中国特色现代职业教育体系的有效路径。推动和促进企业承担职业教育社会责任，发挥其重要主体作用将是推动产教融合"深化"的核心关键。

产教融合的内涵可从三个层面理解：在宏观层面，职业教育的整体发展紧扣国家、区域经济社会的产业发展动向、需求及战略规划，支撑优质就业、产业进步，构建教育与产业的有机衔接系统；在中观层面，职业院校与产业、经济部门唇齿相依、资源互赖，实现专业与产业、企业、岗位对接；在微观层面，职业院校主动对接行业企业的生产过程、职业标准和岗位需求，深化三教改革，重构课程体系，重组教学内容，重塑师生关系，实现专业课程内容与职业标准对接、教学过程与生产过程对接。

1.4　研究内容

从企业承担职业教育社会责任的视角来审视企业在职业教育中主体作用的发挥，能够很好地反映企业参与职业教育的积极性、主动性和创造性。本研究以企业为研究对象，在分析利益相关者理论与企业社会责任理论的内在联系的基础上，构建了与企业职业教育社会责任对应的利益相关者管理模型；通过分析现代职业教育体系构建对企业承担职业教育社会责任的需求，明确企业职业教育社会责任的内涵和对象，在案例研究的基础上，分析企业承担职业教育社会责任的初衷、意愿、核心参与要素和影响因素；通过问卷调查，在了解企业承担职业教育社会责任的理念、担责意愿和行为的基础上，引入利益相关者管理模型，按照"认知-行为-绩效"三维要素关系，从企业视角审视企业承担职业教育社会责任的理念、行为表现及其对企业绩效的影响，探究影响企业承担责任的行为规律，分析企业与职业院校在资源共享与价值互换、技术研发与成果转化、社会服务与文化传承中的协同共生规律及成效。同时，关注政府、行业协会对企业行为的影响作用，并将企业职业教育社会责任成熟度予以并行考虑作为控制变量，分析产教融合中企业主体行为的一般规律及影响因素，把握和了解当前企业对承担职业教育社会责任的认知、对合作伙伴的选择、合作意愿、对绩效的影响因素，提出我国企业职业教育社会责任评价指标体系，对企业职业教育社会责任的制度建设和政策制定提出建议。总研究框架如图1.2所示。

第1章 绪　论

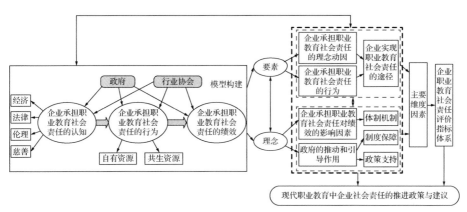

图 1.2　总研究框架

1.5　研 究 意 义

　　本研究引入利益相关者理论对企业社会责任问题进行研究，从企业的视角，审视其应主动承担的职业教育社会责任的内容，对政府和行业协会对企业承担责任行为的影响进行测量，并建立了企业承担职业教育社会责任的行为模型，对企业在职业教育领域中承担社会责任的内涵、模式、体制机制及评价标准进行了探讨，进一步丰富了利益相关者理论和企业社会责任理论。采用实证分析方法，探究企业承担职业教育社会责任的动因、激励和保障，提炼企业职业教育社会责任的主要维度因素，构建企业职业教育社会责任评价指标体系，为职业教育产教融合实践提供借鉴和指导，为推进现代职业教育体系高质量发展提供了理论支撑和政策建议。

第 2 章
企业社会责任研究概述

社会责任是 20 世纪初以来在西方学术界开始探讨的重要问题，具有较高的学术价值和实践意义，同时也是经济学、管理学、社会学、法学等学科共同研究的热点问题。深刻理解和把握企业社会责任的内涵和理论，深入思考其在职业教育中的实现路径，将使企业承担职业教育社会责任现行的探索和实践有更多借鉴和参考。

2.1 企业社会责任的内涵和分类研究

2.1.1 企业社会责任的内涵

有关企业社会责任的研究以概念内涵和责任分类这两个维度居多。研究显示，企业承担的社会责任内涵随着社会发展和经济增长变化而不断丰富，现代社会的市场环境变化较大，企业品牌竞争正在替代产品竞争，企业采取社会责任战略将会给其自身带来核心竞争优势和良好的企业声誉。部分研究从企业社会责任内容切入，对企业社会责任进行了概念界定。Mcguire 认为企业社会责任包括经济法律方面的责任以及一些其他方面的社会责任[6]；Fitch 认为企业的经营活动会产生各种形式的问题，企业社会责任是要承担起解决这些问题的责任[7]；Davis 等认为，为维护企业利益，企业还要为社会福利提供相应的措施，这就是企业的社会责任[8]；Carroll 首次提出企业社会责任的"四责任"框架[9]497，继而提出企业会对社会产生各种各样的影响，企业的社会责任就是要考虑这种影响[10]；我国学者张彦宁认为企业社会责任是企业所承担的有关社会长远利益方面的责任[11]。

另一维度上，Ullmann 认为有关企业社会责任的研究是"一堆寻找理论的数据"，利益相关者理论是"寻找理论的数据"，两者的结合是必然的趋势[12]540-541。因而也有一些学者尝试从利益相关者的角度对企业社会责任进行概念界定。Sheldon 认为企业内存在多种人，企业的社会责任就是要满足这些人的不同需求，另外还应该包含道德责任[13]；霍德盖茨认为企业社会责任是针对不同的群体承担相应的责任，以提高社会福利[14]；我国学者刘俊海指出，企业不能单纯以追求股东利益最大化为目的，应该维护股东之外其他利益相关者的利益[15]，企业可以追求利润最大化，但这并不是企业的全部，企业还应承担维护社会利益的责任；刘连煜认为企业虽然是营利性的组织，但应放弃单单盈利的意图，做出社会上多数人所希望的决策[16]；周祖城认为企业除了考虑自身的经济利益以外，还要对利益相关者承担起相关的责任[17]；黎友焕认为企业社会责任是企业在社会发展的某特定时期，对其利益相关者应该承担的经济、法规、伦理、慈善等方面的责任[3]75-76。

2.1.2 企业社会责任的分类

1. 根据企业承担社会责任的内容分类

1979 年，Carroll 首次提出企业社会责任包括经济责任、法律责任、伦理责任和慈善责任[9]497-498，并在 1991 年通过研究认为利益相关者理论可以为企业社会责任指明方向，针对每一个主要的利益相关者群体可以界定企业社会责任的范围[2]39。根据利益相关者自身的属性不同，2001年，Lantos将其分为伦理型、利他型和战略型三个层面，伦理型对应Carroll提出的前三种责任，利他型和战略型是对慈善责任的进一步细分[18]。2003年，Schwartz和Carroll进一步将企业社会责任归纳为经济责任、法律责任和道德责任三个领域[19]；陈志昂等则将其划分为法规层面、标准层面、战略层面和道义层面[20]；王竹泉认为企业的本质是利益相关者的集体选择，并根据是否有权或实际参与企业的集体选择将企业利益相关者分为内部利益相关者和外部利益相关者，企业的社会责任对象就是与外部利益相关者之间签订的契约[21]；根据利益相关者的重要程度，陈宏辉等认为满足核心利益相关者、蛰伏利益相关者和边缘利益相关者的不同利益需求就是不同层面社会责任的体现[22]。

2. 根据企业承担社会责任的意愿分类

根据企业承担社会责任的不同意愿，Jamali将企业社会责任分为强制型和自愿型两大类，分别对应Lantos的伦理型责任和Carroll的慈善责任[23]；我国学者花双莲将其分为分内社会责任和自愿社会责任两个层面。分内社会责任是企业依据交易契约或社会契约及法律规范对外部利益相关者应尽的基本责任；自愿社会责任是超越分内社会责任的自愿社会责任，属于Carroll的慈善责任、Dima的自愿型责任的范畴，直接对应Lantos的利他型责任[24]。

2.2　企业社会责任的理论研究

2.2.1　利益相关者理论

"利益相关者"概念起源于经济学，它的出现是对传统"股东至上"观点的挑战。"股东至上"观点认为，在企业的经营管理中，凡事要以股东的最大利益为目标[25]。信奉"股东至上"的英美企业在当时的经营中遭受了经济重创,而关注于企业利益相关者经济收益的德国、东南亚一些国家的企业发展却蒸蒸日上,这使得西方学术界开始反思英美企业在制度选择上的合理性[26]。1963年,斯坦福研究所(现为斯坦福国际咨询研究所)对"利益相关者"定义为"在企业中拥有的一些利益群体,若缺少了他们的支持,企业便无法生存",这一定义强调了利益相关者在企业经营中的地位,企业不能仅仅关注股东的利益,还不可忽略利益相关者的需求。20世纪70年代,宾夕法尼亚大学沃顿商学院将利益相关者理论引入企业战略管理的课程讲授中,旨在以此分析企业的经营发展[27]。其他对利益相关者的定义还有:Jensen等认为在企业的经营中能够影响企业的和受企业影响的人或团体都可以看成企业的利益相关者[28];美国经济学家Freeman在他的著作 *Strategic Management: A Stakeholder Approach* 中进一步将利益相关者定义为"能够影响组织目标实现或者在组织目标实现过程中受影响的人或团体"[29];Alkhafaji认为利益相关者是对公司负有责任的人[30];Clarkson认为利益相关者对企业或者企业活动享有主张者的所有权及其他权利或利益[31]92-93。20世纪90年代,在学术界的共同努力下,利用利益相关者理论分析问题的初步框架形成,在当时被认为是评价企业社会责任最有用的理论框架。

当前所说的利益相关者是指对企业的决策或者活动产生影响或者可能受企业决策和活动影响的所有个人、群体和组织。利益相关者理论强调了三个要点:第一,包括股东在内的所有利益相关者都享有企业的决策权和所有权,共同承担企业的风险;第二,企业的目标关注于所有相关者的收益,而不单独强调股东利益的最大化;第三,每个利益相关者都与企业为契约关系,因此各方有平等谈判的权利,各利益相关者都应该被照顾到。

1. 利益相关者与企业社会责任的关系

企业承担社会责任体现了企业对社会及人类的贡献，运用利益相关者理论来进行的相关研究较多是阐释和揭示利益相关者管理、社会责任实现过程、社会责任绩效及财务绩效之间的联系。企业承担社会责任能够改善与利益相关者之间的关系，增加企业的社会资本，提升社会形象，进而促进企业财务绩效和企业价值的提升，特别是在企业遭遇危机时能够提供保险功能。因此，企业社会责任常常被企业作为维系与利益相关者的关系和提升自身价值的重要战略工具。

2. 企业社会责任的利益相关者理论模型

Carroll 在企业社会责任研究中引入利益相关者理论，明确了企业社会责任的对象是企业的利益相关者，将"四责任"框架提炼为企业社会责任金字塔模型[2]40-48。Clarkson 认为，利益相关者理论为企业社会责任研究提供了理论框架，企业社会责任被明确界定为企业与利益相关者之间的关系，并从实证角度将利益相关者细分成企业各利益群体，然后根据各利益群体承担责任情况来评价企业社会责任表现[31]94-117。Wartick 等构建的企业社会绩效模型包括原则、过程和政策三个层面，其中原则指企业社会责任，即经济责任、法律责任、伦理责任和慈善责任；过程指企业社会响应，即利益相关者的响应，分为反应、防御、适应和前瞻；政策指社会问题管理，包括问题识别、问题分析和拟定对策[32]。Wood 认为利益相关者会通过两方面来对企业价值进行评价：一方面是他们对社会责任的认识，另一方面是由于企业承担社会责任而对自身得失的影响[33]692-718。Wood 的企业社会绩效框架，从社会责任管理的角度将企业社会责任行为分为三个层次，分别是社会责任原则、社会响应过程和社会责任结果，并详细列出每个层次的利益相关者、测量指标和测量题项，从逻辑上阐释了企业承担社会责任对其社会绩效的影响。在这之后，基于利益相关者理论模型来研究企业承担社会责任活动的观点得到了许多专家学者的一致认同。利益相关者理论的提出，将企业社会责任的内涵清晰化、充实化、具体化，让企业明白应当在众多利益相关者中尽可能多地满足他们的利益，承担自身的社会责任。

3. 基于利益相关者的企业社会责任分类

王妹等从利益相关者视角，将企业社会责任分为对象维与层次维两个维度[34]。企业社会责任的对象维是各利益相关者，有企业股东、债权人、消费者等；层次维是将企业视为兼具经济功能和社会功能的社会经济组织，包括经济责任、法律责任、伦理责任和慈善责任四个层次。企业社会责任的对象维与层次维相互交织，共同决定了企业社会责任的内涵。一方面，企业对每一类利益相关者都可能承担经济责任、法律责任、伦理责任及慈善责任的一层或多层；另一方面，企业每一层社会责任所作用的对象都是具体的利益相关者。张进发认为企业社会责任管理的核心就是利益相关者管理并引入市场营销思想，认为可以从内部营销出发进行企业内部利益相关者管理，从客户关系出发进行企业外部利益相关者管理[35]。李佳楠认为企业承担社会责任对利益相关者有重要作用，企业承担社会责任的活动可以作为一种有效的积极信号，建立企业与利益相关者之间的纽带，其影响利益相关者行为的内在作用机理可以从认知和情感两个维度来理解[36]。钱爽从利益相关者的视角将企业社会责任分为基于内部利益相关者与基于外部利益相关者两个维度[37]。Ullmann在运用利益相关者理论解释企业社会责任信息披露行为方面做出了开拓性的工作，建立了社会责任信息披露的理论框架，从利益相关者权力、战略态度及经济绩效三个维度，分析了企业披露社会责任信息的动机、压力和结果，该理论框架为后续研究提供了研究模型及理论基础[12]541-557。

2.2.2 社会契约理论

1. 社会契约理论的提出

1937年,经济学家罗纳德·科斯将契约理论引入企业领域,他在《企业的性质》中将企业定义为一系列契约的组合,企业为了降低交易成本而将原来的短期契约关系升级为稳定的长期契约关系[38]。罗纳德·科斯对企业的定义为其他研究者以契约理论研究企业社会责任奠定了基础。此后,"公众化企业"的概念被提出,即企业是社会责任的承担者,企业活动涉及员工、顾客、社会等多方利益并依存于其关系中。企业经济活动显著影响企业外部环境,但是外部环境无法约束企业行为,因此企业外部环境相关者应与企业缔结契约,规定彼此的权利义务以维护自己的应得利益。

1982年,Donaldson首次阐释了企业及与其活动有关的个体集合之间的契约关系,认为契约关系及伦理关系形成了企业的约束力并迫使企业承担社会责任,构建了企业的社会契约理论体系[39]。1995年,Donaldson和Dunfee提出了综合契约理论,该理论认为企业与社会之间的关系可视为一种一致性协议,协议规定企业在社会为其提供必要的外部资源条件时,应把为社会增加福利视为一种义务[40]。这种一致性协议的本质在于企业应当将自身利益与社会利益统一起来,企业的经营活动离不开社会提供的各种资源,如果企业按照契约要求承担社会责任,企业就能够在社会中获得长远的发展。

2. 基于社会契约理论的企业社会责任研究

社会契约理论为分析企业相关问题提供了全新的理论分析视角,为分析企业运作原理、企业与其内部成员的关系及组织之间的关系等问题提供了较强阐释力的理论分析框架。社会契约理论的出现,大大推动了企业社会责任的研究。部分国内学者在借鉴国外研究的基础上,从契约的角度分析了企业社会责任问题。刘长喜以社会契约理论和利益相关者理论对社会责任的边界问题进行了研究[41];李淑英在总结国内外社会契约理论研究的基础上,提出企业的每个经济环节都会产生一定的契约,社会关系会对契约的缔结产生影响[42];李嘉宁等从不完全契约的角度提出了企业承担社会责任是一个动态均衡的过程[43];姜启军等认为,按照社会契约理论,各利益相关者是联系社会契约的节点,从这个意义上讲,社会契约是促进企业承担各利益相关者要求的社会责任的纽带[44];刘建秋等以可持续发展为标准衡量了企业承担社会责任的层次、范围等[45],并从企业的角度审视企业社会责任的内容,认为要素所有者对企业的要求权就是企业应该对外承担社会责任,要素不同,企业所要承担的社会责任也会有所差异[46];崔丽以社会契约理论阐释了企业社会责任的内涵,认为企业在依法经营、积极创造利润、对股东承担责任的同时,还应承担提高利益相关者利益和社会公共利益的责任,她还提出我国企业社会责任的体系早已由简单的"公益""慈善"转为"对利益相关主体负责",即企业针对消费者、员工、供应商、社区、社会组织、同业竞争者等利益相关者制定不同的社会责任目标和内容[47];佘佳微等在社会契约理论基础上提出企业社会责任模型,从要素主体出发分析了企业社会责任内外部驱动机制(图2.1),认为若要实现企业社会责任,既要完善外部环境,加强法律制度建设,维护良好的

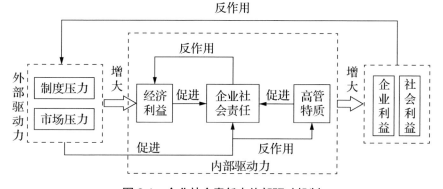

图 2.1　企业社会责任内外部驱动机制

市场秩序，又要努力提高企业的经营效益，加强高管团队的素质和管理能力，将新的管理理念融入企业的战略中，同时不同的企业类型，其社会责任实践侧重点也有所不同[48]。

应该说，社会契约理论以社会学的视角理解现实社会中的契约关系，以一种全新的视角看待契约、看待市场交易，有其自身的理论优势。以该理论作为构建我国企业社会责任体系的理论基础，提倡实质主义方法论，能够较好地解释企业社会责任的层次性、承担动因、影响因素以及实际过程中的关系维系，为我国企业社会责任体系的构建和落实提供理论支撑和实践指导。

2.2.3 资源依赖理论

1. 资源依赖理论的核心概念和应用

资源依赖理论的代表人物是普费弗和萨兰西克。该理论认为，组织是一个开放的系统，是不同利益群体组成的联合体，每个利益群体都有自己独特的偏好和目标，并试图从组织内的互动及组织与环境的互动中完成自己的目标，取得自己的利益。

组织的生存和发展需要资源，而任何组织不可能持有自身赖以生存和发展所需的全部资源，实现自我供给下的生存和发展。大量关系组织生存的稀缺和珍贵资源都包含于组织的外部环境中，为了生存，组织不得不从外部环境中引进、吸收、转换各种资源，包括人力资源、财力资源、社会合法性、顾客、技术和物资投入等，形成了组织间资源相互依赖的关系网络。这里可以得到资源依赖理论的两个假设：一是维持组织的运行需要多种不同的资源，而这些不同资源不可能都由组织自己提供；二是组织的正常运作是由多种活动构成的，而这些活动不可能都是在组织内进行的。这两个条件意味着组织必须依赖外部环境以求资源，同时必须依赖其他单位的活动来维持正常运作。在组织与外部环境的交换中，资源的稀缺性和重要性决定了组织对外部环境的依赖程度，组织需要采取一些策略来处理这种依赖性。这些策略包括合并、购并、合资企业和其他的联盟方式,以及通过连锁董事会等机制来委派组织代表加入企业的决策部门等。因此,不了解组织运作的外部环境,就无法了解组织的结构和行为。

资源依赖理论的两个核心概念:一是组织的外在限制,即组织会对在外部环境中掌握重要资源的其他组织的需求做出回应;二是组织的外部依赖,组织的管理人员为了确保组织的存在与延续,要尽可能地管理组织对外部环境的依赖情况,尽可能多地从外在限制中得到自主性与自由度。在这里,资源交换被视为联系组织和外部环境之间关系的纽带,由于组织的资源依赖性,组织的生存能力在很大程度上取决于其与外部环境中的各种资源控制者进行交往和谈判的能力。

资源依赖理论在研究组织间关系中的应用多见于各企业组织之间、非政府组织与政府之间、网络型经济组织之间等。组织间关系是资源依赖理论的基本分析单位,有时也被应用于亚分析单位之间的其他关系类型。资源依赖理论的应用从微观到宏观,其分析单位的跨越极大,从个别管理者组织内单元到企业联盟和合资企业以及组织间网络。

资源依赖理论强调组织权力,把组织视为一个政治行动者,认为组织间的资源依赖产生了其他组织对特定组织的外在限制,并影响了组织的权力关系及组织内部的资源结构。由于组织从其所依赖的环境中获得了资源,该环境就能够对组织提出要求,而组织也会试图满足这些要求,因此,外在限制和内部权力构造构成了组织行为的条件,并产生了组织为了摆脱外部依赖而维持组织自治度的行为。该理论还强调组织对外部环境的依赖并不完全是消极被动的,它会审视相关的环境,通过调整内部结构和活动过程等政治性行为,追求组织自身的利益和自主性。

2. 基于资源依赖理论的企业社会责任研究

申富平等认为对资源的依赖性是企业社会责任产生的本源，企业对资源的依赖性包括对资源本身的依赖性和对资源依赖关系的依赖性，它们是企业配置社会责任的依据，一般来说，某种资源对企业的贡献率、"黏合性"和稀缺性越大，企业就应该对资源提供者承担更多的社会责任[49]50；张钢仁等以资源依赖理论作为分类依据对种子企业利益相关者分类进行研究，根据分析结果将种子企业利益相关者划分为关键利益相关者和非关键利益相关者，将其作为种子企业承担社会责任的优先性次序，在一定程度上丰富和发展了利益相关者理论和企业社会责任理论[50]；陈红强等系统地探讨了政治关联以及政治关联和政府控制的交互作用对企业社会责任的影响，以2009—2012年我国沪深A股上市公司的社会责任数据和政治关联数据为例进行探讨，发现政治关联对企业社会责任具有显著影响，其中代表委员类政治关联比政府官员类政治关联更能促进企业社会责任水平的提高，相对于建立地方政府政治关联的企业而言，具有中央政府政治关联的企业更愿意承担企业社会责任，而在政府控制的企业里，政治关联并没有促进企业社会责任水平的提高[51]；陈钢认为公司通过更好地承担社会责任，能够获得拥有公司经营所需资源的各利益相关者更多的支持，从而增加了公司的并购财富[52]。

资源依赖理论从资源的重要性、不可替代性和稀缺性将利益相关者进行分层，很好地解释了企业承担社会责任的动因是什么，企业应关注并承担哪些利益相关者的责任，以及承担责任的成效，但是不能完全地阐释企业在承担责任的过程中与利益相关者之间的合作和博弈。

2.3 企业职业教育社会责任的研究

2.3.1 部分发达国家企业职业教育社会责任的实现

在发达国家,企业参与的教育囊括了基础教育、社区教育、员工培训、职业技术培训甚至科研开发,是成人教育的主要组成部分,也是高等教育研发的重要支持。国外学者对企业参与教育的研究较为宽泛,企业在政府的相关政策和法规的倡导和支持下承担在教育领域中的社会责任,不仅获得了诸多的利益和实惠,而且对其利益相关者(学生、院校、消费者)均有积极的影响。研究显示,企业的教育责任是其内部责任甚至关键责任,能够帮助企业合法和公正地选拔、培训、晋升和解雇员工,以及提高员工的生产力,改善员工的工作环境,同时企业的培训和教育还能够使社会生产率得到提高。企业参与教育合作的主要原因,一方面在于能够获得核心竞争优势和良好声誉,另一方面在于可以满足企业发展的短期利益需求。

企业在参与职业教育的过程中,会有新员工能力提升,研发高端新产品,组织创新,员工学习化倾向,政策、法律和企业文化改变并明确发展方向,以及拓展新知识范围等方面的变化。另外,不同地区、行业、规模的企业所承担的职业教育责任的内容不同,某些企业还能得到资金支持。欧洲的研究表明,中小微企业参与职业教育培训的效益较高,应该得到多种类、多渠道的资金扶持。澳大利亚职业教育政策的设计和制定保证了各级合作者的参与,并促进了不同利益相关者的合作成效。欧洲和美洲在企业承担职业教育社会责任可提高收益方面有较多的实证研究。

德国企业把参与职业教育作为责无旁贷的社会责任。德国的企业承担着高额的职业教育投资的责任,企业是职业教育投资的主体。一旦签订了培训合同,主要的学徒培训投资责任都由企业承担,不仅包括培训津贴，还包括所有直接和间接的培训成本，如培训人员经费、设备费、培训管理费、社会保险费等[53]。承担这些责任的企业主要是大中型生产企业及经营服务企业。大型企业的技术工人需求量大，不可能一下子由外部劳动力市场补充，因此需要企业自己培养技术工人，这些企业一般都有企业培训中心。德国的中央基金是一种由国家收取，由所有企业（包括国企和私企、承担培训的企业和不承担培训的企业）共同集资，并在法律上得到保障的经费筹措模式。该基金从企业员工工资总额中依据一定的百分比提取，百分比的制定和调整由国家政府依据不同时期的不同经济发展现状而定，一般在 0.6%～9.2%[54]。在德国，依照法律实施职业教育决策权的是工会，对于大型企业，工会严格按照法律分配其职业教育社会责任，工会的工作加强了企业职业教育行业协会与其他层面的行业协会等组织的密切联系。

新加坡建立"技能发展基金"支持企业承担职业教育社会责任。1981 年 8 月 1 日，"技能发展基金"的行政管理权由经济发展局转移到生产力局，该局向新加坡工商部负责。生产力局为在训职工提供相当于学费总额 30%～100%的资助，若私人企业办培训班，生产力局也为其提供训练设备和 30%的资金补助。新加坡企业承担的人才培养责任主要通过"教学工厂"人才培养模式来实施，企业不惜斥巨额资金保证"教学工厂"师资队伍一流，教学设备先进、实用及超前，将先进的设备捐赠给学校，并提供相关技术，师生可以利用这些设备和技术进行项目实习和开发。

日本企业则深刻认识到劳动力职业技能在生产中的作用，积极承担了人力资本投资的职责，通过企业内技能培训不断促进职工职业技能水平的提升。日本企业尊重学校的教育成果，但更强调通过企业的培训工作提升职工的职业技能，将对职工的技能培训视为企业的天职，具有高度的自觉性。同时，日本企业普遍认为政府及社会只能提供初级的技能培训，不能满足企业的特殊需求，即社会无法提供适应企业生产需求的专用性技能。因此，日本企业没有将提高职工技能水平的任务托付给社会，而是致力于通过企业内培训使职工获得高于市场平均水平的技能[55]。

2.3.2 我国关于企业职业教育社会责任的研究

近年来，我国从事职业教育研究的学者们也开始从企业社会责任的视角来关注企业参与、承担职业教育社会责任的理论研究和实践探索，且研究的内容和视角逐渐丰富，研究方法逐渐呈现多样化趋势。各研究立足职业院校的需求，对企业社会责任在职业教育校企合作中的应然和实然状态进行了探讨，表达了职业教育对企业参与校企合作的制度政策的诉求和方法策略的反思。

1. 企业职业教育社会责任的理论研究

彭四平结合我国职业教育校企合作所呈现的问题对企业社会责任与校企合作关系进行了分析，认为积极参与校企合作是企业的社会责任，对培养高技能人才、推进区域经济发展具有深远意义[56]；周梁认为企业社会责任理论分析为企业参与职业教育提供了一定的逻辑依据，并提出了加强校企利益相关关系的具体路径[57]；魏海群则从法律契约的视角，提出职业教育应该成为企业的利益相关主体，企业社会责任在校企合作中的法律化是职业教育校企合作发展的必然要求[58]；聂伟对企业职业教育社会责任的缺失进行了经济学和组织伦理学层面的分析，认为企业应被赋予参与职业教育的权利，以实现其利益诉求[59]。企业参与职业教育是其社会责任的重要体现，将企业参与职业教育情况纳入企业社会责任实践的范畴，也反映了国家对职业教育改革发展的新探索。

2. 企业职业教育社会责任的分类和边界

徐珍珍等将企业职业教育社会责任的实践行为进行了分类，根据涵盖范围，企业职业教育社会责任的实践行为可以分为内部员工职业教育、外部学校职业教育和社区职业教育；根据发展动因，可分为逐利型、公益型和交叉型；根据具体实施内容和实施对象，可分为职业启蒙教育、职业准备教育、职业发展培训；根据参与方式，分为职业培训、职业教育、职业活动和公益活动[60]。研究认为，应从标准规范、政策激励和评估监督三个层面深入推进，为企业承担职业教育社会责任提供实践指南、发展动力和基本保障。秦程现以战略型企业社会责任理论为研究框架，提出企业自身经济利益和社会价值创造是战略型企业社会责任的边界[61]。

3. 企业承担职业教育社会责任的动力机制和战略建议

舒岳以沪市上市公司2008年发布的290份企业社会责任报告为研究对象，分析了企业对校企合作社会责任的认识现状，并从制度上找寻企业承担校企合作社会责任的动因，提出了促进企业承担校企合作社会责任的制度安排[62]；光琳从企业社会责任的视角研究了企业参与职业教育的行为动机，分析了企业参与职业教育在经济、制度和道德三方面的动力，并提出政府主导的模型是企业参与职业教育动力机制的最佳模型[63]；孙健等采用实证的研究方法，分析了当前企业在参与职业教育校企合作过程中的社会责任承担现状，并从社会舆论宣传、政府评估监督、奖惩机制完善、法律法规健全等方面入手，提出了推动企业参与职业教育校企合作，全面激发企业社会责任意识和承担社会责任积极性的建议[64]；刘晓等以300家企业的企业社会责任报告为分析样本，从企业性质、行业、发展年限三个维度对企业参与职业教育的具体情况进行了对比分析，提出企业在参与职业教育过程中存在责任意识不清，重内部培训、轻校外合作，行业参与水平参差不齐等问题，需要从宏观、中观、微观层面着手完善政策体系，提高企业参与职业教育的制度保障，深化产教融合，提高企业参与职业教育的行业环境，加强企业意识，增加企业参与职业教育的战略筹码[65]；马永红等基于经济利益和社会责任视角，构建了企业参与校企合作的动力系统，采用问卷调查法以北京市263家企业为例进行实证研究，分析了企业参与校企合作的动因，阐释了企业参与校企合作的动力机制，提出要健全企业社会责任实现机制，完善企业参与校企合作的利益驱动机制，包括加大对校企合作教育的资金投入和政策保障，建立校企合作教育质量保证机制，发挥高校自身的主体作用等建议[66]；秦程现从企业外部环境、内部环境和组织伦理学角度引出企业承担职业教育社会责任存在制度约束软化、责任动力不足、规避教育责任等问题，可以通过完善国家法律法规约束机制，构建利益驱动机制和企业职业教育社会责任等级评定考核机制等策略，推进企业承担职业教育社会责任[67]。

2.4 本章小结

近年来，各国学者针对企业社会责任开展了较多研究。特别是近10年来，与企业社会责任相关的研究一直是各界学者研究的热点，国内外学者的研究成果日趋成熟，从企业社会责任的内涵，承担过程中的行为表现，对各利益相关者的影响，对企业组织管理、财务绩效等企业绩效的影响，到社会责任实现机制等均有深入的研究，研究成果逐渐形成系统。随着经济社会的不断发展，企业承担社会责任的内涵及其外延在不断变化，因此对企业承担社会责任的行为标准尚没有明确的规定。目前该领域最为深入和热点的研究是对企业社会责任绩效的衡量，学者们通过大量的实证数据分析，建立企业社会绩效模型，对企业社会责任与企业的名誉、企业绩效、利益相关者之间的关系等进行了详细研究。

未来具有国际竞争力的企业必将是技术领先、管理先进、对社会负责任的企业，是将社会、环境和利益相关者的期望和要求成功融入企业发展战略、组织结构和日常管理中的企业。在我国，承担职业教育社会责任也将随着技能强国建设的不断深入，更加为企业所重视。相较于企业社会责任和产教融合的相关研究而言，以企业的视角审视其在职业教育领域的主体作用，承担职业教育社会责任方面的研究才刚刚起步。在推动技能强国建设，加快高质量现代职业教育体系建设的大背景下，迫切需要基于企业社会责任的相关理论来阐释产教融合、校企合作的本质内涵，研究并形成理论框架，建立组织间的关系模型，这就需要从校企合作的内容范围、形式类型，企业承担职业教育社会责任的动力机制、承担过程中行为表现、企业绩效，以及各利益相关者的责任范围等方面审视企业参与校企合作的行为规律、制度政策诉求。

第 3 章
利益相关者理论视角下企业职业教育社会责任的实现

当前我国正处于新旧发展动力转换的关键时期,职业教育进入内涵式发展新时代。现代职业教育体系的构建对职业教育的内涵和功能进行了重新定位和设计,更加突出了行业企业在现代职业教育体系建设中的地位和作用。2014 年,《国务院关于加快发展现代职业教育的决定》特别指出,要"深化产教融合,鼓励行业和企业举办或参与举办职业教育,发挥企业重要办学主体作用"。《现代职业教育体系建设规划(2014—2020 年)》则明确提出,"到 2020 年,大中型企业参与职业教育办学的比例达到 80%以上",要求"将国有大中型企业支持职业教育列入企业履行社会责任考核内容"。这表明国家对企业参与职业教育的形式和内容有了新的定位和要求,不仅突出强调了企业在职业教育办学中的主体地位,还对其参与的比例提出了具体要求,特别是首次提出将企业参与职业教育的行为列入其社会责任的范畴,明确了企业参与职业教育是履行社会责任的行为表现。自 2017 年 12 月国务院办公厅印发《关于深化产教融合的若干意见》以来,产教融合已上升到国家战略发展的层面上,其核心是要发挥企业的主体作用，保证人才培养供给侧与产业需求侧的精准对接。2018年2月，教育部等六部门印发的《职业学校校企合作促进办法》进一步提出"企业开展校企合作的情况应当纳入企业社会责任报告"。2019年1月，国务院印发的《国家职业教育改革实施方案》以产教融合、校企合作为核心，要求推动企业与职业院校全面深度合作，厚植企业承担职业教育社会责任的社会环境，推动职业院校和行业企业形成命运共同体。

充分发挥行业企业的重要主体作用是产教融合的核心和根本，更是促进人才培养供给侧和产业需求侧结构要素全方位融合的有力保证。新时期如何引导和推动企业深度参与职业教育，将直接决定着我国产业转型升级发展的水平和成效。在相应的促进和激励制度和政策的影响下，企业参与合作的意愿是决定其参与程度的根本因素。在社会中形成反映企业参与职业教育的行为表现和参与程度的机制，彰显企业在产教融合中的积极性、主动性和创造性，是在深化产教融合机制形成的过程中从国家治理层面应该关注和思考的问题。企业社会责任报告作为判断企业参与校企合作行为表现的重要途径之一，企业参与校企合作的情况应如何写入社会责任报告，应体现哪些维度和重点，其在社会责任认证中的重要性及对企业产生的影响，这些问题应在对深化产教融合的研究中予以重点关注和探讨。

可见，从理论层面上研究企业在现代职业教育体系中承担社会责任的行为表现、相关体制机制诉求，以及社会责任的实现对企业绩效的影响具有重要的现实意义。本章基于对企业社会责任的理论综述，将利益相关者理论引入企业承担职业教育社会责任的行为规律研究，分析企业的利益相关者在产教融合中的需求，从利益相关者的视角阐释企业在现代职业教育体系中所应承担的社会责任内涵与表现形式，关注企业承担职业教育社会责任在企业社会责任报告中的体现，对现代职业教育中企业社会责任的实现机制进行探讨和分析。

3.1 现代职业教育中企业的社会责任

职业教育担负着培养数以亿计的高素质劳动者和技术技能人才的重要历史使命。尤其是在我国当前新常态背景下，经济社会处于关键的发展转型时期，职业教育被赋予了新的内涵和地位。实现"充分调动社会力量，吸引更多资源向职业教育汇聚，加快发展与技术进步、生产方式变革及社会公共服务相适应、产教深度融合的现代职业教育"，在人才培养和技术技能积累过程中做到"专业设置与产业需求对接，课程内容与职业标准对接，教学过程与生产过程对接，毕业证书与职业资格证书对接，职业教育与终身学习对接"，这些国家层面的发展策略的实施需要切实发挥企业重要办学主体地位，需要更大程度地激发企业在职业教育领域的中的责任意识。

3.1.1 企业在职业教育领域的利益相关者

现代职业教育体系构建的提出是我国教育治理体系和治理能力现代化的重要体现，不仅需要重新考虑不同类别、不同层次教育之间的贯穿和融通，而且强调构建政府、学校、社会之间的新型关系。企业的办学主体地位得以明确和加强，其与各利益相关者的关系及其关系的重要程度将会发生变化。企业举办或参与职业教育过程中的利益相关者是职业院校、政府、行业协会、企业所有者、学习者、消费者、社区。

企业的利益相关者分为主要利益相关者和次要利益相关者（图3.1）[68]。主要利益相关者在企业中拥有直接利益，对企业的运转起着直接的影响作用，包括学习者、职业院校、企业所有者、消费者。次要利益相关性者也具有极大的影响力，尤其是在企业的声誉和地位方面，更能代表公众对企业的看法，包括政府、行业协会、社区。而在特定条件下，当某一次要利益相关者的要求的紧急性比该要求的合理合法性更为重要时，次要利益相关者能够转变为主要利益相关者。

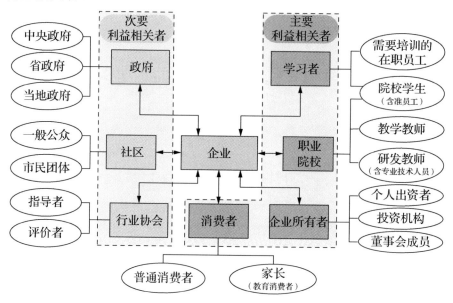

图 3.1 企业在职业教育领域的利益相关者

在主要利益相关者中，学习者包含两部分，企业的在职员工和职业院校在读的企业准员工。员工是企业生存和发展不可或缺的因素，人力资本投入是推动企业发展的不竭动力，员工的素质直接关系着企业的发展，也决定着未来企业在所属行业的知识、技能水平，因此，为员工提供可持续发展的培训机会是企业必须承担的社会责任。企业与职业院校之间的合作本质上就是技术技能的传承与积累。教师既传授知识，又在参与企业的技术研发、改造、革新的同时生产知识，从而与学生的学习过程形成良性循环。企业对院校承担的社会责任就是要让人才培养过程融入企业自身的生产流程和价值创造过程中，让技术技能的传承与积累进入生产活动中。作为教育产品消费者的家长，企业对其承担的责任是提供高质量的教育培训产品，保证产出效益。企业所有者决定着企业是否参与、如何参与校企合作，对各参与者负有哪些责任，如何应对挑战等核心问题。

在次要利益相关者中，政府的作用体现在治理层面，对企业起到引导、规范和督导作用，制定顶层设计，统筹各方资源，完善职教体系建设、管理、运行的基本制度。行业协会的作用主要是指导、评价和服务，发布行业人才需求，推进校企合作，参与指导教育教学，开展质量评价等。社区的利益体现在企业参与举办的职业教育为区域经济发展服务，惠及社区所有人员。次要利益相关者是保证企业承担职业教育社会责任的制度、机制、环境、标准、策略的组合，企业对其负有的责任较小。

3.1.2 企业在职业教育中的社会责任

企业与职业院校进行合作，参与职业教育的专业设置、课程开发、实训基地建设、质量评价，是为了获得适应生产力市场需要的技术技能人才，以及技术技能积累中需要的技术创新、产品研发和升级功能。作为企业主要利益相关者的员工，和关乎企业发展命脉的技术和产品，这两项均是企业在成长关键时期技术技能积累的主要内容。企业的经营活动以追求效益最大化为目标，总是希望在短时期内，员工素质整体提升，产品技术全线升级，核心竞争力迅速增强，如果企业在这个过程中承担较少的社会责任，则可以减少资源支出，获得较大的利润。而如果企业需要间接地获得人才和技术的优势，特别是需要进行人才的培养，则培育周期长、见效慢，不仅增加成本，而且不确定的因素增多，不仅直接影响生产经营的效益，而且在其他方面的收益可能需要较长的时期才能显现其效果，所以企业不会将培养人才作为经济责任来承担。若仅将企业职业教育社会责任归属为慈善责任和伦理责任，让企业自觉行动，主动承担，则会表现为企业支持和兴办职业教育的内生动力不足，不同性质的组织之间的合作缺乏约束和协同机制，难以支撑产业升级背景下的产教融合的建设需求。此外，由于我国仍处于工业化发展阶段，劳动密集型企业所占比例较大，技术密集型、知识密集型企业所占比重较少，产业转型期间企业普遍处于初创期，这也导致了企业参与校企合作的积极性不高。

因此，企业参与职业教育的社会责任应有明确的法律法规作基本保障，即将企业在职业教育中的社会责任视为法律责任，才能保证企业参与到职业教育中，承担应尽的职责。随着社会经济的发展进步，相应体制机制的建立完善，企业逐步体会到参与职业教育对自身发展的推动作用，转而自觉自愿地参与职业教育。一些先进国家的职业教育经验证明，通过立法确定企业在职业教育中的角色和具体任务，并且给予相应的鼓励和优惠，能够有效地保证企业在职业教育中发挥作用。

3.1.3 企业在不同发展阶段的社会责任

根据企业生命周期理论，一个企业的发展可以分为初创期、成长期、成熟稳定期和持续发展期。处于不同时期的企业，所承担的社会责任的内容和重点也不同。一般来讲，企业参与校企合作的积极性较高的时期是成长期和成熟稳定期。

处于成长期的企业，生产规模扩大，业务迅速增长，管理经验比较丰富，发展速度加快，形成了自己的主导产品并得到用户的认可，对员工的技术水平要求也逐渐提高，开始注重人力资源的提升。这个时期，企业倾向于在院校的人才培养过程中投入更多的资源，保证员工的技术水平能够满足产品升级的需要，以提升自身在行业中的地位。

处于成熟稳定期的企业，产品占有稳定的市场，员工队伍比较稳定，需要更新技术和增强核心竞争力，确保自己在市场中的份额，特别是大型企业更需要保持自己在行业中的引领地位，这就要求企业员工不仅需要补充新的知识和技能，而且技术技能积累也需要提升至更高的阶段，才能不断开展新产品研发和技术创新。这个时期的大型企业比处于成长期的企业更愿意作为主体兴办职业院校，因为成熟稳定期企业的技术技能积累和资源整合能力较强，行业内话语权也相对较强，企业承担社会责任的表现往往能显著促进企业的绩效，一方面可以为自身发展积累能力，另一方面也提高了自身的社会声誉，树立了自己的品牌形象。

而处于初创期、持续发展期的企业则希望得到来自职业院校更多的人才和技术支持，为其发展提供帮助，其在人才培养后端、技术成果转化中需要首先满足企业生产效益的实现。

另外，企业规模不同，承担相同社会责任的表现行为也不尽相同。大型企业承担社会责任的成本小于中小型企业，长期内承担社会责任所带来的绩效表现也优于中小型企业。

3.2 企业社会责任报告中的职业教育社会责任

企业社会责任报告是企业将其承担社会责任的理念、战略、方式方法，其经营活动对经济、环境、社会等领域造成的直接或间接影响，取得的成绩及不足等信息，进行系统的梳理和总结，并向利益相关者进行披露的方式。企业社会责任报告是企业非财务信息披露的重要载体，是企业与利益相关者沟通的重要桥梁。近年来，企业社会责任报告增长情况（图3.2）显示出企业社会责任的理念已经在我国逐渐得到关注和重视，越来越多的企业正以积极的态度履行着自己所应承担的社会责任。

企业社会责任指数是对企业社会责任管理体系建设现状和社会环境信息披露水平进行评价的综合指数。从2009—2019年企业社会责任指数变化情况（图3.3）来看，我国企业社会责任指数得分持续增长且增速呈现企稳回升的态势。企业整体从"旁观者"阶段进入

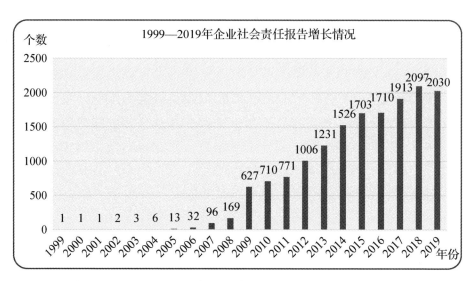

图 3.2　1999—2019 年企业社会责任报告增长情况示意图

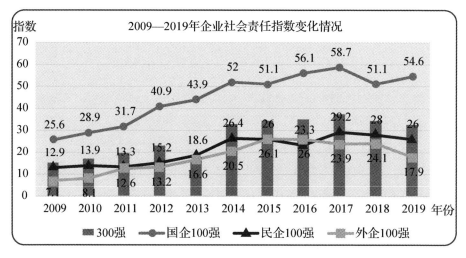

图 3.3　2009—2019 年企业社会责任指数变化情况示意图

"起步者"阶段,经济效益好且具有较大影响力的企业承担社会责任的内容和数量在逐年递增,向社会披露自身在管理理念、市场营销、社会影响和环境优化方面的绩效,已经成为企业规范管理、推动创新、扩大影响、保持可持续发展的重要手段之一。

第3章 利益相关者理论视角下企业职业教育社会责任的实现

3.2.1 企业社会责任报告中的利益相关者

企业社会责任报告的编写流程具体包括组织建立、报告诊断、环境扫描、议题确定、资料收集、报告写作、修改定稿、报告评价、设计出版、报告发布10个环节（图3.4）。从图3.4中可以看出，企业对外公布的社会责任报告其更深层次体现的是对利益相关者社会责任的实现程度，以及在企业自身发展中的贡献程度。根据企业承担责任的意愿，其所承担的利益相关者的责任可分为两类，一类是反应型企业社会责任，即企业要成为企业公民所必须承担的责任，或者按照法律、制度的要求应该承担的责任；另一类是战略型企业社会责任，即企业承担责任能够产生显著的、独具特色的社会效益和企业效益，促进企业竞争力的提升，为企业与社会创造更多的共享价值。能够让企业积极主动承担社会责任的利益相关者，是对企业的发展有着重要影响或者对企业的声誉有着密切相关性的组织、机构和团体。

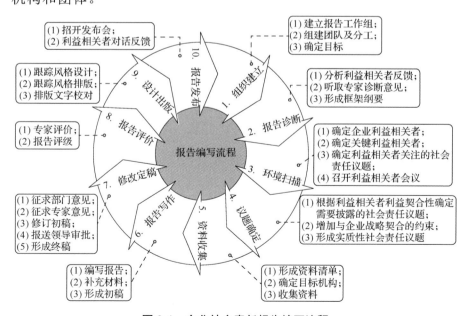

图 3.4　企业社会责任报告编写流程

企业在选择编写报告的参与对象时，会按照利益相关者对企业的影响力及其对企业的关注度进行筛选（图 3.5）。企业更倾向于邀请具有"高影响、高关注""中影响、高关注""高影响、中关注"和"中影响、中关注"的利益相关者参与报告的编写，对"高影响、低关注"的利益相关者会争取让其参与，对"低影响、高关注"的利益相关者会尽量让其参与，而对其他的利益相关者则只是履行告知义务。由此可见，重要的利益相关者在企业的重大发展决策中有着较大的话语权和影响力，其利益诉求也更容易得到企业的关注和满足。

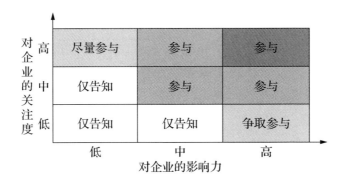

图 3.5　利益相关者筛选原则示意图

3.2.2　企业社会责任报告中的职业教育相关责任

企业作为职业教育的主体之一，其所承担的社会责任中应包含对职业院校利益相关者的责任，在企业社会责任报告中应按照统一的规律和格式要求进行整理归类。《中国企业社会责任报告编写指南（CASS-CSR3.0）》对企业社会责任报告提出了规范要求[69]。通过对所有指标体系进行详细梳理和分析，发现其中有关职业教育人才培养、技术创新以及能够体现企业与职业院校合作要素的指标共涉及市场绩效（M 系列）和社会绩效（S 系列）两个一级指标中的 6 个二级指标和 17 个三级指标（图 3.6）。这些具体的责任内容涉及了企

第3章　利益相关者理论视角下企业职业教育社会责任的实现

业各层次的社会责任，包括经济责任、法律责任、伦理责任和慈善责任。

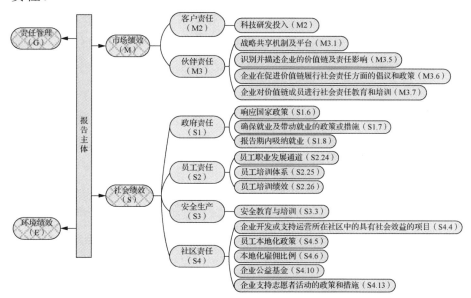

图3.6　企业社会责任报告中的职业教育相关责任

在市场绩效责任所涉及的客户责任（M2）和伙伴责任（M3）中，包含了科技研发投入（M2）、战略共享机制及平台（M3.1）、识别并描述企业的价值链及责任影响（M3.5）、企业在促进价值链履行社会责任方面的倡议和政策（M3.6）、企业对价值链成员进行社会责任教育和培训（M3.7）五项内容。企业在承担这些方面的责任中若要体现出职业院校的参与，需要职业院校自身有足够的科研实力和产业贡献力。

社会绩效责任涉及政府责任（S1）、员工责任（S2）、安全生产（S3）、和社区责任（S4）四个方面。其中政府责任中响应国家政策（S1.6）、确保就业及带动就业的政策或措施（S1.7）、报告期内吸纳就业（S1.8）三项内容是企业所承担的法律责任，其方向与国家促进职业教育发展的内涵一致。企业在深化产教融合、校企合作中发挥应有的主体作用，本身就是履行职业教育相关法律法规，在促进劳动就业中承担相应的职责，在社会责任报告中应做出明确说明。员工责任中的员工职业发展通道（S2.24）、员工培训体系（S2.25）、员工培训绩效（S2.26）和安全生产中的安全教育与培训（S3.3）相关内容契合了职业院校自身的运行职责，职业院校应在为企业员工提供职业教育相关培训、安全教育和职业上升通道中做出应有的贡献，这与党的十九大报告中提出的"完善职业教育和培训体系，深化产教融合、校企合作"的精神相统一，也是企业在社会责任报告中能够突出体现的环节。

社区责任中的企业开发或支持运营所在的社区中具有社会效益的项目（S4.4）、员工本地化政策（S4.5）、本地化雇佣比例（S4.6）、企业公益基金（S4.10）、企业支持志愿者活动的政策和措施（S4.12）等责任的履行将对企业提高社会声誉、引起消费者的好感以及提升业内影响力起到积极的作用，同时，这也是企业参与区域职业教育校企合作的良好载体，其产出成果和收益远大于企业单独实施所获得的收益。因此，这些指标也承载着职业教育社会责任的相关内容。

3.2.3　企业社会责任报告中职业教育社会责任的类型

企业在社会责任报告中体现的职业教育社会责任，不仅反映出其在行业领域技术技能积累过程中所应发挥的引领、带动作用，同时也能显现出企业在公益事业中所做出的努力。这些责任不仅包含反应型企业社会责任，更有战略型企业社会责任。

从企业承担责任的意愿来看，企业更愿意承担重要的、"高影响、高关注"利益相关者的责任，也更愿意将这部分责任体现在其社会责任报告中。因此，职业院校若想成为企业重要的利益相关者，成为其社会责任报告中的重要环节，不能仅仅依靠企业对执行法律法规的社会责任响应，即仅将企业职业教育社会责任归属到反应型企业社会责任范畴是不够的。职业院校应提高自身提供优质资源的能力和价值,努力对企业的生产和发展产生重要的影响,并在与企业的合作中始终关注企业在成长进程中的需求,不断调整升级合作的内容,制定取得双赢的合作策略,才能从战略上成为企业重要的合作伙伴,使企业将与职业院校的合作视为承担战略型企业社会责任。这样的产教融合合作模式才能为企业社会责任指数提升做出贡献,使企业更加愿意将与职业院校的合作内容和成果写进其社会责任报告中。

3.3 影响企业职业教育社会责任实现的因素

从企业社会责任报告编写流程来看,企业承担职业教育社会责任会受到来自外部和内部因素的影响,其中外部因素包括法律法规、伦理道德等,内部因素包括盈利能力、企业文化等。从企业的视角审视其所应承担的职业教育社会责任,其实现过程也受到来自政府、职业院校、行业协会、社区及自身能力等内外部因素的影响。

3.3.1 影响企业职业教育社会责任实现的外部因素

1. 法律法规

法律法规包括宪法、法律、规定、政策、制度等,是国家公民的最低行为规范,体现国家希望规范组织人们行为的意志。企业在经营活动中的行为和策略需要相关的法律法规进行界定和约束,企业承担社会责任的行为更需要法律法规的推动和规范。应在相应的法律法规中明确企业所承担的职业教育社会责任,使其能够按照规定要求积极完成响应国家政策(S1.6)、确保就业及带动就业的政策或措施(S1.7)等指标要求的任务。

2. 职业院校的服务能力

职业院校的服务能力主要包括育人质量和研发服务能力,表现为社会责任报告中市场绩效(M)中的相关责任。服务能力的提升能使企业在伙伴责任（M3）中完成对职业院校这一利益相关者的识别和确认，进一步激发其与院校持续合作的意愿和动力。这一方面要求职业院校提高教育教学质量，系统提炼产业升级的核心知识和技能，在教育教学过程中完成知识更新换代和升级，为企业提供具有国际视野的创新型技术技能人才；另一方面要求职业院校推动自身研发能力和生产服务能力的提升，包括提高教师的技术研发和教学能力，带动学生在创新技术产品、保证技术服务方面做出成果，为企业的生产提供知识补充和技术更新，在育人创新的过程中完成知识的传承。

3. 其他利益相关者的认可程度

行业协会是其他利益相关者中最有推动力和影响力的机构，其对企业的认可程度直接关系着企业在行业领域的引领和带动价值，将会极大地提高企业的资源整合能力和社会声誉，因此其他利益相关者特别是重要利益相关者的认可具有重大的推动和促进作用。

4. 伦理道德

伦理道德是企业社会责任舆论的根源所在，是企业维持自觉行动的警示线。伦理道德是促进企业承担法律规定的最低行为规范之外的更高社会责任的主要力量，对企业的经营方式和行为有着较大的影响。企业在举办社会责任活动时的表现影响其社会形象和效益，企业在此基础上能够主动协调统一各利益相关者的利益取向，承担相应的技术技能人才培养责任，对外表现为企业支持和兴办职业教育的内生动力。

3.3.2 影响企业职业教育社会责任实现的内部因素

1. 盈利能力

盈利能力是企业通过生产、销售、技术创新、管理等方式，为社会提供产品和服务，为企业赢得利润的能力。它是企业承担一切社会责任的前提和基础。企业的盈利能力与其所处的发展阶段直接相关。一般来讲，处于初创期和持续发展期的企业，其盈利能力难以保证。在当前我国经济结构调整、产业优化升级的进程中，企业普遍处于初创期或者转型的持续发展期，缺乏主动承担职业教育社会责任的意识和能动性。因此，应明确规定不同发展时期的企业承担社会责任的标准，并进行评价和激励。

2. 技术技能积累能力

企业的技术技能积累能力是企业敢于吸纳新知识、新技术，自觉创新发展、技术革新的能力，包括人员知识学习时间和要求层次、人员学习环境支持力度和政策、技术升级周期、产品换代转型频率、高层次人才引进程度等因素。该维度直接决定了企业的合作伙伴层次和合作成效。

3. 对合作伙伴的识别能力

企业对合作伙伴的识别能力是对合作院校自身发展能力、办学理念、团队合作、教学质量的判断和选择的能力，也包括对其未来战略的认可程度，同时也是对其文化的识别与认同。合作双方在各自追求的目标中寻求共同的利益点，保证合作的可持续发展和逐步深入。

4. 企业文化

企业文化以企业形成的主体精神为核心内容，向社会展现企业的特色和整体风貌，是员工意识的总体内在提炼和外在表现。企业文化为企业主动承担社会责任提供了内部动力，同时也为企业树立良好社会形象奠定了基础。它在客观上帮助企业员工接受企业社会责任的基本观念和道德规范，形成企业承担社会责任的内部氛围。

3.4 企业职业教育社会责任的实现中存在的问题

社会经济发展、产业结构升级转型的新形势不仅对各层次劳动者的知识和技能提出了更高要求,同时也对企业的规范有序发展提出了新的要求。通过对企业社会责任报告相关指标的分析和提炼,企业职业教育社会责任的主要内容包括举办或参与本行业各级各类技术技能人才的培养和整合职业院校优势资源以促进行业技术创新与进步两个方面,这也是促进行业企业强化技术技能积累的有效途径。对当前构建现代职业教育体系,促进和推动企业承担相应的职业教育社会责任的成果,我们应从承担主体及其利益相关者的视角来分析所存在的问题。

3.4.1 企业层面:企业承担社会责任的执行力不足

企业属于经济部门,在规范企业管理的法律法规中,诸如《中华人民共和国公司法》《中华人民共和国劳动法》等,并没有针对企业参与职业教育有专门的条款规定。这表明政府对企业承担反应型企业社会责任方面要求的缺失。因此,企业与职业院校合作仅建立在双方相互对稀缺和优质资源的依赖层面,根据前面分析,即企业承担的责任属于战略型企业社会责任范畴。院校提供的资源对企业发展的重要程度和不可替代程度决定了企业参与职业教育意愿的强烈程度,也决定了企业承担社会责任的内容和表现。而一直以来,我国职业院校的能力和水平还不足以满足企业的要求,导致企业承担战略型企业社会责任的执行力不足。研究者对校企合作意愿进行问卷调查的数据显示,职业院校与企业进行合作的主观意愿高于企业参与职业教育的意愿,证实了这一点。

3.4.2 院校层面：吸引企业承担社会责任的能力不足

一直以来，我国职业院校在人才培养和技术研发、服务等方面的能力和水平还不足以满足企业的要求，作为"高关注、低影响"的利益相关者，在企业重大决策和转型发展中的影响力弱，尚不足以吸引企业主动地参与职业教育。某些与院校有合作关系的企业，其合作成果较难得到其他利益相关者的肯定和认同，在提升企业社会声誉方面的效果也不是很明显。职业院校若想成为企业的重要利益相关者，成为其社会责任报告中需要披露和展示的环节，应从战略上成为企业"高影响"的合作伙伴，促使企业将与职业院校的合作上升为承担战略型企业社会责任。院校的实力是企业承担职业教育社会责任的关键要素。

新时期是职业院校由规模扩张走向内涵提升的攻坚时期，在新常态的经济社会发展背景下，院校的实力表现为在"工业4.0""互联网+""一带一路"倡议的发展，以及在知识传承、研发服务、文化融合等方面所能提供的技术技能积累作用。在现代职业教育体系中，职业院校既承担将科学成果转化为应用型技术的"中转站"作用，又要在个体层面重视对学生的技能培养，承担为国家制造合格的"大国工匠"的职能。这两者共同构成了职业院校在国家技术转移体系中的角色定位，也是吸引企业承担职业教育社会责任的关键所在。企业承担职业教育社会责任是一个逐渐完善的过程，职业院校自身水平的提升将会加快这一进程的实现。

3.4.3 政府部门层面：缺少系统的制度体系予以保障

目前国家在推动产教融合的进程中陆续出台了不少政策文件，但是在实施层面上还没有形成有效的传导机制、具体的措施办法和切实可行的路径，这使企业不能切实感受到激励和优惠政策的支持。具体表现在两方面：一方面，政策还没有形成向下传导链条，地方上缺少与国家政策相匹配的政策文件,没有形成分层推进落实的制度环境;另一方面,地方层面制定文件,由于没有主管的上级部门的上位文件,因此不能执行,导致出台的政策缺乏具体落地的措施,基层难以操作实施。

另外,政府对于促进企业参与职业教育的制度建设尚未成体系。从国家层面已出台的政策来看,绝大多数缺乏具体的实施细则,特别是激发企业参与积极性的直接激励举措少,在文本中使用鼓励性、支持性的表述较多,可操作的措施偏少;省级层面的文件内容与国家层面的文件基本一致,重复表述的多。例如,采取"金融+财政+土地+信用"进行配套奖励,"各级财政、税务部门要把深化产教融合作为落实结构性减税政策,推进降成本、补短板的重要举措,落实社会力量举办教育有关财税政策,积极支持职业教育发展和行业企业参与办学","企业投资或与政府合作建设职业学校、高等学校的建设用地,按科教用地管理,符合《划拨用地目录》的,可通过划拨方式供地,鼓励企业自愿以出让、租赁方式取得土地"等,没有在省级层面出台具体的操作细则。而文件中出现重复的原因,一部分是省级层面没有深入研制与区域相配套的政策举措,但更大部分的原因是文件出台在国家层面没有达成系统共识,地方层面各委办局没有来自系统内的上位文件,无法制定本区域的实施政策。由于产教融合涉及部门较多,要做到多部门管理、协调统一较难,一些改革创新的措施,若在国家层面不能形成统一认识和统一部署,在地方政府及部门之间很难协调统一,落在基层则更难执行。

3.4.4 行业协会层面:主体作用发挥不足

行业协会参与校企深度合作是新时期职业院校人才培养的内在需求。但在我国职业教育发展进程中,行业协会在参与校企合作过程中存在的一个主要问题由来已久,即忽视了行业协会的主体地位,导致行业协会无法发挥其全部职能。促进行业协会参与职业教育校

第3章 利益相关者理论视角下企业职业教育社会责任的实现

企深度合作,应从以下方面着力:①政府要完善行业协会参与校企合作的相关制度;②建立行业协会参与校企合作的管理平台;③构建行业协会参与校企合作的利益驱动机制;④建立以行业协会为主导的第三方职业教育校企合作评价体系。

目前,我国职业教育的发展尚缺乏行之有效的法律保障,立法不够健全,各利益相关者的责权利不够明确,使行业协会指导职业教育流于形式。教育部牵头成立的行业指导委员会中,委员会主任由行业部门领导担任,但是在管理上,有些行业协会中没有专门的职业教育管理组织,真正运行管理的还是教育部门的管理者,使得行业协会的主体作用发挥不足。从目前各职业教育集团的成员构成来看,行业协会的比例偏低,或者只是挂个名,难以在集团日常运营中发挥实质作用。应进一步推动和鼓励行业协会发挥引领带动作用,增强行业协会在更新行业标准、产品质量标准等方面的话语权,在产教融合创新平台中引领带动企业做好职业教育职责。

3.5 本章小结

本章探讨了现代职业教育中企业社会责任的内涵,从企业社会责任报告的编写流程入手,对报告中的利益相关者进行了审视,分析了企业社会责任报告中与职业教育相关的指标,对企业职业教育社会责任实现的影响因素进行了系统梳理,并从政府、职业院校、行业、企业等不同层面,探讨社会责任履行中存在的现实问题,构建多层次推进机制是推动企业承担职业教育社会责任的必然选择。

(1)统筹教育部门和经济部门职责,系统构建企业社会责任法律法规体系,为企业承担职业教育社会责任提供制度保障。

加快完善国家制度,规范企业管理,制定企业社会责任专项法律和规范企业履责行为的专项法规,将推动和促进企业履责的政策法规条款进行分类梳理,分别修订完善《中华人民共和国公司法》《中华人民共和国劳动法》《中华人民共和国职业教育法》《职业教育校企合作促进办法》等法律法规中与企业社会责任相关的内容。主管部门应参照国际标准制定适应中国国情的企业社会责任标准，形成完整、系统的社会责任实现、监督、评价体系；深入贯彻国务院办公厅《关于深化产教融合的若干意见》《国家产教融合建设试点实施方案》等文件，完善政策支持体系，制定区域层面与国家要求相匹配的落地政策；引入企业社会责任国际标准，加强对企业承担社会责任的引导，促进和规范企业社会责任信息发布工作；进一步明确企业承担职业教育社会责任的责任部门、责任主体的具体内容、各利益相关者的职责等，将企业承担职业教育社会责任的行为融入年度报告，明确发布年度社会责任报告是企业应履行的义务，制定企业社会责任报告编写指南，提出规范标准要求，明确写入报告的内容和成果的使用范围及与之相应的激励和保障措施等，组织对报告进行认定和评价。

（2）加强院校自身内涵建设，建立产教融合服务能力评价指标体系，为职业院校成为主要利益相关者提供促进机制。

提升新时期职业院校内涵建设水平，使其成为有效促进教育链、人才链与产业链、创新链有机衔接的重要阵地。加强教学整改力度，强化教育教学资源转化能力，提升专业建设和技术研发能力，完成大数据、云计算、人工智能发展背景下的教育教学内容、方法换代升级，提高自身人才培养水平和服务能力，构建产教融合创新体系；提高内部治理水平，建立相应的产业服务能力评价指标体系，制定行业协会、第三方机构定期评价制度，促进和推动院校主动对接产业需求，成为企业发展的主要利益相关者，同时职业院校评价结果也可为企业承担责任过程中的合作伙伴选择、合作内容拟定、合作目标制定提供参考和指导。

（3）有效发挥行业引领带动作用，制定职业教育社会责任相关标准系统，为企业主动承担职业教育社会责任提供监督机制。

第3章 利益相关者理论视角下企业职业教育社会责任的实现

充分发挥行业协会、工会组织在推动企业承担社会责任中的关键作用，建立和保持与政府部门的沟通联系，对接企业和职业院校之间的资源需求，对企业承担社会责任的行为表现和实现成效进行监督和评价。明确承担职业教育社会责任的企业应具有的条件及其资质、责任的内容和范围，并根据企业所在的行业领域、规模大小及发展阶段，对其人才培育责任、合作研发范围、社会服务领域提出方案，划分承担社会责任行为的层次，丰富职业教育社会责任内涵，扩展其外延；根据职业院校的人才培养特色、专业建设水平、对接诉求等，寻求合作企业，打造特色合作；引导第三方评价组织对企业履责情况进行评价，对企业社会责任报告中职业教育社会责任相关数据进行分析梳理并予以发布，将结果作为企业晋级、贷款、获得创新发展专项扶持和资助的依据和条件，为职业院校选择合作伙伴提供数据支持；出台专门的监督管理制度，构建主要利益相关者参与的多视角企业职业教育社会责任监督体系。

（4）充分发挥企业重要主体作用，明确承担职业教育社会责任的重大意义，为企业承担职业教育社会责任提供运行保障机制。

企业处于不同时期所能承担的社会责任内容不同，在当前我国经济社会发展转型时期，企业多处于初创期或不稳定时期，在新知识和新技术的吸纳、内化和传承方面还需要一个逐步成熟的过程。应优化企业技术技能积累创新机制，提高承担社会责任的能力和基础条件，才能使企业走向自主创新，真正发挥应有的主体作用；建立产教融合对接机制，鼓励企业与院校共建产业学院、技能大师工作室、创新研发中心等组织，深化企业对职业教育功能作用的认识，能够正确选择合作伙伴。企业只有认识到职业教育人才培养对产业发展的意义及其在未来自身发展战略中的作用，才能完成其对承担责任的认同与识别，从而主动寻求双赢的路径和通道，将与院校的合作视为其社会责任的重要方面。同时应弘扬优秀企业文化，营造企业积极主动承担责任的氛围，倡导不同行业企业之间、企业各部门之间形成认真承担责任、定期发布报告等观念,并固化为企业文化的重要组成部分,形成向社会展现企业特色和整体风貌的意识。

(5)营造良好的伦理道德氛围,激发企业承担职业教育社会责任的意识,为企业主动承担技术技能人才培养责任提供激励机制。

政府主管部门制定相应政策,引导企业在企业文化建设中融入伦理道德理念,营造良好的伦理道德氛围,加强企业自我约束能力,为其主动承担职业教育社会责任提供持续的正向激励。充分利用社会责任披露数据,倡导社会资金、专项引导资金、奖励补助等资金流向积极主动承担责任的企业;实施"产教融合型企业"认定制度,让企业充分感受到产教融合的"高"社会关注程度,认识到承担责任对产业发展的重要性,激发其作为重要主体的责任意识,并将承担职业教育社会责任作为创新发展的重要战略措施;充分发挥主流新闻媒体的作用,对主动承担职业教育社会责任且成效显著的企业进行宣传报道;每年集中发布企业社会责任报告中开展校企合作的情况和数据,根据责任报告分析结果建立相应的激励机制,在专项经费投入、税收政策减免、信贷金融投资、社会声誉提升等方面对具有引领作用的企业给予适当的激励和倾斜;在各科研机构、社会团体设立专题研究项目和奖励项目,对积极主动承担职业教育社会责任的企业进行专项支持和奖励;激发企业的社会责任意识,鼓励其在职业教育人才培养、技术研发创新方面积极整合各方优质资源,不断提高承担责任的能力,树立品牌,做出特色。

新时期的产教融合制度创新,从产业侧入手,促进教育链、人才链与产业链、创新链有机衔接,强调产业、教育、科技、人才等诸多要素资源的有机集成,这必将会促进企业运营战略和院校组织形态的深度变革。规范企业履责行为,建立数据报告发布机制,对于切实促进企业承担职业教育社会责任,有效发挥其主体作用,从而进一步深化产教融合、校企合作,必将起到积极的推动作用。

第4章 企业职业教育社会责任的研究设计

企业承担职业教育社会责任的行为表现是本研究的核心概念。在理论研究的基础上对企业在职业教育领域承担责任的行为进行测量，以客观的数据分析支撑和检验理论研究观点，有助于把握问题的本质，提出更加科学的政策建议。本研究在全国范围内对企业进行了调研，调研的具体内容包括：了解企业对承担职业教育社会责任重要性的认识，承担责任的意愿，承担责任的动因、提供的资源及参与的诉求，影响企业承担社会责任行为表现的因素，对自身提供资源和职业院校提供资源重要程度的依赖程度，承担责任对企业绩效的影响，政府对企业承担社会责任行为的支持程度七个方面。

4.1 研究假设

H1：企业承担职业教育社会责任的认知水平与其承担责任的行为程度成正相关。

H2：企业职业教育社会责任成熟度与企业承担责任的理念成正相关，但对其承担责任的行为关系性较弱。

H3：企业承担职业教育社会责任的行为与企业绩效成正相关。

H4：政府的作用及作用程度、行业协会的积极作用与企业承担职业教育社会责任的理念、行为和绩效均成正相关。

H5：企业职业教育社会责任成熟度对其承担责任和承担责任的行为有正向影响。

H6：企业和职业院校合作的共生资源的重要性大于各自自有资源的重要性。

H7：企业提供自有资源的重要性与职业院校提供自有资源及双方产生共生资源的重要性成正相关。

4.2 变量定义

1. 自有资源

自有资源是指参与校企合作的职业院校和企业作为独立的组织所能提供给对方的自身特有的资源。目前基于资源依赖理论探讨产学双方合作资源的配置及互补情况的研究中，归纳了合作双方所能提供的资源或服务，其中学界可提供的资源或服务包括：协助研究发展及产品开发、专题研究、提供推广教育进修及短期训练、办理建教合作班、协助产业诊断、提供技术服务、提供专业师资、提供教学实体资源等；企业界可提供的资源或服务包括：提供奖助学金、供学界参观访问、提供工厂实习及教师研习、捐赠实验设备及实习材料、提供技术指导、赞助研究经费、提供就业机会等。

本研究在前期的资料查询和访谈中得到并归纳出校企双方能够提供的自有资源各为10项。职业院校能够提供的自有资源是资金、场地、设备、师资、技术研发、招生指标、专门的培训课程、行业信息、专项的服务支持、社会关系。其中专项的服务支持是指院校根据企业的需求派教师或者学生为企业解决生产实际中的具体问题或者满足企业临时性用工的需求。企业能够提供的自有资源是资金、

第4章 企业职业教育社会责任的研究设计

场地、设备、兼职教师、顶岗实习岗位、就业岗位、技术研发、行业信息、支持院校发展的捐赠、社会关系。

在合作中校企双方实际所提供自有资源的数量及重要性与双方能够提供的总的自有资源的比例，反映了双方各自提供自有资源的能力。

2. 共生资源

共生资源是指职业院校与企业建立合作关系后，在共同参与高技能人才培养过程中，合作双方共同努力所产生的专用性资源。该部分资源是双方组织区别于其他组织、不可模仿的优势资源，能够增强组织的核心竞争力，一般包括共同培养的高技能人才、建设的优势专业、开发的课程、研发的新技术、创建的生产型实习基地及社会声誉等。

在本研究中校企双方产生的共生资源包括共同培养的高技能人才（员工）、建立适应教学需要的生产型实习基地、共同编写的教材、开发的课程、创新教学方法、互派师资（专业技术人员）、共同研发的课题/产品、获得上级部门更多的重视/拨款/项目支持、提高声誉及整合各种社会资源获得了更多支持共 10 项。

3. 企业承担职业教育社会责任的理念

企业承担职业教育社会责任的理念包括企业对承担职业教育社会责任会带来的积极作用的评价、对职业教育社会责任的认知，以及企业去了解企业的职业教育社会责任的能动性。

4. 企业职业教育社会责任成熟度

企业职业教育社会责任成熟度包括企业承担职业教育社会责任的经验，企业承担过的职业教育社会责任的数量、程度，企业发布过的企业社会责任报告的数量，企业社会责任报告中是否有与职业院校合作的内容，企业公布职业教育相关内容的意愿等。

5. 企业承担职业教育社会责任的行为

企业承担职业教育社会责任的行为包括企业承担的职业教育社会责任的数量、企业提供自有资源的重要性、促进院校提供自有资源的重要性及校企共生资源的重要性。

6. 政府的作用及作用程度

政府的作用是指政府在推动企业承担职业教育社会责任中所起的作用，影响企业承担职业教育社会责任行为表现的政府因素。作用程度是指政府对企业承担职业教育社会责任行为的支持程度。

7. 行业协会的积极作用

行业协会的积极作用是指影响企业承担职业教育社会责任行为表现的行业因素，以及行业协会的引领带动作用和管理指导作用。

8. 企业绩效

企业绩效是指企业在经营期间的效益和业绩，可通过企业盈利能力、资产运营水平、生产效率和社会关系改善情况来体现，分为直接的经济性效益和间接的关系性效益两部分。

4.3　问　卷　设　计

为深入了解企业承担职业教育社会责任的理念、意愿及参与行为的影响因素，进而设计出问卷内容，课题组先后对 20 位来自企业的人力资源部主管、负责与教育合作的部门主管、企业社会责任报告的负责人及中高职院校校长进行了深度访谈，确定了企业承担职业教育社会责任的内容，企业在履责过程中的诉求，履责行为对企业绩效产生影响的可能性因素，将政府对企业的影响分为对企业内部的影响和外部环境的影响。

根据前一章确定的企业社会责任报告中涉及的职业教育相关内

容与访谈结果，在研究构建的基于利益相关者理论的职业教育社会责任研究分析框架的基础上，形成基础调查问卷。问卷共分四部分，包括企业基本情况、企业对承担职业教育社会责任的认识、企业承担的职业教育社会责任、企业承担职业教育社会责任的绩效，从企业对承担职业教育社会责任的基本认识到行为表现再到绩效进行深入调查，以期寻找企业承担职业教育社会责任的规律。

主观测量题项设置参考陈宏辉关于企业的利益相关者的实证研究[4]197-202，借鉴郑海东关于企业社会责任行为表现的测量维度、影响因素和绩效关系的研究[70]，以及李智等基于"三省千企"的中国企业社会责任调查问卷[71]，以利益相关者的利益要求及实现方式作为测量题项，将其中的量表进行了优化。

4.4 测量工具

1. 企业承担职业教育社会责任会产生的积极作用

使用自主开发的 15 条目工具进行测量。测量中，被试需要评估工具中的表述（如"有利于提升企业形象"等）在多大程度上被他们所认可。该量表用 Likert5 点量表进行测量，其中"1"表示"非常不同意"，"5"表示"非常同意"。在本研究中，该量表的内部一致性系数为 0.979，方差解释率为 77.1%。

2. 企业承担职业教育社会责任会产生的消极作用

使用自主开发的 11 条目工具进行测量。测量中，被试需要评估工具中的表述(如"有会增加企业生产成本"等)在多大程度上被他们所认可。该量表用 Likert5 点量表进行测量。其中"1"表示"非常不同意"，"5"表示"非常同意"。在本研究中，该量表的内部一致性系数为 0.952，方差解释率为 76.0%。

3. 企业承担职业教育社会责任的理念

使用自主开发的 9 条目工具进行测量。测量中,被试需要评估工具中的表述(如"企业应保证其行为符合道德要求"等)在多大程度上被他们所认可。该量表用 Likert5 点量表进行测量,其中"1"表示"非常不同意","5"表示"非常同意"。在本研究中,该量表的内部一致性系数为 0.945,方差解释率为 75.8%。

4. 影响企业承担职业教育社会责任行为表现的因素

使用自主开发的 18 条目工具进行测量。测量中,被试需要评估工具中的表述(如"本地制定有促进校企合作的法规"等)在多大程度上影响其承担职业教育社会责任。该量表用 Likert5 点量表进行测量,其中"1"表示"非常不同意","5"表示"非常同意"。在本研究中,该量表的内部一致性系数为 0.982,方差解释率为 76.7%。

5. 职业院校对企业承担社会责任具有吸引力的资源

使用自主开发的 12 条目工具进行测量。测量中,被试需要评估工具中的表述(如"提供可转化的技术成果"等)在多大程度上被他们所认可。该量表用 Likert5 点量表进行测量,其中"1"表示"非常不同意","5"表示"非常同意"。在本研究中,该量表的内部一致性系数为 0.975,方差解释率为 78.4%。

6. 企业承担社会责任为职业院校提供的资源

使用自主开发的 9 条目工具进行测量。测量中,被试需要评估工具中的表述(如"提供顶岗实习岗位"等)在多大程度上被他们所认可。该量表用 Likert5 点量表进行测量,其中"1"表示"非常不同意","5"表示"非常同意"。在本研究中,该量表的内部一致性系数为 0.959,方差解释率为 80.4%。

第4章　企业职业教育社会责任的研究设计

7. 企业在承担社会责任的过程中与院校合作产生的资源重要性

使用自主开发的14条目工具进行测量。测量中，被试需要评估工具中的表述（如"参与人才培养过程，培养适应企业发展的员工"等）在多大程度上被他们所认可。该量表用Likert5点量表进行测量，其中"1"表示"非常不同意"，"5"表示"非常同意"。在本研究中，该量表的内部一致性系数为0.984，方差解释率为83.2%。

8. 企业承担职业教育社会责任对企业绩效的影响

使用自主开发的10条目工具进行测量。测量中，被试需要评估工具中的表述（如"增加企业销售收入"等）在多大程度上被他们所认可。该量表用Likert5点量表进行测量，其中"1"表示"非常不同意"，"5"表示"非常同意"。在本研究中，该量表的内部一致性系数为0.971，方差解释率为79.4%。

9. 政府对企业承担职业教育社会责任行为的支持领域及程度

使用自主开发的7条目工具进行测量。测量中，被试需要评估工具中的表述（如"对企业管理者承担责任的决策具有显著影响"等）在多大程度上被他们所认可。该量表用Likert 5点量表进行测量，其中"1"表示"非常不同意"，"5"表示"非常同意"。在本研究中，该量表的内部一致性系数为0.977，方差解释率为87.9%。

本研究问卷涉及9个量表，从验证性因素分析结果（表4-1）来看，问卷具有理想的信度和效度。

表4-1　测量工具的验证性因素分析结果

工具名称	CFI	TLI	RMSEA	SRMR
企业承担职业教育社会责任会产生的积极作用	0.94	0.93	0.077	0.03
企业承担职业教育社会责任会产生的消极作用	0.97	0.96	0.074	0.04
企业承担职业教育社会责任的理念	0.97	0.95	0.075	0.04

续表

工具名称	CFI	TLI	RMSEA	SRMR
影响企业承担职业教育社会责任行为表现的因素	0.92	0.90	0.079	0.04
职业院校对企业承担社会责任具有吸引力的资源	0.94	0.92	0.076	0.03
企业承担社会责任为职业院校提供的资源	0.98	0.96	0.069	0.02
企业在承担社会责任的过程中与院校合作产生的资源重要性	0.93	0.92	0.074	0.03
企业承担职业教育社会责任对企业绩效的影响	0.95	0.94	0.079	0.03
政府对企业承担职业教育社会责任行为的支持领域及程度	0.98	0.96	0.068	0.02

注：各项指标的评估标准为：CFI/TLI≥0.9；RMSEA<0.08；SRMR<0.05。

4.5 调研实施

问卷调查法的调研对象是企业个体。调查问卷已经过前期的测试和修正。

本次调研从 2018 年 12 月 1 日至 31 日，取样采取了三种渠道。第一渠道是发动职业院校，邀请与职业院校有合作关系的企业填写问卷，先后有金华职业技术学院、深圳职业技术学院、北京农业职业学院、北京市商业学校、北京工业职业技术学院、石家庄职业技术学院、济南职业学院、潍坊职业学院、昆明工业职业技术学院、重庆建筑工程职业学院、中关村学院、首钢工学院等 50 多家中高职院校参与了此项工作。国家教育行政学院、教育部教育学类专业教学指导委员会、天津市教育委员会职业技术教育中心、吉林省教育学院、宁夏回族自治区教育厅、湖南省教育厅提供了大力支持和帮助。第二渠道是与社会团体、行业协会组织联系，如北京总部企业协会、中国女企业家协会、北京大学国家发展研究院 BiMBA 商学

第4章 企业职业教育社会责任的研究设计

院、河北省江西商会、福建省电子商务协会等。第三渠道是直接与企业取得联系,并通过企业的产业链平台与其他企业联系,获得问卷,如海尔集团、河北新龙科技集团、360政企安全集团、中关村互联网教育创新中心、中国航天科工集团第二研究院等单位。

4.6 样本描述

本次调研共获得1077份不同企业的有效问卷,覆盖全国32个省、自治区、直辖市、特别行政区的89个城市,如图4.1所示。

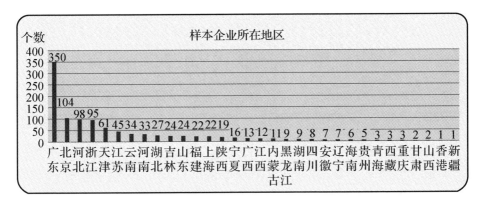

图4.1 样本企业所在地区

样本企业基本情况一览表见表4-2。

表4-2 样本企业基本情况一览表

变量	分组	有效百分比/%	累积百分比/%	变量	分组	有效百分比/%	累积百分比/%
区域划分	京津冀	24.4	24.4	企业规模	大型	27.2	27.2
	粤港澳大湾区	32.5	56.9		中型	22.9	50.1
	长三角	15.0	71.9		小型	30.8	80.8
	其他区域	28.0	100.0		微型	19.1	100.0

续表

变量	分组	有效百分比/%	累积百分比/%	变量	分组	有效百分比/%	累积百分比/%
所属产业类别	第一产业	4.1	4.1	所属经济类型	国有	13.4	13.4
	第二产业	25.5	29.6		非国有	86.6	100.0
	第三产业	70.4	100.0	产品技术主要来源	自主研发	39.1	39.1
所处发展阶段	初创期	15.3	15.3		购买技术专利	1.2	40.3
	成长期	37.1	52.4		合作开发	14.6	54.9
	成熟稳定期	42.2	94.6		仿制	1.6	56.5
	持续发展期	5.4	100.0		服务性标准、高质量产品	36.1	92.6
是否参与校企合作	否	35.3	35.3		其他	7.4	100.0
	是	64.7	100.0	是否为学徒制项目	否	58.2	58.2
					是	41.8	100.0

1. 样本企业的区域划分

研究关注不同区域企业承担社会责任的差异。首先按照自然地理区域划分的东北、华东、华北、华中、华南、西南和西北七大区域，样本在统计意义上的差异性不显著。其次根据我国经济社会发展四大经济区域东部地区、东北地区、中部地区和西部地区进行分类，样本在统计意义上的差异性也不显著。

而根据特别关注的京津冀协同发展背景下区域企业在承担社会责任方面的行为的差异，将区域中的京津冀、粤港澳大湾区、长三角单独划分出来考虑，得到了差异性的分析结果。因此，本研究将粤港澳大湾区和长三角与京津冀进行比较，样本企业区域分布情况（表4-3）显示，来自京津冀的企业有263家，粤港澳大湾区350家，长三角162家，其他区域301家。

第4章 企业职业教育社会责任的研究设计

表4-3 样本企业区域分布情况

	项目	频数	百分比/%	有效百分比/%	累积百分比/%
有效	京津冀	263	24.4	24.4	24.4
	粤港澳大湾区	350	32.5	32.5	56.9
	长三角	162	15.0	15.0	71.9
	其他区域	301	28.0	28.0	100.0
	总计	1076	99.9	100.0	
缺失	系统	1	0.1		
	总计	1077	100.0		

2. 样本企业的成立时间

从样本企业成立时间（图4.2）看，样本频率排在前三位的是成立4年、3年、6年的企业。整体上10年以下的企业占比为52.5%，11~20年占比为30.4%，20~30年占比为9.3%，30年以上占比为7.8%，90年以上仅收集到2个样本。这个比例符合我国产业转型升级的大背景下，经济社会发展中企业转型升级发展的现状。

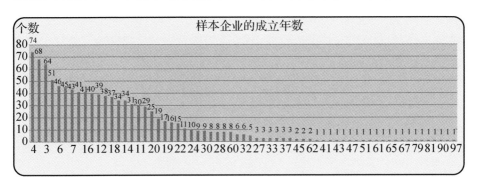

图4.2 样本企业成立时间

3. 样本企业的行业分布和产业类别

从行业领域来看，样本企业覆盖了19个行业类别（图4.3），占比前五位的分别是信息传输、软件和信息技术服务业占18.2%，制造业占 17.5%，批发和零售业占 7.7%，教育业占 6.7%，住宿和餐饮业占 6.0%。

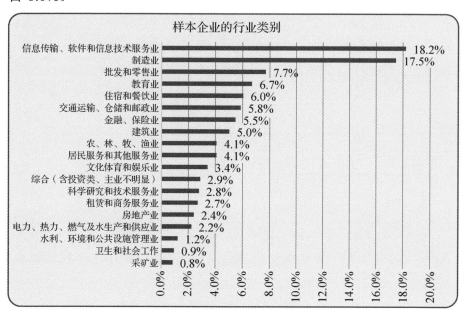

图 4.3　样本企业的行业分布情况

从样本企业的产业类别分布情况（表 4-4）看，第一产业的企业 44 家，占比为 4.1%；第二产业 275 家，占比为 25.5%；第三产业 758 家，占比为 70.4%。

表 4-4　样本企业的产业类别分布情况

项目	频数	百分比/%	有效百分比/%	累积百分比/%
第一产业	44	4.1	4.1	4.1
第二产业	275	25.5	25.5	29.6
第三产业	758	70.4	70.4	100.0
总计	1077	100.0	100.0	

4. 样本企业的发展阶段

处于不同生命周期阶段的企业具有不同的履责能力，随着企业的发展，利益相关者对企业的重要性也在不断发生变化，客观上要求企业对各利益相关者承担社会责任的行为也要做出相应的调整。从样本企业的发展阶段（表 4-5）看，处于初创期的企业占到总数的 15.3%，成长期占 37.1%，成熟稳定期占 42.2%，持续发展期占 5.4%。这个结构能够很好地反映我国经济社会发展阶段的企业常态。我国处于工业化发展后期，进入产业结构升级、经济加速融入全球一体化进程的阶段，"大智移云"技术交融渗透，使新兴产业发展进入加速成长期，企业需要不断地自主创新，以获得可持续发展的竞争优势。这个时期的特点是处于成熟稳定期的企业占据多数，也有相当比重的自主创新新兴企业处于初创期和成长期，同时，部分企业处于增长率下降的衰退状态，进入持续发展期，需要全面再造，进行革新，寻找新的生态圈。处于同一生命周期阶段的不同企业对各利益相关者与企业利害关系的认识也是不同的，对利益相关者的履责行为会存在不同。但处于各阶段的不同企业对债权人、员工、供应商、政府和社区 5 个方面的利益相关者的重要性认识较统一，所承担的社会责任内容趋同。

表 4-5 样本企业的发展阶段

项目	频数	百分比/%	有效百分比/%	累积百分比/%
初创期	165	15.3	15.3	15.3
成长期	399	37.1	37.1	52.4
成熟稳定期	455	42.2	42.2	94.6
持续发展期	58	5.4	5.4	100.0
总计	1077	100.0	100.0	

5. 样本企业的经济类型及产品技术主要来源

从样本企业的经济类型统计结果（图 4.4）看，样本企业覆盖所有经济类型，私营企业占比最大，达到 30.9%，有限责任公司占比达到 22.5%，国有企业占比为 13.4%。上市公司占比为 24.1%。

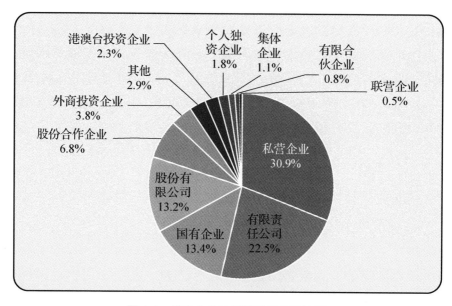

图 4.4 样本企业的经济类型统计结果

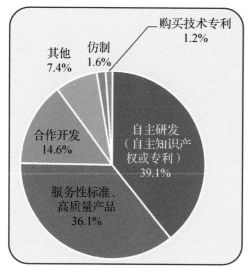

图 4.5 样本企业的产品技术主要来源统计结果

从样本企业的产品技术主要来源统计结果（图 4.5）看，自主研发（自主知识产权或专利）、合作开发类的创新型企业 578 家，占比达到 53.7%，服务性标准、高质量产品企业占比达到 36.1%，购买技术专利和仿制产品的企业较少，仅有 30 家。

6. 样本企业规模

由于划分企业规模的三个指标（行业类型、年销售额、企业人员规模）涉及企业经营机密，问卷调查很难获得具体数字，因此对三个指标信息进行了区间处理，再根据《统计上大中小微型企业划分办法（2017）》对样本企业规模进行了界定。结果显示，样本企业中大型企业293家，中型企业246家，小型企业332家，微型企业206家，占比分别为27.2%、22.9%、30.8%、19.1%（表4-6）。微型企业相对较少，但也达到五分之一，小型企业相对较多，基本占到全部企业的三分之一。

表4-6 样本企业规模

项目	频数	百分比/%	有效百分比/%	累积百分比/%
大型企业	293	27.2	27.2	27.2
中型企业	246	22.9	22.9	50.1
小型企业	332	30.8	30.8	80.8
微型企业	206	19.1	19.1	100.0
总计	1077	100.0	100.0	

7. 样本企业参与校企合作情况

样本企业中有697家企业参与了校企合作，占总样本数的64.7%。其中有450家合作属于现代学徒制或企业新型学徒制项目，占总样本数的41.8%。这样的结构规模为分析企业对职业教育项目参与与否的行为差异提供了足够的样本。

4.7 研究框架

本研究引入基于利益相关者理论的企业社会责任分析框架，分析企业承担职业教育社会责任的理念认知、行为表现及其对企业绩效的影响因素，并对三者之间存在的相关关系进行验证。本章对企业承担职业教育社会责任的"认知-行为-绩效"三维要素所涉及的变量进行了界定，并就其中的关系提出了假设。从对样本企业调查问卷的一般性分析中可以看出，各变量具有普遍意义和代表性，而且信度和效度非常理想。研究将基于数据分析，对企业承担职业教育社会责任的认知、行为和绩效之间的关系进行深入研究，同时关注政府的推动和行业协会的促进作用（图4.6）。

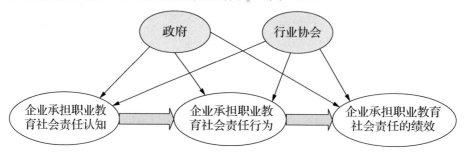

图 4.6　企业职业教育社会责任的研究框架

如果企业承担职业教育社会责任的理念认知、行为表现及企业绩效之间存在正向相关关系，特别是其承担职业教育社会责任的行为能够对企业绩效的提升有显著影响，那么研究结果将会产生较强的示范作用，推动企业，特别是那些对市场信号敏感、对产业链中跨界共生需求高的企业积极主动地承担相应的责任。这种相关关系是否存在或者是否显著，体现了企业承担职业教育社会责任的价值定位和战略选择，也是能否建设和形成产教融合生态系统的关键问题。形成企业承担职业教育社会责任的"认知-行为-绩效"三维要素间的正向关系，将是产教融合系列政策扶持和推动的核心目标。

第 5 章
企业承担职业教育社会责任的动因和理念

5.1 企业承担社会责任的基本情况

5.1.1 企业了解社会责任的途径

企业了解社会责任的主要途径是政府政策鼓励措施、法律法规要求,其次是媒体宣传和自发学习(图 5.1)。从这个意义上讲,企业

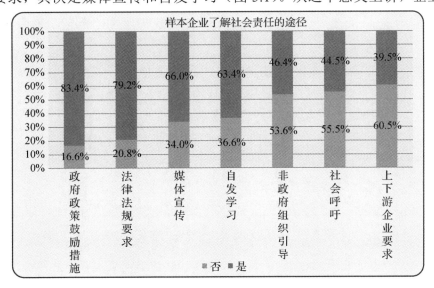

图 5.1 样本企业了解社会责任的途径统计结果

承担社会责任首先是对政府政策的宣传引导作用所做出的回应。因此，推动企业承担职业教育社会责任的首要途径就是加强政策激励和宣传力度，特别是在加强对产教融合型企业的认定和组合式政策激励方面提供更多有力措施。

5.1.2 企业对社会责任的认知和承担情况

从企业应承担的社会责任内容统计结果（图5.2）看，样本企业认为企业应承担的社会责任排在前三位的是依法纳税；诚信经营，公平交易；遵守行业道德规范。这三个方面直接与企业自身经营盈利的属性密切相关。其次是为员工提供福利待遇和培训，无就业歧视；保证员工合法权益及安全卫生；支持参与教育事业；履行法律法规；节能减耗，减少环境污染；拒绝商业贿赂等，以上属于企业在经营活动中所遵守的准则或者规范。

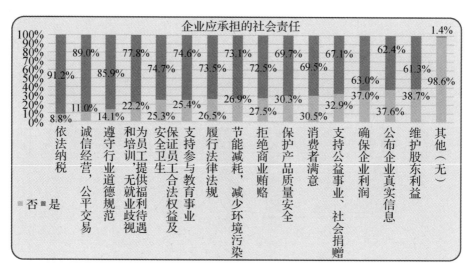

图 5.2 企业应承担的社会责任内容统计结果

从样本企业已经承担的社会责任内容统计结果（图5.3）看，企业实际承担的社会责任排在前三位的依然是依法纳税；诚信经营，公平交易；遵守行业道德规范。为员工提供福利待遇和培训，无就业歧视；拒绝商业贿赂；履行法律法规；保证员工合法权益及安全卫生；消费者满意；节能减耗，减少环境污染；支持参与教育事业；以上实际行动等方面排在了前十位。这说明企业在实际履责过程中能够较好地完成与自身发展密切相关的基本责任，对法律法规、企业自身形象及诚信经营较为重视。对支持参与教育事业的相关责任，在认知上排在第六位，而在行动上排在第十位，这表明样本企业具有较好的承担社会责任的意识，并且在行动上也有所落实。由于受到地域、规模、产业、发展阶段、经济条件等因素的影响，企业承担责任的内容与认知方面存在一定差异。承担教育相关责任的差异性与内部的成本与收益、外部的社会环境及制度的完善与否有很大关系。

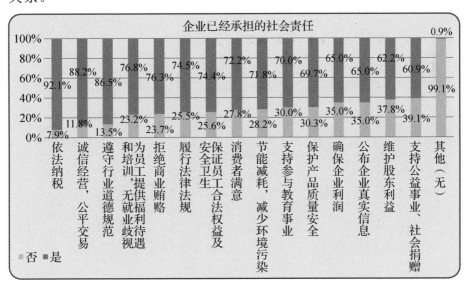

图 5.3　样本企业已经承担的社会责任内容统计结果

样本企业承担社会责任的程度统计结果（图 5.4）显示，样本中认为自己承担了社会责任的企业达到 87.4%，其中，有 69.8% 的企业

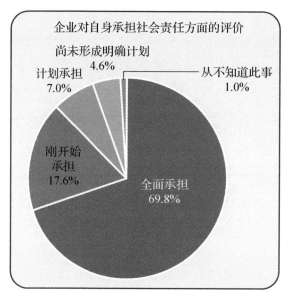

图 5.4 样本企业承担社会责任的程度统计结果

已全面承担了社会责任，17.6%的企业刚开始承担；7.0%的企业正计划承担；尚未形成明确计划和从不知道此事的企业仅为 5.6%。尽管如此，样本企业发布社会责任报告的类型统计结果（图 5.5）却显示，填写发布过企业社会责任报告的企业占比为 42.3%，其次为可持续发展报告，占比为 38.8%。两者均未超过 50%。这说明企业已经形成与职业院校合作的认识，但还需要进一步落实到行动上。

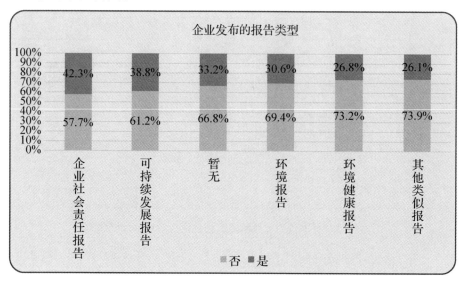

图 5.5 样本企业发布社会责任报告的类型统计结果

5.1.3 企业的重要利益相关者

企业认为对自身生产运营最重要的前四个利益相关者是员工、顾客、投资者和供应商，在所有样本企业中被选中的比例分别 79.3%、70.5%、54.1% 和 39.6%（图 5.6）。投资者出现在大部分企业的最优先选择中，员工是次优先选择中比例最高的选择。这四个要素是支撑企业发展的核心要素，可将其归属为关键利益相关者。

政府被选择的比例为 27.6%，科研与教育团体为 8.3%，行业协会为 6.3%，企业在第三优先选择的利益相关者中选择这三个要素的比例高于在最优先、次优先中选择的比例（图 5.6）。这三个利益相关者是促进企业发展的重要外部因素，是构建企业发展社会环境的重要组成部分，能够为企业的可持续发展提供人才、技术、设备、产品等优质资源，还包括专门针对企业承担责任的行为所给予的政策优惠和奖励，是企业的重要利益相关者。其他的利益相关者，如竞争者、当地社区、园区和工会等，在企业承担社会责任的过程中，可视为企业的次要利益相关者。

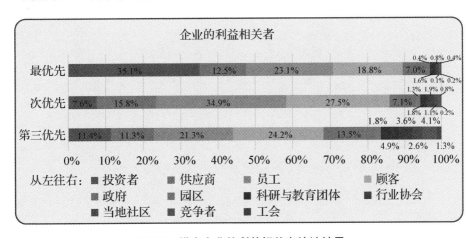

图 5.6　样本企业的利益相关者统计结果

5.2 企业承担职业教育社会责任的基本情况

5.2.1 企业承担职业教育社会责任的内容

企业承担职业教育社会责任的内容统计结果（图5.7）显示，排在前两位的是接受职业院校的学生就业和为院校实习学生提供实习岗位，这两项内容可以直接为企业生产提供服务，提高企业的生产效益。其次是与职业院校共同开发课程，合作进行技术研发、技术攻关、成果转化，与院校合作为社区提供培训、文化活动，这三项是企业与院校合作进行人才培养、技术创新和社会服务的核心内容，需要双方提供优质资源，共建共赢，在此过程中需要企业有较多的投入。

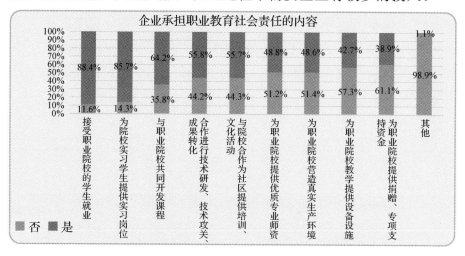

图5.7 企业承担职业教育社会责任的内容统计结果

5.2.2 企业对承担职业教育社会责任重要性的认识

样本企业对企业社会责任报告中职业教育部分重要性的评价结果（图5.8）显示，56.8%的企业认为企业社会责任报告中呈现的企业职业教育社会责任部分非常重要，33.2%的企业认为比较重要，只有10.0%的企业认为一般或不重要。

第 5 章　企业承担职业教育社会责任的动因和理念

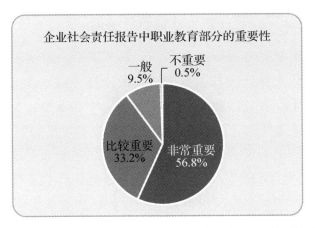

图 5.8　样本企业对企业社会责任报告中职业教育部分重要性的评价结果

在样本企业公布职业教育社会责任的意愿统计结果（图 5.9）中，有 62.8%的企业非常愿意公布共同培养或共同研发的内容，26.1%的企业比较愿意，11.1%的企业表示一般或者不太愿意。这说明大部分企业重视与职业院校进行合作育人、研发，并愿意公布在企业社会责任报告中。

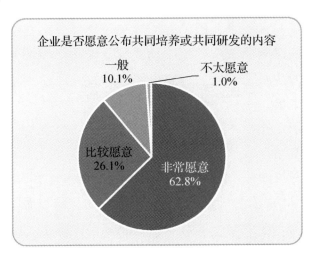

图 5.9　样本企业公布职业教育社会责任的意愿统计结果

5.2.3 企业承担的职业教育社会责任类型

随着经济社会发展、产业进步，新兴产业、服务业、现代制造业成为新时代支撑经济社会发展进步的支柱产业，新旧动能转换期间，企业的生存和发展也受到了较大的影响和威胁。为提高可持续发展能力，适应产业升级和结构调整，企业需要得到更多外部支持。这是企业从战略上选择的合作，企业承担职业教育社会责任，参与育人、研发和社会服务，其实质就是通过组织间的合作寻求外联共生的过程，其所带来的优质资源会让企业拥有更多更大的价值。

企业将承担职业教育社会责任视为战略型企业社会责任，能够促使企业在新一轮发展中在人才、技术等方面获得持续的竞争优势。根据不同企业的产业发展定位，结合与职业院校合作的现状，本研究确定了五种战略型企业社会责任类型：成本领先型的定位是企业承担社会责任是出于对生产环节进行创新、降低成本方面的考虑；资源开发型的定位是企业通过承担责任，在人才培育、技术创新方面改善要素供给；差异化型的定位是企业通过承担责任，创新产品和服务，形成与同行企业的差异，寻求价格溢价；策略性影响型的定位是企业通过响应政府政策，创新行业标准，寻求更大话语权；市场拓展型的定位是企业通过整合资源，扩大产品市场，创造新的社会责任型市场。

数据显示，在样本企业定位的战略型企业社会责任类型中，五种类型样本量均有涉及，且在统计意义上的数量较为理想（图5.10）。其中排在前三位的是：资源开发型最多，占29.6%；其次是市场拓展型，占24.3%，最后是成本领先型，占20.4%。这表明，从社会责任市场的开拓到人才培养、要素供给，再到降低成本，企业承担职业教育社会责任的战略任务直接为企业提升科技创新与品牌经营创新能力服务。

第 5 章 企业承担职业教育社会责任的动因和理念

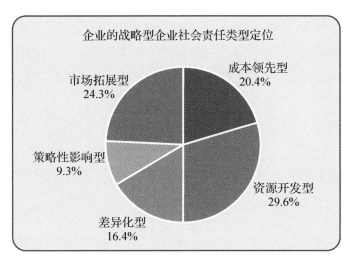

图 5.10 样本企业的战略型企业社会责任类型定位统计结果

企业承担职业教育社会责任是一场新的革命，也是推进企业不断提升和开拓能力的手段和途径，其根本目的是保证企业在新时代的高质量发展。企业在树立职业教育社会责任理念的同时，应勇于承担职业教育社会责任，以创新发展、专注产品品质锤炼、匠心打造企业自身品牌，不断提升企业在市场上的核心竞争力。

5.3 企业承担职业教育社会责任的动因

进一步探查企业承担职业教育社会责任的动因，考虑其必要性和重要性排序，结果依次为：技术技能人才需求、履行相关法律法规、政府鼓励政策措施、企业生产发展需求、有责任扶持职业院校培育人才、产品研发升级需求、提升社会声誉、获得竞争优势加强影响力、在行业内有话语权、为了应对院校的需求（图 5.11）。其中，三次选择中技术技能人才需求的比例达到 71.2%。人才是企业发展的决定性因素，企业承担责任的最大目的是在市场中获得人才资源的优质配置，这是第一层次的根本性动因。企业的根本目的是通过承担责任，在人才培养过程中更多地获得带有自身特色的专有资源，即适应企业生产的人力资源。但履行相关法律法规是首次选择比例最高的一项，这充分表明，法律责任是企业承担职业教育社会责任的基础性动因。政府鼓励政策措施是企业承担责任的战略成本动因。

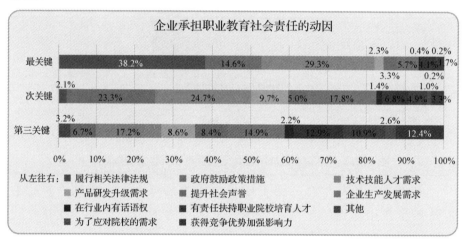

图 5.11　样本企业承担职业教育社会责任的动因分布

5.4　企业承担职业教育社会责任的理念

企业承担社会责任的理念是企业基于企业管理者对企业本质、企业与社会关系的理解，对社会责任的准则、承诺、行为目标的认同，决定着承担社会责任的水平和层次。企业承担职业教育社会责任的理念则直接反映了企业管理者对职业教育的认知，对参与推动经济社会发展的理解。本研究从企业社会责任的四个层次（伦理、经济、慈善、法律）探究企业对承担职业教育领域相关责任的认识。数据显示（图 5.12），企业对承担职业教育社会责任的理念最为认同的是"企业若要在社会中拥有很大的影响力，除了股东利益之外还应该承担一定的社会责任"和"各级政府制定政策，应对主动承担职业教育社会责任的企业进行奖励和宣传"两项，反映了企业认为承担相关的社会责任是对社会声誉、社会形象的追求,并且履责行为应该有相应的政策认可,能够获得激励和奖励。从四个层次的得分看,企业对职业教育社会责任层次的认识程度从高到低依次为伦理责任、经济责任、慈善责任和法律责任,反映了企业对承担职业教育社会责任的期待在于有利于其自身战略发展。

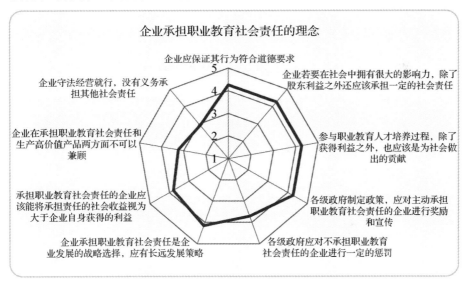

图 5.12　样本企业承担职业教育社会责任的理念分布

总体来看,企业对承担职业教育社会责任的认识度较高且定位清晰。在国家大力发展职业教育的战略影响下,深化产教融合、校企合作政策组合出台,政府、社会和企业自身对企业承担职业教育社会责任的问题正在形成共识,使这一问题不再停留在政府的推动、社会的期望层面,企业也逐渐意识到承担职业教育社会责任有助于自身发展,逐步由需要法律约束的被动接受转化为主动承担,以此谋求政府、供应商及消费者、社会公众的支持。企业对职业教育社会责任层次的认识已经超越法律责任,由经济责任逐渐向伦理责任、慈善责任过渡。

5.4.1 上市与否企业承担职业教育社会责任的理念

上市与否企业承担职业教育社会责任的理念统计结果（图5.13）显示，上市企业评分均高于非上市企业，在"各级政府应对不承担职业教育社会责任的企业进行一定的惩罚""承担职业教育社会责任的企业应该能将承担责任的社会收益视为大于企业自身获得的利益"等方面，以及承担社会责任理念的总体水平上，达到显著水平。

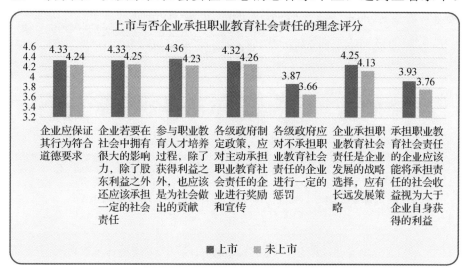

图5.13 上市与否企业承担职业教育社会责任的理念统计结果

5.4.2 不同发展阶段企业承担职业教育社会责任的理念

数据显示（表5-1），企业在发展的不同阶段承担职业教育社会责任的理念存在显著差异[$P<0.01$，表示在0.01级别（双尾）相关性显著]。其中，处于成熟稳定期企业的理念普遍高于其他时期。在道德要求、社会声誉、公益性贡献等认知层面，持续发展期的企业比成长期和初创期的企业高，而在将承担责任视为战略选择、将社会收益视为大于企业自身获得的利益两个方面，持续发展期的企业低于成长期。这个阶段企业正在探索新的发展路径，在承担社会责任

的理念的认识上有一定的积累,而由于正处于转型时期,承担社会责任的内容和范围不稳定,反映在行为上则是没有太多精力的投入,承担责任的内容和深度不足。

表5-1 不同发展阶段企业承担职业教育社会责任的理念的差异性比较

项目	发展阶段	个案数	平均值	标准偏差	标准误差平均值	F	P
企业应保证其行为符合道德要求	初创期	165	4.02	1.161	0.090	4.564	0.003
	成长期	399	4.27	0.918	0.046		
	成熟稳定期	455	4.34	0.934	0.044		
	持续发展期	58	4.28	0.854	0.112		
	总计	1077	4.26	0.967	0.029		
企业若要在社会中拥有很大的影响力,除了股东利益之外还应该承担一定的社会责任	初创期	165	3.96	1.217	0.095	7.293	0.000
	成长期	399	4.30	0.877	0.044		
	成熟稳定期	455	4.34	0.913	0.043		
	持续发展期	58	4.38	0.768	0.101		
	总计	1077	4.27	0.955	0.029		
参与职业教育人才培养过程,除了获得利益之外,也应该是为社会做出的贡献	初创期	165	3.99	1.220	0.095	5.456	0.001
	成长期	399	4.27	0.901	0.045		
	成熟稳定期	455	4.34	0.920	0.043		
	持续发展期	58	4.31	0.902	0.118		
	总计	1077	4.26	0.970	0.030		
各级政府制定政策,应对主动承担职业教育社会责任的企业进行奖励和宣传	初创期	165	4.03	1.192	0.093	4.479	0.004
	成长期	399	4.28	0.892	0.045		
	成熟稳定期	455	4.34	0.926	0.043		
	持续发展期	58	4.38	0.813	0.107		
	总计	1077	4.27	0.959	0.029		
各级政府应对不承担职业教育社会责任的企业进行一定的惩罚	初创期	165	3.42	1.375	0.107	4.386	0.004
	成长期	399	3.77	1.117	0.056		
	成熟稳定期	455	3.78	1.147	0.054		
	持续发展期	58	3.62	1.240	0.163		
	总计	1077	3.71	1.185	0.036		

续表

项目	发展阶段	个案数	平均值	标准偏差	标准误差平均值	F	P
企业承担职业教育社会责任是企业发展的战略选择，应有长远发展策略	初创期	165	3.89	1.110	0.086	5.167	0.002
	成长期	399	4.20	0.886	0.044		
	成熟稳定期	455	4.21	0.921	0.043		
	持续发展期	58	4.16	0.951	0.125		
	总计	1077	4.16	0.947	0.029		
承担职业教育社会责任的企业应该能将承担责任的社会收益视为大于企业自身获得的利益	初创期	165	3.55	1.242	0.097	3.694	0.012
	成长期	399	3.82	1.053	0.053		
	成熟稳定期	455	3.87	1.073	0.050		
	持续发展期	58	3.78	1.155	0.152		
	总计	1077	3.80	1.102	0.034		

5.4.3 不同规模企业承担职业教育社会责任的理念

从不同规模企业承担职业教育社会责任的理念的差异性比较（表5-2）结果来看，大型企业在道德要求、社会声誉、公益性贡献、政府支持、惩罚措施、战略选择等方面的理念更为深入，其次分别是中型企业、小型企业、微型企业。在企业的理念中，政府支持是企业承担责任的推动力和源泉，其次是承担责任有助于提高企业的社会声誉和公益性贡献。

数据比较发现，"企业应保证其行为符合道德要求"和"各级政府制定政策，应对主动承担职业教育社会责任的企业进行奖励和宣传"两个因素的得分较高，而"各级政府应对不承担职业教育社会责任的企业进行一定的惩罚"得分最低。这反映出在现实中，企业承担社会责任的行为存在两类动力：一类是来源于内的责任意识，代表着企业的道德基因；另一类是来源于外的监管力度，即企业所处的制度环境约束，出于生存和发展的考虑，企业并不希望有太大的外部监管压力。责任意识和外部约束力对企业承担社会责任的行为有显著的影响[72]。

表 5-2 不同规模企业承担职业教育社会责任的理念的差异性比较

项目	企业规模	个案数	平均值	标准偏差	标准误差平均值	F	P
企业应保证其行为符合道德要求	微型	206	4.11	1.095	0.076	5.116	0.002
	小型	332	4.18	1.025	0.056		
	中型	246	4.33	0.909	0.058		
	大型	293	4.41	0.821	0.048		
	总计	1077	4.26	0.967	0.029		
企业若要在社会中拥有很大的影响力,除了股东利益之外还应该承担一定的社会责任	微型	206	4.09	1.103	0.077	5.670	0.001
	小型	332	4.20	0.982	0.054		
	中型	246	4.34	0.888	0.057		
	大型	293	4.41	0.834	0.049		
	总计	1077	4.27	0.955	0.029		
参与职业教育人才培养过程,除了获得利益之外,也应该是为社会做出的贡献	微型	206	4.06	1.142	0.080	6.079	0.000
	小型	332	4.20	0.988	0.054		
	中型	246	4.33	0.905	0.058		
	大型	293	4.40	0.837	0.049		
	总计	1077	4.26	0.970	0.030		
各级政府制定政策,应对主动承担职业教育社会责任的企业进行奖励和宣传	微型	206	4.10	1.106	0.077	4.677	0.003
	小型	332	4.22	0.978	0.054		
	中型	246	4.34	0.892	0.057		
	大型	293	4.40	0.857	0.050		
	总计	1077	4.27	0.959	0.029		
各级政府应对不承担职业教育社会责任的企业进行一定的惩罚	微型	206	3.54	1.313	0.091	3.031	0.029
	小型	332	3.70	1.164	0.064		
	中型	246	3.71	1.190	0.076		
	大型	293	3.86	1.094	0.064		
	总计	1077	3.71	1.185	0.036		

续表

项目	企业规模	个案数	平均值	标准偏差	标准误差平均值	F	P
企业承担职业教育社会责任是企业发展的战略选择，应有长远发展策略	微型	206	4.02	1.002	0.070	4.580	0.003
	小型	332	4.07	0.995	0.055		
	中型	246	4.25	0.866	0.055		
	大型	293	4.27	0.898	0.052		
	总计	1077	4.16	0.947	0.029		

5.4.4 不同区域企业承担职业教育社会责任的理念

结果显示（表5-3），京津冀地区中，地处北京和天津的企业在承担职业教育社会责任理念方面有较强的认识，在道德要求、社会声誉、公益性贡献、政府支持等方面得分均高于长三角、粤港澳大湾区和河北的企业，且差异有统计学意义（$P<0.05$），以北京的企业为最高；在公益性贡献方面，天津最高；河北的得分相对较低，仅高于粤港澳大湾区。这表明，北京和天津的企业承担职业教育社会责任的理念先进，认识到位，意识较强。同为京津冀地区，河北的企业理念相对落后，其承担责任的意识尚需加强，更需要有行动上的落实。

表5-3 不同区域企业承担职业教育社会责任的理念的差异性比较

项目	区域	个案数	平均值	标准偏差	标准误差平均值	F	P
企业应保证其行为符合道德要求	河北	98	4.24	0.931	0.094	2.658	0.021
	北京	104	4.50	0.750	0.074		
	天津	61	4.38	0.986	0.126		
	粤港澳大湾区	350	4.16	1.029	0.055		
	长三角	162	4.36	0.915	0.070		
	其他	301	4.23	0.983	0.057		
	总计	1076	4.26	0.967	0.029		

续表

项目	区域	个案数	平均值	标准偏差	标准误差平均值	F	P
企业若要在社会中拥有很大的影响力,除了股东利益之外还应该承担一定的社会责任	河北	98	4.27	0.926	0.093	2.568	0.026
	北京	104	4.44	0.774	0.076		
	天津	61	4.43	0.974	0.125		
	粤港澳大湾区	350	4.14	1.030	0.055		
	长三角	162	4.31	0.926	0.071		
	其他	301	4.31	0.927	0.054		
	总计	1076	4.27	0.955	0.029		
参与职业教育人才培养过程,除了获得利益之外,也应该是为社会做出的贡献	河北	98	4.30	0.922	0.093	2.314	0.042
	北京	104	4.43	0.747	0.073		
	天津	61	4.39	0.988	0.126		
	粤港澳大湾区	350	4.13	1.044	0.056		
	长三角	162	4.29	0.978	0.075		
	其他	301	4.29	0.944	0.055		
	总计	1076	4.26	0.970	0.030		
各级政府制定政策,应对主动承担职业教育社会责任的企业进行奖励和宣传	河北	98	4.28	0.950	0.096	2.440	0.033
	北京	104	4.44	0.786	0.077		
	天津	61	4.41	0.973	0.125		
	粤港澳大湾区	350	4.14	1.020	0.054		
	长三角	162	4.32	0.935	0.072		
	其他	301	4.31	0.941	0.055		
	总计	1076	4.27	0.959	0.029		
承担职业教育社会责任的企业应该能将承担责任的社会收益视为大于企业自身获得的利益	河北	98	3.62	1.206	0.122	2.225	0.050
	北京	104	3.86	1.101	0.108		
	天津	61	4.15	1.138	0.146		
	粤港澳大湾区	350	3.82	1.054	0.056		
	长三角	162	3.84	1.109	0.085		
	其他	301	3.71	1.101	0.064		
	总计	1076	3.80	1.102	0.034		

5.4.5 不同产品技术来源的企业承担职业教育社会责任的理念

我国经济已由高速增长阶段转向高质量发展阶段，正处在转变发展方式、优化经济结构、转换增长动力的攻坚期。高质量发展是新时代的要求，体现了创新、协调、绿色、开放、共享的新发展理念。生产服务性标准、高质量产品的企业和自主研发产品的企业承担职业教育社会责任的理念较强（表 5-4），这与企业对产品、对人才、对技术的迫切需求相关。受经济社会发展影响，这类企业处在上升期的较多，其承担责任的理念和意识会高于其他类型企业。

表 5-4 不同产品技术来源的企业承担职业教育社会责任的理念的差异性比较

项目	产品技术来源	个案数	平均值	标准偏差	F	P
企业应保证其行为符合道德要求	自主研发	421	4.28	0.986	5.299	0.000
	购买技术专利	13	3.38	1.502		
	合作开发	157	4.01	1.025		
	仿制	17	4.29	1.160		
	服务性标准、高质量产品	389	4.37	0.888		
	其他	80	4.33	0.839		
	总计	1077	4.26	0.967		
企业若要在社会中拥有很大的影响力，除了股东利益之外还应该承担一定的社会责任	自主研发	421	4.28	0.975	4.633	0.000
	购买技术专利	13	3.38	1.502		
	合作开发	157	4.06	1.030		
	仿制	17	4.18	0.951		
	服务性标准、高质量产品	389	4.36	0.873		
	其他	80	4.34	0.856		
	总计	1077	4.27	0.955		

续表

项目	产品技术来源	个案数	平均值	标准偏差	F	P
参与职业教育人才培养过程，除了获得利益之外，也应该是为社会做出的贡献	自主研发	421	4.27	0.980	3.923	0.002
	购买技术专利	13	3.38	1.502		
	合作开发	157	4.07	1.051		
	仿制	17	4.29	0.985		
	服务性标准、高质量产品	389	4.34	0.904		
	其他	80	4.31	0.866		
	总计	1077	4.26	0.970		
各级政府制定政策，应对主动承担职业教育社会责任的企业进行奖励和宣传	自主研发	421	4.27	1.000	4.283	0.001
	购买技术专利	13	3.38	1.502		
	合作开发	157	4.09	1.034		
	仿制	17	4.35	0.862		
	服务性标准、高质量产品	389	4.37	0.859		
	其他	80	4.33	0.854		
	总计	1077	4.27	0.959		
承担职业教育社会责任的企业应该能将承担责任的社会收益视为大于企业自身获得的利益	自主研发	421	3.76	1.135	4.836	0.000
	购买技术专利	13	3.15	1.463		
	合作开发	157	3.72	1.108		
	仿制	17	3.65	1.057		
	服务性标准、高质量产品	389	3.86	1.070		
	其他	80	4.01	0.961		
	总计	1077	3.80	1.102		

5.4.6 不同经济类型企业承担职业教育社会责任的理念

本研究列举了国有企业、集体企业、股份合作企业、联营企业、私营企业、股份有限公司、有限责任公司、港澳台投资企业、外商投资企业、个人独资企业、有限合伙企业和其他经济类型的企业，从数据结果来看，企业在承担职业教育社会责任的理念方面的差异性并不显著。但具体在"各级政府应对不承担职业教育社会责任的企业进行一定的惩罚"这一因素上，国有企业和非国有企业呈现出显著差异性（表5-5）。这说明国有企业在运行管理上规范性较强，政府及相关部门对国有企业的支持使企业具有较强的履责理念。

表5-5　不同经济类型企业承担职业教育社会责任的理念的t检验

项目	企业类型	平均值	个案数	标准偏差	标准误差平均值	t	自由度	P
各级政府应对不承担职业教育社会责任的企业进行一定的惩罚	国有企业	3.97	144	1.106	0.092	2.909	197.956	0.004
	非国有企业	3.67	933	1.192	0.039			

5.5　企业承担职业教育社会责任的诉求

根据企业承担职业教育社会责任的动因和理念研究，企业与社区之间的关系从慈善或回馈型转变为合作型，企业更积极主动地回应社会和环境议题，履责动机从声誉驱动变为绩效驱动，在企业行动的层面上，企业职业教育社会责任不再表现为奢侈的产品和服务，而是给那些最需要改善生活质量的人们提供解决方案[73]。这也使企业对承担职业教育社会责任提出新的诉求。

1. 企业对优质资源的诉求

企业承担职业教育社会责任希望获得的资源依次为：培养符合生产需要的员工、政府专项资金扶持、员工能力培训机构、教师研发的可用于生产的成果、能短期实习的学生、社会声誉提升、新产品新技术研发中心等（图5.14）。其中，员工能力培训机构、新产品新技术研发中心在三次选择中的比例逐渐加大，在第三希望的选择中两

第 5 章　企业承担职业教育社会责任的动因和理念

者排名分别为第一和第三，员工能力培训机构在次希望的选择中排名第二。这说明企业意识到与职业院校合作，承担责任的过程中能够获得这些优质资源，特别是对员工技术技能的提升、新产品新技术研发中心的诉求较为迫切，这两点不是短期内能够产生的，需要企业与院校建立相互信任和稳定的合作关系，经过彼此相互适应的过程才能实现。职业院校充分发挥社会服务功能，一方面注重育训结合，积极为企业员工提供高质量培训；另一方面服务于企业的技术创新和研发，提高自身研发能力，与企业共同建立新产品新技术研发中心，这样才能让企业有更多的信心将职业院校视为战略合作伙伴。

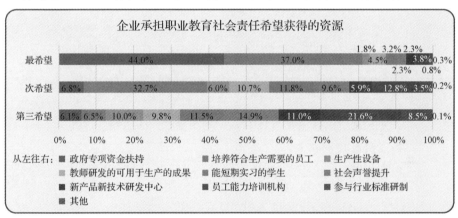

图 5.14　企业承担职业教育社会责任希望获得的资源统计结果

2. 企业对利益相关者的诉求

企业承担职业教育社会责任离不开利益相关者的支持和影响。在调研中，我们得到企业承担职业教育社会责任的重要利益相关者是政府、科研与教育团体、行业协会等组织。而企业在承担职业教育社会责任中最希望得到来自政府、行业协会和供应链伙伴的支持（图 5.15）。2017 年 12 月，国务院办公厅印发《关于深化产教融合的若干意见》，政府正积极推动在各地落实支持产教融合的政策文件，支持企业、学校深化产教融合，提出很多措施和创新点。行业协会的引领带动作用和供应链伙伴的支持,对企业积极参与职业教育也有较大的推动和促进作用。

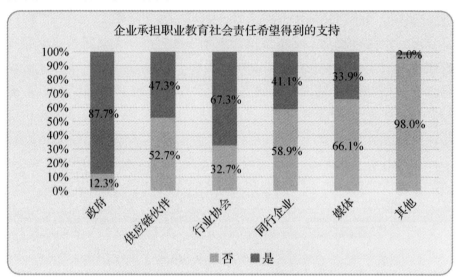

图 5.15　企业承担职业教育社会责任希望得到的支持统计结果

3. 企业对政府的诉求

企业承担职业教育社会责任希望得到政府的肯定和支持。根据企业希望得到的来自政府的支持统计结果(图 5.16),政府的支持可以从税收减免、人才引进等优惠政策或者财政、产业政策进行引导。2019 年 3 月,中华人民共和国发展和改革委员会、教育部发布《建设产教融合型企业实施办法(试行)》,从企业端发力促进企业承担职业教育社会责任,在对产教融合型企业的培育和认定中,提出对进入产教融合型企业认证目录的企业,给予"金融+财政+土地+信用"的组合式激励,并按规定落实相关税收政策。该项激励政策与企业投资兴办职业教育、接收学生实习实训、接纳教师岗位实践、开展校企深度合作、建设产教融合实训基地等工作相挂钩。各地政府应加大对企业的调研力度,具体了解企业诉求,制定具有地方特色的引导激励政策。

第 5 章 企业承担职业教育社会责任的动因和理念

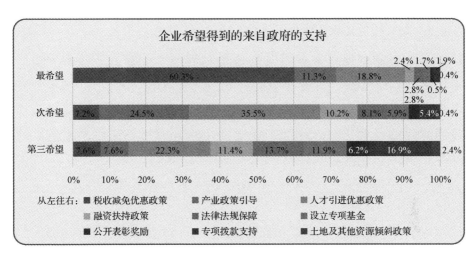

图 5.16 企业希望得到的来自政府的支持统计结果

4. 企业对行业协会的诉求

企业最希望得到行业协会在协调企业与其他利益相关者之间的关系、加强对企业的正面宣传、提供多元化的专业服务等方面的支持（图 5.17）。未来行业协会应在引导企业树立承担责任的理念、给出具体的指导路径和方式、给予行业内话语权方面为企业提供更多的支持和帮助。

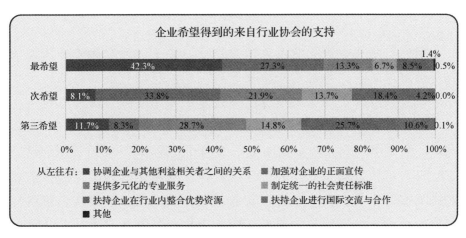

图 5.17 企业希望得到的来自行业协会的支持统计结果

5. 企业对供应链伙伴和同行企业的诉求

企业最希望得到来自供应链伙伴和同行企业在专业技术支持、市场推介、联合参与推进等方面的支持（图5.18）。在产业链上加强企业之间的合作与交流，促进企业在新时期协同共生，以适应数字经济时代的产业重组，构建产教融合平台，营造创新生态系统，将为企业承担职业教育社会责任提供重要的支撑。

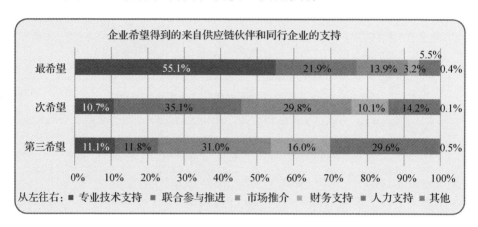

图 5.18　企业希望得到的来自供应链伙伴和同行企业的支持统计结果

5.6　本章小结

本章对企业承担职业教育社会责任进行了一般性描述。从统计数据结果来看，调研样本在所属区域、成立时间、产业类别、企业规模、发展阶段、经济类型及产品技术主要来源等方面具有较为合理的分布，其结构比例反映了当前新时期产业结构转型的企业特征。同时，企业承担职业教育社会责任的动因、理念和诉求具有普遍性。

（1）从广义的企业社会责任来看，企业承担社会责任的根本目的在于提升自身的社会声誉。企业对履行法律法规、提高企业自身形象及促进诚信经营相关的责任较为重视，特别是对于与其经营盈利的属性密切相关的责任，包括依法纳税、诚信经营和公平交易、

（2）企业承担职业教育社会责任的最大目的是在市场中获得人才资源的优质配置。其实质是通过承担责任，在人才培养过程中更多地获得带有自身特色的专有资源，即适应企业生产所需的人力资源。这是符合企业追求利益最大化的根本性动因。其次是履行相关法律法规，按照法律规定承担责任，一方面为自身发展营造良好的社会环境，另一方面获得政府的奖励和更多的扶持。这是保证企业运行的基础性动因。

（3）企业承担职业教育社会责任的首选内容是接受职业院校的学生就业和为院校实习学生提供实习岗位。企业承担这两项责任可以直接为生产提供服务，提高生产效益。企业对与职业院校合作共同承担课程开发、技术攻关和成果转化，以及为社区提供培训和服务等责任的认识也很到位，这些责任对组织双方发展均有积极的推动作用，是院校和企业共同追求的优质资源。由于企业承担相应的责任需要有资金、人员和设备上的投入，因此企业将其作为战略性发展的选择，根据其经济效益或社会效益回报情况确定进一步的行为选择和参与的程度。

（4）不同属性企业在承担职业教育社会责任的理念方面呈现出显著差异性。上市企业的履责理念整体高于非上市企业，特别是在不履责惩罚、履责的公益性贡献方面具有显著差异性；处于成熟稳定期的企业和大型企业在道德要求、社会声誉、公益性贡献、政府支持、不履责惩罚、战略选择等方面的理念显著高于其他企业；地处北京和天津的企业的履责理念更为先进，认识到位，意识更强；国有企业在不履责惩罚方面的理念显著高于非国有企业。这些差异性表明，不同属性的企业在承担职业教育社会责任方面具有特有的行为规律。企业的管理越规范，自身条件越成熟，运行越稳定，其承担职业教育社会责任的理念越强。因此，在探索企业职业教育社会责任成熟度、企业承担责任的行为及其对企业绩效的影响等要素变量时，需要将企业的这些属性作为控制变量进行分类观察。

（5）企业承担职业教育社会责任离不开利益相关者的支持和影响。在承担职业教育社会责任方面，企业的重要利益相关者是政府、科研与教育团体、行业协会等组织，而企业在承担责任的过程中也最期望得到来自政府、行业协会和供应链伙伴的支持。企业对政府的诉求是在税收减免、人才引进等优惠政策和财政、产业政策引导等方面的支持；企业对行业协会的诉求是在协调企业与其他利益相关者之间的关系、加强对企业的正面宣传、提供多元化的专业服务等方面的支持；企业对供应链伙伴和同行企业的诉求是需要得到专业技术、市场推介、联合参与推进等方面的支持。

第 6 章
企业承担职业教育社会责任的行为表现影响因素分析

在当前经济社会快速发展、产业转型升级的重要时期,国内大部分企业处于数字化转型期,制定成熟稳定的组织发展战略的企业较少,对建立伦理准则的意识也明显不足,即便有的企业已经制定了长期发展战略和伦理准则,也并未内化到日常行为中。企业按照法律和道德的要求承担对利益相关者的责任,其影响因素较多来自社会制度和社会规范等方面[74]。在"企业公民基本原理三角模型"中,企业成为好公民的绩效指标有三个,一是企业管理者具备认识外部环境并积极进行协调的能力,二是企业受到的来自社会的压力而改进与外部环境关系的绩效,三是道德价值[75]。研究表明,企业社会责任行为表现在企业规模、企业发展阶段和企业经济类型上都有明显差别,即企业组织的一些特性,如规模、发展阶段等影响企业承担社会责任的参与度以及具体行为表现[76]。

其中,企业规模特性是通过对企业行动动机的作用,来影响企业社会责任行动的选择和参与。研究发现,三资企业与民营企业的社会责任承担情况有较大差异;民营企业对环境责任的认同度低于国有企业和集体企业，高于外商及港澳台投资企业，民营企业对诚信责任的认同度略低于其他性质的企业；上市与非上市企业承担社会责任的情况存在较大差异，上市企业承担的社会责任越多，其财务业绩越好；小型企业承担社会责任的行为在各个维度上的战略特征都是最弱的，在向心性、特异性和前瞻性特征上与大型企业、中型企业存在显著差异。同样，处在不同的生命周期阶段，企业目标与利益相关者群体关系等内部因素可能影响到企业承担社会责任的重点和战略。企业社会责任认知程度、战略选择随着企业的成长、发展而不断优化升级。具体而言，处于初创期的企业产品或服务都比较单一，在承担社会责任时，更倾向于认为股东、顾客的利益要求对其重要性高；处于成长期的企业，其产品在市场上占有了一定的地位，企业开始盈利，企业除了关注股东和顾客之外，还迫切需要高质量的员工队伍，并与供应商、分销商等商业合作伙伴建立良好关系，为进一步的发展聚集资源和力量，社区、环境、社会公共利益也开始进入企业关注的视野；处于成熟稳定期的企业财务状况良好，除了关注股东、顾客、员工、商业合作伙伴的利益外，在承担与社区、环境、社会公共利益等相关的社会责任内容时，还会采取更加积极的行动；进入持续发展期以后，企业的销量、利润急剧下降，生存再一次成为企业面临的首要问题，在承担社会责任时会将股东、顾客作为关注重点，员工、供应商等合作伙伴次之，再次则是社区、环境、社会公共利益[77]。

我国学者的实证研究也证实了差异的存在。陈旭东等从企业性质、规模、成长周期对企业承担社会责任的差异性进行了研究，结果发现在企业性质上，民营企业对利益相关者和企业社会责任的了解程度高，在企业规模上，小型企业承担社会责任的行为在各个维度上的战略特征最弱，在企业的发展周期上，持续发展期企业对社会责任概念的了解程度、对社会责任内容的认同度不仅低于成长期

第6章 企业承担职业教育社会责任的行为表现影响因素分析

和成熟稳定期的企业，也低于初创期的企业，其承担社会责任的行为的战略特征也最弱[78]；宋天霞以我国 A 股制造业上市公司 2014—2016 年的数据为研究对象，发现企业规模对企业承担社会责任存在一定的影响，规模较大的企业经济实力较强，且社会舆论监督力度更大，对企业承担社会责任起到助推作用[79]；陈宏辉等通过对 319 份有效问卷的实证分析，证实了不同规模、处在不同生命周期阶段的企业对社会责任的认知存有差异，在不断成长的过程中会采取不同的行动战略来承担社会责任[80]；冯变英以我国 1471 家上市公司 2011—2014 年的数据为样本，以中国不同区域为研究范围，对东北、东部、中部、西部四大经济区域的企业社会责任差异进行比较分析，发现东部地区在总体社会责任方面明显好于其他地区，在对股东责任、供应商责任、社区责任方面，各个地区之间存在显著性差异[81]；金碚等在企业社会责任公众调查的初步报告结果中显示，上市企业与非上市企业、三资企业与民族企业、不同行业企业社会责任承担情况有较大差异[82]。

由此可见，不同的企业特征的确会使企业承担社会责任的行为表现产生差异。正确认识这些差异，研究分析影响企业承担社会责任的因素，有利于更为精准地把握企业的行为规律，对于制定推动企业承担社会责任的措施，设计富有成效的激励机制具有重大意义。有关企业承担职业教育社会责任的认知和行为选择是否也会受到这些因素的影响，其行为规律与哪些维度相关，与其他社会责任相比是否有所不同，在研究起步时期值得我们进行深入的探寻和分析。本章考虑企业上市与否、经济类型、企业性质、发展阶段、所在区域等控制变量，系统梳理企业承担职业教育社会责任的影响因素，通过数据分析现阶段企业对承担职业教育社会责任在认知和行为上的差异。

6.1 影响企业承担职业教育社会责任行为表现的因素

企业承担职业教育社会责任的利益相关者,包括顾客、投资者、供应商、政府、行业协会、职业院校、员工和企业管理者等。其中,员工和企业管理者为内部因素,可分为管理层面和战略发展层面,顾客、投资者、供应商、政府、行业协会、职业院校为外部因素。

对调研样本企业的统计数据显示(表 6-1),在影响企业承担职业教育社会责任行为表现的因素中,影响程度从高到低依次为职业院校、战略发展层面、政府、管理层面、行业协会、顾客、投资者和供应商。按照各项因素的均值大小排序,前十位的依次为:"政府制定有激励和优惠政策""职业院校为企业业务发展带来助力""领导、员工接受的社会责任教育对企业有很强的影响力""是企业战略发展需求,承担责任可以获得更多的优质资源""参与合作的企业能够在更大的平台上发展""企业安排有支持承担相应责任的规划和制度""本地制定有促进校企合作的法规""本地相关法规可操作性强""本地相关部门有监督,执法能力强""公众对企业负责任地对待与职业院校合作的行为非常赞赏"。有四项因素来自企业内部,其中,领导、员工的社会责任意识和理念、获得优质资源的战略发展需求的影响程度最高,由此可见,企业自身发展的战略需求是其承担社会责任的动力来源。外部因素中,"政府制定有激励和优惠政策"对样本企业承担责任的影响最大,其次是"职业院校为企业业务发展带来助力",另外"本地制定有促进校企合作的法规""本地相关法规可操作性强""本地相关部门有监督,执法能力强"三个因素重要性也较高。这表明,政府政策的引领促进作用、可操作性、监督执行程度是企业承担责任的核心关键,这也是政府政策为企业带来的压力和约束力。"当地政府对企业承担社会责任过程中的违规行为

第 6 章 企业承担职业教育社会责任的行为表现影响因素分析

制定了惩罚措施"分值相对较低,也反映了政府在实际推动和促进过程中给企业承担责任的压力和约束力较弱,需要在当前的政策推进中做出更大的提升、改进和完善。

表 6-1 影响企业承担职业教育社会责任行为表现的因素的影响程度

因素分类		影响因素	平均值	项目均值
外部因素	政府	政府制定有激励和优惠政策	4.09	3.95
		本地制定有促进校企合作的法规	3.99	
		本地相关法规可操作性强	3.94	
		本地相关部门有监督,执法能力强	3.93	
		当地政府对企业承担社会责任过程中的违规行为制定了惩罚措施	3.81	
	职业院校	职业院校为企业业务发展带来助力	4.06	4.06
	行业协会	行业协会的引领带动作用大	3.92	3.91
		行业协会有效发挥了管理和指导作用	3.89	
	顾客	公众对企业负责任地对待与职业院校合作的行为非常赞赏	3.92	3.88
		消费者会认同与院校有合作的企业	3.84	
	投资者和供应商	产业链中供应商或经销商的影响大	3.72	3.72
内部因素	管理层面	领导、员工接受的社会责任教育对企业有很强的影响力	4.01	3.93
		企业安排有支持承担相应责任的规划和制度	3.99	
		有专门的机构和人员负责社会责任管理	3.91	
		社会责任行为在企业的考评体系中的分量较大	3.81	
	战略发展层面	是企业战略发展需求,承担责任可以获得更多的优质资源	4.01	3.96
		参与合作的企业能够在更大的平台上发展	4.00	
		参与合作的企业会在行业协会内有话语权	3.88	

6.2 企业承担职业教育社会责任的积极作用

企业承担职业教育社会责任的积极作用，从企业社会声誉提升和社会环境改善、企业核心能力提升、企业直接的生产收益三个方面进行考虑。其中，将"有利于提升企业形象""提高人才吸引力，降低流失率""提升服务客户能力""有利于凝聚员工力量""提高市场美誉度和客户满意度""改善企业所在地的社区、社群关系"6个因素作为综合反映企业声誉提升等关系性因素，将"增强企业核心竞争力""获得行业内的支持和认可""提升企业自主研发能力""提高产品质量"4个因素作为企业核心能力因素，将"有利于获得市场""提高总体盈利能力""增加客户资源""增加订单数""降低生产成本"5个因素作为企业直接的生产性因素。

这些因素的作用程度反映了企业对于承担职业教育社会责任能够为其带来的积极作用的认识。从数据结果来看（表6-2），平均值在4分以上的因素分别是"有利于提升企业形象""提高人才吸引力，降低流失度""提升服务客户能力""有利于凝聚员工力量""提高市场美誉度和客户满意度""改善企业所在地的社区、社群关系"等企业声誉提升等关系性因素，属于社会利益方面，不能直接为企业带来经济收益；其次是企业核心能力因素；在直接获得经济收益方面的积极作用较弱，而其中"降低生产成本"的作用影响最低。由此看来，企业认为承担职业教育社会责任不能为企业带来直接的经济收益，其最重要的作用是改善企业与伙伴、社区、员工、顾客等利益相关者之间的关系，改善和提高企业社会形象和声誉，这也是企业战略规划的重要部分。

表 6-2 企业承担职业教育社会责任的积极作用

因素分类	积极作用	平均值	标准偏差
企业声誉提升等关系性因素	有利于提升企业形象	4.12	1.082
	提高市场美誉度和客户满意度	4.02	1.052
	改善企业所在地的社区、社群关系	4.00	1.044
	提高人才吸引力，降低流失率	4.07	1.047
	提升服务客户能力	4.02	1.071
	有利于凝聚员工力量	4.02	1.106
企业核心能力因素	增强企业核心竞争力	3.99	1.084
	获得行业内的支持和认可	3.96	1.047
	提升企业自主研发能力	3.93	1.081
	提高产品质量	3.92	1.069
企业直接的生产性因素	有利于获得市场	3.90	1.106
	提高总体盈利能力	3.89	1.062
	增加客户资源	3.80	1.104
	增加订单数	3.74	1.097
	降低生产成本	3.70	1.160

6.3 企业承担职业教育社会责任的消极作用

企业承担职业教育社会责任的消极作用，从影响企业的收益、成本、效率、生产方面进行了考量。该题属于反向题，得分高的因素是消极影响大的因素。从得分情况看（表 6-3），企业着重考虑的问题依次为收益、成本、效率和生产，其中"企业在职业教育人才培养方面的投入时间成本大，收益不明确""企业参与培养的优秀人才会外流至其他企业，造成极大的损失"以及"会增加企业生产成本"排在前三位,是企业在承担职业教育社会责任的行为选择时首要考虑的问题。这些问题确实是校企合作中阻碍企业行为选择的关键。在当前的制度设计中,应充分考虑这些消极影响,对积极承担责任的企业给予相应的补偿和奖励,以法律法规的形式进行规范。

表 6-3 企业承担职业教育社会责任的消极作用

因素分类	消极作用	平均值	标准偏差
收益	企业在职业教育人才培养方面的投入时间成本大,收益不明确	3.03	1.191
	企业参与培养的优秀人才会外流至其他企业,造成极大的损失	2.99	1.256
成本	会增加企业生产成本	2.98	1.233
	会消耗企业的资源	2.85	1.243
效率	企业的专业技术人员投入了较多精力,会导致生产效率降低	2.81	1.244
	企业在职业教育人才培养方面的投入,会导致生产效率降低	2.80	1.236
	企业的管理人员投入了较多精力,会导致生产效率降低	2.80	1.231
	企业投入生产设备用于教学,会导致生产效率降低	2.75	1.261
生产	影响企业的专项资金使用	2.77	1.239
	会导致企业的商业秘密泄露	2.67	1.310
	会降低企业提供优质产品的能力	2.63	1.290

6.4 企业承担职业教育社会责任对企业绩效的影响

在分析企业受到的积极和消极作用的基础上,进一步聚焦企业承担职业教育社会责任对其绩效的影响,发现核心能力因素、关系性因素对企业绩效的提升作用较为明显,而生产性因素的影响相对弱一些(表 6-4)。这表明,企业发挥主体作用,对与职业院校合作开展人才培养、技术创新和社会服务在增强企业竞争力、社会效益等方面有更多期待,但还不能够为企业带来更多生产效益,需要进一步加强。

表6-4 企业承担职业教育社会责任对企业绩效的影响

因素分类	对企业绩效的影响	平均值	标准偏差
核心能力因素	获得更多的行业内支持和认可	3.98	0.901
	员工能力增强,生产效率提高	3.97	0.899
	提高企业技术研发能力	3.95	0.926
	提高企业运营管理水平	3.93	0.921
	企业会提供更优质的产品	3.88	0.945
关系性因素	提高顾客的满意度和忠诚度	3.93	0.931
	推动产业链中供应商和经销商共同承担责任,形成产业链共生新格局	3.93	0.925
生产性因素	进一步扩大企业的经济效益	3.81	0.977
	提高企业的生产率	3.79	0.954
	增加企业销售收入	3.73	0.972

6.5 政府主导对企业承担职业教育社会责任的影响

本研究将政府对企业承担职业教育社会责任行为的支持分为内部和外部两个方面。内部的推动表现在激励和扶持政策对于企业参与职业教育的积极性、参与程度、声誉提升及管理者的决策有积极影响;外部的支持表现在对行业协会、职业院校、产业链上的供应商和经销商等利益相关者有积极影响。数据结果表明(表6-5),政府的激励和奖励能够有效提高企业承担职业教育社会责任的积极性和参与程度,专项扶持政策能够有效促进生产,对企业的声誉提升有显著作用,同时对外部的利益相关者影响相对较小。这表明政府对企业内部的影响高于对外部的引领带动和促进作用,推动企业承担职业教育社会责任更需要激发企业的内生动力。

表 6-5　政府对企业承担职业教育社会责任的支持程度

因素分类	政府的支持领域	平均值	标准偏差
内部因素	对企业承担责任的激励、奖励能够有效提高企业的积极性和参与程度	4.02	0.910
	对企业承担责任的专项扶持政策能够有效促进生产	3.98	0.909
	对企业的社会声誉提升具有显著影响	3.96	0.913
	对企业管理者承担责任的决策具有显著影响	3.90	0.929
外部因素	对促进行业协会的引领和带动作用具有显著影响	3.95	0.916
	对职业院校积极响应企业的行为具有显著影响	3.94	0.908
	对督促和推动产业链上的供应商和经销商共同承担责任具有显著影响	3.91	0.924

进一步探究发现,政府的支持作用在参与和没有参与校企合作的样本企业中差异性显著(表6-6),政府对参与学徒制项目的企业的支持程度显著高于未参与的企业(表6-7)。这表明,政府的支持和激励作用在一定程度上激发了企业与职业院校进行合作的积极性,促进了企业主体作用的发挥,近年来政府对现代学徒制和企业新型学徒制人才培养模式创新的支持力度更加显著。

党的十九大以来,国家层面对职业教育在经济社会发展中的作用进行了重点部署,将"完善职业教育与培训体系,深化产教融合、校企合作"放在"提高保障和改善民生水平,加强和创新社会治理"的层面进行规划和推进。2017年12月,国务院办公厅印发《关于深化产教融合的若干意见》,从国家经济社会发展战略层面,强调人才培养供给侧和需求侧的精准对接,推动教育和产业统筹融合发展,促进企业主体作用发挥,引企入教,从学科专业布局与产业发展对

第6章 企业承担职业教育社会责任的行为表现影响因素分析

接深入产教融合人才培养中的各个层面。2019年1月,国务院印发《国家职业教育改革实施方案》,精准提出了职业教育改革的路径支持,更是特别针对产教融合、校企合作在各个层面进行了顶层设计,同年发布的《国家产教融合建设试点实施方案》从企业端进行了整体推动。根据分析结果,政府的主导作用在推动企业承担职业教育社会责任方面切实起到了助推器的作用,而且随着政策红利的不断明朗和加强,将进一步推动企业与院校进行更深入的合作。

表6-6 政府对是否参与校企合作企业的支持程度比较

要求	是否合作	个案数	平均值	标准偏差	标准误差平均值	F	P
政府支持外部	否	380	3.83	0.913	0.047	7.976	0.005
	是	697	3.99	0.856	0.032		
政府支持内部	否	380	3.86	0.916	0.047	10.402	0.001
	是	697	4.02	0.831	0.031		

表6-7 政府对是否参与学徒制创新企业的支持程度比较

要求	是否学徒	个案数	平均值	标准偏差	标准误差平均值	F	P
政府支持外部	否	627	3.83	0.848	0.034	0.072	0.005
	是	450	4.08	0.903	0.043		
政府支持内部	否	627	3.88	0.832	0.033	0.080	0.005
	是	450	4.09	0.895	0.042		

6.6 不同属性企业承担职业教育社会责任的行为表现

不同企业承担职业教育社会责任的行为表现不尽相同,其差异性源自不同属性企业、企业不同阶段对职业教育社会责任的理解、所处社会环境、政治制度及企业自身的条件。关注并归纳不同属性特征企业的差异性规律，把握企业的行为规律，对于制定针对性政策、选择合作伙伴、最大化获得收益具有实践指导意义。

6.6.1 上市与否企业的行为表现

上市企业是指其公开发行的股票经过国务院或者国务院授权的证券管理部门批准在证券交易所上市交易的股份有限公司。非上市企业是指其股票没有上市和没有在证券交易所交易的股份有限公司。上市企业需要向所有投资者公布一切可以影响投资者对公司价值进行评价的信息。因此，上市不仅给企业带来大量的资金，同时也给企业带来先进的管理方式和市场感知能力，使企业在企业管理、人才机制、市场操作、商业模式、规模扩张等方面跨上一个新的台阶。在承担职业教育社会责任方面，上市企业在管理、认识和行为层面有更大的优势。

1. 上市与否企业承担职业教育社会责任的影响因素差异性比较

数据表明（表6-8），上市企业在承担职业教育社会责任时受到各种因素的影响均大于未上市企业，同时上市企业更加注重企业战略发展策略、声誉的提升、在行业协会内的话语权及消费者的认同，对政府的引导政策和积极措施尤为注重，这些因素对上市企业的影响也相对更大。这反映了在承担职业教育社会责任方面，上市企业会对政府的政策有更大的敏感性，且有更加积极的响应。

表6-8　上市与否企业承担职业教育社会责任的影响因素差异性比较

项目	是否上市	个案数	平均值	标准偏差	标准误差平均值	F	P
本地相关法规可操作性强	未上市	818	3.90	0.978	0.034	0.208	0.649
	上市	259	4.07	1.003	0.062		
本地相关部门有监督，执法能力强	未上市	818	3.89	0.987	0.035	0.851	0.356
	上市	259	4.06	0.989	0.061		

第6章 企业承担职业教育社会责任的行为表现影响因素分析

续表

项目	是否上市	个案数	平均值	标准偏差	标准误差平均值	F	P
政府制定有激励和优惠政策	未上市	818	4.07	0.968	0.034	0.002	0.045
	上市	259	4.17	1.002	0.062		
有专门的机构和人员负责社会责任管理	未上市	818	3.87	0.981	0.034	1.131	0.288
	上市	259	4.02	0.978	0.061		
消费者会认同与院校有合作的企业	未上市	818	3.79	0.966	0.034	1.818	0.178
	上市	259	3.97	0.946	0.059		
社会责任行为在企业的考评体系中的分量较大	未上市	818	3.77	0.959	0.034	0.112	0.737
	上市	259	3.93	0.992	0.062		
参与合作的企业能够在更大的平台上发展	未上市	818	3.95	0.931	0.033	0.003	0.959
	上市	259	4.15	0.920	0.057		
参与合作的企业会在行业协会内有话语权	未上市	818	3.83	0.955	0.033	3.709	0.054
	上市	259	4.05	0.935	0.058		
职业院校为企业业务发展带来助力	未上市	818	4.01	0.917	0.032	0.030	0.863
	上市	259	4.20	0.876	0.054		
领导、员工接受的社会责任教育对企业有很强的影响力	未上市	818	3.97	0.920	0.032	0.982	0.322
	上市	259	4.17	0.853	0.053		
是企业战略发展需求，承担责任可以获得更多的优质资源	未上市	818	3.97	0.909	0.032	0.012	0.914
	上市	259	4.15	0.894	0.056		
企业安排有支持承担相应责任的规划和制度	未上市	818	3.93	0.909	0.032	0.164	0.686
	上市	259	4.17	0.886	0.055		

2. 上市与否企业承担职业教育社会责任所产生的作用差异性比较

数据显示（表6-9），上市企业承担职业教育社会责任所产生的积极作用在降低生产成本、提升企业形象、凝聚员工力量、获得市场、改善社区关系、提高市场美誉度和客户满意度六个方面的得分高于未上市企业。消极作用普遍得分较低且差异性不显著。

表6-9 上市与否企业承担职业教育社会责任的积极作用差异性比较

项目	是否上市	个案数	平均值	标准偏差	标准误差平均值	F	P
降低生产成本	未上市	818	3.63	1.153	0.040	1.118	0.291
	上市	259	3.89	1.163	0.072		
有利于提升企业形象	未上市	818	4.08	1.085	0.038	0.315	0.575
	上市	259	4.25	1.062	0.066		
有利于凝聚员工力量	未上市	818	3.97	1.109	0.039	0.002	0.963
	上市	259	4.16	1.084	0.067		
有利于获得市场	未上市	818	3.86	1.112	0.039	1.679	0.195
	上市	259	4.03	1.076	0.067		
改善企业所在地的社区、社群关系	未上市	818	3.96	1.036	0.036	1.453	0.228
	上市	259	4.11	1.063	0.066		
提高市场美誉度和客户满意度	未上市	818	3.98	1.054	0.037	0.047	0.828
	上市	259	4.14	1.038	0.064		

3. 上市与否企业承担职业教育社会责任对其绩效的影响差异性比较

在企业承担职业教育社会责任对其绩效产生的影响方面（表6-10），上市企业在扩大经济效益、提高企业生产率、增加企业销售收入、提供更优质的产品等方面均高于未上市企业，承担责任在提高企业运营管理水平、推动供应商和经销商共同承担责任、增加企业销售收入、提供更优质的产品、提高企业生产率、提高企业技术研发能力、获得更多的行业内支持和认可等方面产生更多影响。这表明，上市企业在管理运营方面更加规范，其职业教育社会责任成熟度高，往往会有较高大成效。

第6章 企业承担职业教育社会责任的行为表现影响因素分析

表6-10 上市与否企业承担职业教育社会责任对其绩效的影响差异性比较

项目	是否上市	个案数	平均值	标准偏差	标准误差平均值	F	P
进一步扩大企业的经济效益	未上市	818	3.77	0.946	0.033	0.122	0.727
	上市	259	3.92	1.061	0.066		
提高企业的生产率	未上市	818	3.76	0.926	0.032	11.875	0.0001
	上市	259	3.89	1.034	0.064		
增加企业销售收入	未上市	818	3.68	0.954	0.033	0.003	0.958
	上市	259	3.89	1.015	0.063		
企业会提供更优质的产品	未上市	818	3.84	0.930	0.033	0.103	0.748
	上市	259	4.00	0.982	0.061		
员工能力增强，生产效率提高	未上市	818	3.94	0.889	0.031	0.003	0.960
	上市	259	4.08	0.924	0.057		
提高企业技术研发能力	未上市	818	3.91	0.918	0.032	0.010	0.922
	上市	259	4.07	0.940	0.058		
提高企业运营管理水平	未上市	818	3.89	0.910	0.032	0.042	0.837
	上市	259	4.06	0.946	0.059		
提高顾客的满意度和忠诚度	未上市	818	3.89	0.915	0.032	0.150	0.699
	上市	259	4.03	0.974	0.061		
推动产业链中供应商和经销商共同承担责任，形成产业链共生新格局	未上市	818	3.90	0.908	0.032	0.013	0.911
	上市	259	4.04	0.968	0.060		
获得更多的行业内支持和认可	未上市	818	3.95	0.889	0.031	0.450	0.502
	上市	259	4.09	0.931	0.058		

4. 政府对上市与否企业承担职业教育社会责任行为的影响差异性比较

在政府对企业承担职业教育社会责任行为的影响方面（表6-11），上市企业在所有要素中均高于未上市企业。这些要素既包括针对企业内部的影响管理者决策、提升企业声誉、促进生产、促进积极性和参与程度等方面，也有对职业院校、行业协会、供应商和经销商等利益相关者的影响，政府对上市企业的支持均高于非上市企业。这也说明了上市企业对政府的引导和支持的执行力强，响应程度高。

表 6-11 政府对上市与否企业承担职业教育社会责任行为的影响差异性比较

项目	是否上市	个案数	平均值	标准偏差	标准误差平均值	F	P
对企业管理者承担责任的决策具有显著影响	未上市	818	3.83	0.926	0.032	1.650	0.199
	上市	259	4.10	0.912	0.057		
对职业院校积极响应企业的行为具有显著影响	未上市	818	3.88	0.909	0.032	2.063	0.151
	上市	259	4.16	0.873	0.054		
对促进行业协会的引领和带动作用具有显著影响	未上市	818	3.88	0.906	0.032	0.015	0.904
	上市	259	4.15	0.919	0.057		
对督促和推动产业链上的供应商和经销商共同承担责任具有显著影响	未上市	818	3.86	0.922	0.032	1.843	0.175
	上市	259	4.10	0.908	0.056		
对企业的社会声誉提升具有显著影响	未上市	818	3.91	0.917	0.032	1.750	0.186
	上市	259	4.14	0.881	0.055		
对企业承担责任的专项扶持政策能够有效促进生产	未上市	818	3.92	0.910	0.032	0.404	0.525
	上市	259	4.16	0.886	0.055		
对企业承担责任的激励奖励能够有效提高企业的积极性和参与程度	未上市	818	3.97	0.902	0.032	0.852	0.356
	上市	259	4.19	0.917	0.057		

6.6.2 不同规模企业的行为表现

1985 年，Ullmann 就指出企业的规模会对企业社会责任产生影响[12]540。企业规模的差异会使企业对社会环境及其利益相关者的反应程度呈现差异性结果，继而影响到它们承担社会责任的行为选择。

第6章 企业承担职业教育社会责任的行为表现影响因素分析

由于不同规模企业的战略发展不同,它们在承担职业教育社会责任的行为表现上也会存在差异。

1. 不同规模企业承担职业教育社会责任的影响因素差异性比较

数据显示(表6-12),不同规模的企业在政策引导、激励及其可操作性和执行力的影响方面存在差异,大中型企业要明显高于微型企业;同样在公众的肯定、行业协会的引领、未来发展空间、行业的认可等外界环境,以及企业战略发展,领导、员工对社会责任的认识等内部因素的影响上均存在差异,大中型企业高于小微型企业。因此,制定政策推动和引领企业积极参与职业教育的策略可以分层进行,充分发挥大中型、龙头企业的带动作用。

表6-12 不同规模企业承担职业教育社会责任的影响因素差异性比较

项目	企业规模	个案数	平均值	标准偏差	标准误差平均值	F	P
本地制定有促进校企合作的法规	微型	206	3.78	1.048	0.073	4.671	0.003
	小型	332	3.96	0.987	0.054		
	中型	246	4.08	0.970	0.062		
	大型	293	4.08	0.919	0.054		
本地相关法规可操作性强	微型	206	3.76	1.045	0.073	4.550	0.004
	小型	332	3.90	0.998	0.055		
	中型	246	4.03	0.979	0.062		
	大型	293	4.05	0.916	0.054		
本地相关部门有监督,执法能力强	微型	206	3.70	1.047	0.073	5.228	0.001
	小型	332	3.92	1.001	0.055		
	中型	246	4.00	1.002	0.064		
	大型	293	4.04	0.900	0.053		
政府制定有激励和优惠政策	微型	206	3.93	1.068	0.074	2.967	0.031
	小型	332	4.09	0.962	0.053		
	中型	246	4.18	0.939	0.060		
	大型	293	4.15	0.946	0.055		

续表

项目	企业规模	个案数	平均值	标准偏差	标准误差平均值	F	P
有专门的机构和人员负责社会责任管理	微型	206	3.73	1.096	0.076	3.743	0.011
	小型	332	3.88	0.995	0.055		
	中型	246	4.01	0.948	0.060		
	大型	293	3.98	0.893	0.052		
行业协会的引领带动作用大	微型	206	3.75	1.061	0.074	2.769	0.041
	小型	332	3.93	0.970	0.053		
	中型	246	3.96	1.003	0.064		
	大型	293	3.99	0.927	0.054		
公众对企业负责任地对待与职业院校合作的行为非常赞赏	微型	206	3.76	1.011	0.070	2.937	0.032
	小型	332	3.95	0.878	0.048		
	中型	246	3.93	0.987	0.063		
	大型	293	4.01	0.905	0.053		
参与合作的企业能够在更大的平台上发展	微型	206	3.79	1.055	0.073	4.905	0.002
	小型	332	3.98	0.884	0.049		
	中型	246	4.09	0.933	0.059		
	大型	293	4.08	0.870	0.051		
参与合作的企业会在行业协会内有话语权	微型	206	3.71	1.050	0.073	4.242	0.005
	小型	332	3.84	0.921	0.051		
	中型	246	3.91	0.988	0.063		
	大型	293	4.01	0.874	0.051		
领导、员工接受的社会责任教育对企业有很强的影响力	微型	206	3.78	1.015	0.071	6.397	0.000
	小型	332	4.01	0.900	0.049		
	中型	246	4.09	0.881	0.056		
	大型	293	4.12	0.832	0.049		
是企业战略发展需求，承担责任可以获得更多的优质资源	微型	206	3.78	1.039	0.072	6.048	0.000
	小型	332	4.03	0.877	0.048		
	中型	246	4.11	0.874	0.056		
	大型	293	4.09	0.846	0.049		

第6章 企业承担职业教育社会责任的行为表现影响因素分析

续表

项目	企业规模	个案数	平均值	标准偏差	标准误差平均值	F	P
企业安排有支持承担相应责任的规划和制度	微型	206	3.80	0.981	0.068	4.922	0.002
	小型	332	3.96	0.885	0.049		
	中型	246	4.08	0.884	0.056		
	大型	293	4.08	0.884	0.052		

2. 不同规模企业承担职业教育社会责任所产生的作用差异性比较

数据表明（表6-13），大中型企业承担职业教育社会责任在提升企业形象方面的积极作用高于小微型企业。这也说明大中型企业承担职业教育社会责任很重要的原因之一是在于提升企业声誉，发挥其在行业中的引领和带头作用，这也会对企业经济效益产生间接的影响。在消极作用方面（表6-14），差异性不显著，但是从平均值来看，大型企业的平均值低于其他规模的企业，说明大型企业在承担职业教育社会责任方面的认知和理念较为充分，同时也说明大型企业有实力、精力和财力用于中远期战略发展，因而在长期参与才会有收益的人才培养和技术研发方面有更积极的态度和行动。

表6-13 不同规模企业承担职业教育社会责任的积极作用差异性比较

项目	企业规模	个案数	平均值	标准偏差	标准误差平均值	F	P
有利于提升企业形象	微型	206	4.00	1.162	0.081	2.779	0.040
	小型	332	4.05	1.092	0.060		
	中型	246	4.20	1.039	0.066		
	大型	293	4.23	1.034	0.060		

表 6-14 不同规模企业承担职业教育社会责任的消极作用差异性比较

项目	企业规模	个案数	平均值	标准偏差	标准误差平均值	F	P
会增加企业生产成本	微型	206	3.05	1.268	0.088	0.907	0.437
	小型	332	2.93	1.230	0.067		
	中型	246	3.06	1.207	0.077		
	大型	293	2.92	1.232	0.072		
会降低企业提供优质产品的能力	微型	206	2.64	1.314	0.092	0.621	0.602
	小型	332	2.65	1.269	0.070		
	中型	246	2.70	1.296	0.083		
	大型	293	2.55	1.293	0.076		
会消耗企业的资源	微型	206	2.84	1.260	0.088	0.846	0.469
	小型	332	2.83	1.235	0.068		
	中型	246	2.95	1.231	0.079		
	大型	293	2.78	1.252	0.073		
会导致企业的商业秘密泄露	微型	206	2.77	1.315	0.092	1.212	0.304
	小型	332	2.66	1.301	0.071		
	中型	246	2.72	1.322	0.084		
	大型	293	2.56	1.304	0.076		
企业在职业教育人才培养方面的投入时间成本大，收益不明确	微型	206	2.98	1.201	0.084	1.230	0.297
	小型	332	2.98	1.204	0.066		
	中型	246	3.15	1.157	0.074		
	大型	293	3.01	1.196	0.070		
企业在职业教育人才培养方面的投入，会导致生产效率降低	微型	206	2.82	1.259	0.088	0.503	0.681
	小型	332	2.82	1.224	0.067		
	中型	246	2.85	1.187	0.076		
	大型	293	2.73	1.274	0.074		

续表

项目	企业规模	个案数	平均值	标准偏差	标准误差平均值	F	P
企业参与培养的优秀人才会外流至其他企业，造成极大的损失	微型	206	2.91	1.289	0.090	1.459	0.224
	小型	332	2.99	1.253	0.069		
	中型	246	3.13	1.200	0.077		
	大型	293	2.93	1.279	0.075		
企业的专业技术人员投入了较多精力，会导致生产效率降低	微型	206	2.86	1.286	0.090	1.331	0.263
	小型	332	2.82	1.209	0.066		
	中型	246	2.90	1.225	0.078		
	大型	293	2.70	1.268	0.074		
企业的管理人员投入了较多精力，会导致生产效率降低	微型	206	2.84	1.253	0.087	1.006	0.389
	小型	332	2.79	1.211	0.066		
	中型	246	2.89	1.219	0.078		
	大型	293	2.71	1.247	0.073		
企业投入生产设备用于教学，会导致生产效益降低	微型	206	2.76	1.294	0.090	0.937	0.422
	小型	332	2.77	1.245	0.068		
	中型	246	2.83	1.275	0.081		
	大型	293	2.66	1.244	0.073		
影响企业的专项资金使用	微型	206	2.82	1.234	0.086	0.728	0.536
	小型	332	2.76	1.246	0.068		
	中型	246	2.83	1.208	0.077		
	大型	293	2.69	1.259	0.074		

3. 不同规模企业承担职业教育社会责任对其绩效的影响差异性比较

研究发现（表6-15），不同规模企业承担职业教育社会责任对其绩效的影响差异性不显著。这一方面说明企业承担职业教育社会责任对企业绩效的影响有限，另一方面也反映了在企业与职业院校进行的校企合作实践中,小微型企业在合作中往往能够找到资源共生的点,找对切入点有可能获得生产收益。小微型企业自身能力和资源有限,在承担责任过程中生产和业务更容易受到影响。产教融合的实践推动大中型企业积极参与,进行创新实践,有了成功的经验再普及小微型企业并进行再创新,这一策略的可行性和可操作性较强。

表 6-15 不同规模企业承担职业教育社会责任对其绩效的影响差异性比较

项目	企业规模	个案数	平均值	标准偏差	标准误差平均值	F	P
进一步扩大企业的经济效益	微型	206	3.75	0.985	0.069	0.647	0.585
	小型	332	3.80	0.954	0.052		
	中型	246	3.79	0.991	0.063		
	大型	293	3.87	0.986	0.058		
提高企业的生产率	微型	206	3.67	0.966	0.067	0.568	0.636
	小型	332	3.80	0.935	0.051		
	中型	246	3.78	0.968	0.062		
	大型	293	3.86	0.953	0.056		
增加企业销售收入	微型	206	3.68	0.985	0.069	0.444	0.721
	小型	332	3.77	0.967	0.053		
	中型	246	3.68	0.967	0.062		
	大型	293	3.77	0.974	0.057		
企业会提供更优质的产品	微型	206	3.83	0.962	0.067	1.273	0.282
	小型	332	3.90	0.961	0.053		
	中型	246	3.82	0.971	0.062		
	大型	293	3.96	0.888	0.052		
员工能力增强,生产效率提高	微型	206	3.89	0.946	0.066	1.355	0.255
	小型	332	3.98	0.891	0.049		
	中型	246	3.93	0.917	0.058		
	大型	293	4.04	0.857	0.050		

第6章 企业承担职业教育社会责任的行为表现影响因素分析

续表

项目	企业规模	个案数	平均值	标准偏差	标准误差平均值	F	P
提高企业技术研发能力	微型	206	3.85	0.984	0.069	1.894	0.129
	小型	332	4.00	0.908	0.050		
	中型	246	3.88	0.951	0.061		
	大型	293	4.00	0.876	0.051		
提高企业运营管理水平	微型	206	3.85	1.003	0.070	1.067	0.362
	小型	332	3.96	0.884	0.048		
	中型	246	3.90	0.936	0.060		
	大型	293	3.98	0.889	0.052		
提高顾客的满意度和忠诚度	微型	206	3.83	1.002	0.070	1.697	0.166
	小型	332	3.97	0.911	0.050		
	中型	246	3.88	0.948	0.060		
	大型	293	3.99	0.882	0.052		
推动产业链中供应商和经销商共同承担责任，形成产业链共生新格局	微型	206	3.83	0.994	0.069	1.513	0.210
	小型	332	3.97	0.914	0.050		
	中型	246	3.89	0.941	0.060		
	大型	293	3.99	0.868	0.051		
获得更多的行业内支持和认可	微型	206	3.90	0.948	0.066	1.931	0.123
	小型	332	4.01	0.916	0.050		
	中型	246	3.91	0.917	0.058		
	大型	293	4.06	0.829	0.048		

4. 政府对不同规模企业承担职业教育社会责任行为的影响差异性比较

研究发现（表6-16），政府对与大型企业合作的职业院校行为的影响大于中小微型企业，大型企业在与职业院校的合作中，在人才培养、技术研发和社会服务方面具有较大的优势，特别是在制定行业标准、开发员工培训课程等方面具有较强的代表性和基本能力；

在政府对行业协会的引领和带动作用的影响方面，对大型企业的带动会好于中小微型企业；就对企业的社会声誉提升的影响而言，大型企业声誉的提升要高于中小微型企业。因此，在相应的政策制定中一定要考虑到大型、龙头企业在带动和引领方面的号召力和创新力，从提升社会形象方面给予企业更多的支持和激励，让企业主动发挥自身的主体作用。

表 6-16　政府对不同规模企业承担职业教育社会责任行为的影响差异性比较

项目	企业规模	个案数	平均值	标准偏差	标准误差平均值	F	P
对职业院校积极响应企业的行为具有显著影响	微型	206	3.83	0.967	0.067	3.994	0.008
	小型	332	3.89	0.908	0.050		
	中型	246	3.95	0.925	0.059		
	大型	293	4.09	0.834	0.049		
对促进行业协会的引领和带动作用具有显著影响	微型	206	3.87	0.965	0.067	2.847	0.037
	小型	332	3.92	0.902	0.049		
	中型	246	3.89	0.939	0.060		
	大型	293	4.08	0.866	0.051		
对企业的社会声誉提升具有显著影响	微型	206	3.83	0.960	0.067	2.614	0.050
	小型	332	3.97	0.926	0.051		
	中型	246	3.96	0.927	0.059		
	大型	293	4.06	0.842	0.049		

6.6.3　不同经济类型企业的行为表现

根据企业的经济类型，企业分为国有企业、集体企业、股份合作企业、联营企业、私营企业、股份有限公司、有限责任公司、港澳台投资企业、外商投资企业、个人独资企业、有限合伙企业等。考虑到不同企业性质的主要特征规律，结合企业承担社会责任的行为表现，在此将国有企业与其他类型的企业区别开来，分为国有企

第6章 企业承担职业教育社会责任的行为表现影响因素分析

业和非国有企业两类。这是一个可以很好地观察不同性质企业行为的视角。

1. 不同经济类型企业承担职业教育社会责任的影响因素差异性比较

数据显示（表 6-17），国有企业承担职业教育社会责任的影响因素的得分情况普遍高于非国有企业。

表 6-17 不同经济类型企业承担职业教育社会责任的影响因素差异性比较

项目	经济类型	个案数	平均值	标准偏差	标准误差平均值	F	P
本地制定有促进校企合作的法规	国有	144	4.10	1.020	0.085	1.770	0.055
	非国有	933	3.97	0.976	0.032		
本地相关法规可操作性强	国有	144	4.04	1.037	0.086	1.477	0.134
	非国有	933	3.93	0.978	0.032		
本地相关部门有监督，执法能力强	国有	144	4.05	1.033	0.086	2.268	0.010
	非国有	933	3.91	0.982	0.032		
政府制定有激励和优惠政策	国有	144	4.13	1.033	0.086	1.887	0.037
	非国有	933	4.09	0.968	0.032		
当地政府对企业承担社会责任过程中的违规行为制定了惩罚措施	国有	144	3.88	1.113	0.093	2.258	0.010
	非国有	933	3.80	1.045	0.034		
有专门的机构和人员负责社会责任管理	国有	144	3.98	1.021	0.085	2.151	0.015
	非国有	933	3.90	0.976	0.032		
行业协会的引领带动作用大	国有	144	3.94	1.036	0.086	1.563	0.104
	非国有	933	3.92	0.980	0.032		
行业协会有效发挥了管理和指导作用	国有	144	3.88	1.106	0.092	1.580	0.099
	非国有	933	3.90	0.969	0.032		
产业链中供应商或经销商的影响大	国有	144	3.75	1.087	0.091	1.114	0.346
	非国有	933	3.72	0.961	0.031		
消费者会认同与院校有合作的企业	国有	144	3.91	1.057	0.088	1.365	0.184
	非国有	933	3.83	0.949	0.031		

续表

项目	经济类型	个案数	平均值	标准偏差	标准误差平均值	F	P
社会责任行为在企业的考评体系中的分量较大	国有	144	3.88	1.074	0.090	2.234	0.011
	非国有	933	3.80	0.952	0.031		
公众对企业负责任地对待与职业院校合作的行为非常赞赏	国有	144	3.90	1.101	0.092	1.475	0.135
	非国有	933	3.93	0.913	0.030		
参与合作的企业能够在更大的平台上发展	国有	144	4.03	1.024	0.085	2.225	0.012
	非国有	933	3.99	0.917	0.030		
参与合作的企业会在行业协会内有话语权	国有	144	3.94	1.002	0.083	1.820	0.046
	非国有	933	3.87	0.947	0.031		
职业院校为企业业务发展带来助力	国有	144	4.11	0.962	0.080	2.432	0.005
	非国有	933	4.05	0.903	0.030		
领导、员工接受的社会责任教育对企业有很强的影响力	国有	144	4.08	0.979	0.082	2.408	0.006
	非国有	933	4.00	0.896	0.029		
是企业战略发展需求,承担责任可以获得更多的优质资源	国有	144	4.10	0.973	0.081	2.572	0.003
	非国有	933	4.00	0.897	0.029		
企业安排有支持承担相应责任的规划和制度	国有	144	4.07	0.980	0.082	2.604	0.003
	非国有	933	3.97	0.897	0.029		

2. 不同经济类型企业承担职业教育社会责任所产生的作用差异性比较

对不同经济类型的企业承担职业教育社会责任所产生的积极作用和消极作用进行比较,结果发现国有和非国有企业承担职业教育社会责任的积极作用差异性不明显,但在消极作用方面存在统计学差异(表6-18),在消耗企业资源、导致企业商业秘密泄露、投入时间成本大但收益不明确、降低生产效率等方面,国有企业承担责任

第6章 企业承担职业教育社会责任的行为表现影响因素分析

所产生的消极作用高于非国有企业,尤其在人才外流方面存在显著差异。这说明国有企业对于承担职业教育社会责任的担忧,同时也是当前的事实。国有企业参与校企合作的比例较高,相当大比例的企业参与了学徒制人才培养项目,企业最大的担忧就是培养的优秀人才被高薪聘请走。另外,国有企业参与职业教育的投入一般较高,但补偿和激励相对较少,这也使得国有企业在消极作用方面的表现要高于非国有企业。

表6-18 不同经济类型企业承担职业教育社会责任的消极作用差异性比较

项目	经济类型	个案数	平均值	标准偏差	标准误差平均值	F	P
会增加企业生产成本	国有	144	3.17	1.286	0.107	1.924	0.043
	非国有	933	2.95	1.222	0.040		
会降低企业提供优质产品的能力	国有	144	2.83	1.384	0.115	1.939	0.045
	非国有	933	2.60	1.273	0.042		
会消耗企业的资源	国有	144	3.08	1.298	0.108	0.261	0.014
	非国有	933	2.81	1.231	0.040		
会导致企业的商业秘密泄露	国有	144	2.90	1.403	0.117	1.803	0.024
	非国有	933	2.63	1.292	0.042		
企业在职业教育人才培养方面的投入时间成本大,收益不明确	国有	144	3.24	1.270	0.106	4.922	0.020
	非国有	933	2.99	1.176	0.039		
企业在职业教育人才培养方面的投入,会导致生产效率降低	国有	144	3.00	1.306	0.109	0.029	0.047
	非国有	933	2.77	1.222	0.040		
企业参与培养的优秀人才会外流至其他企业,造成极大的损失	国有	144	3.27	1.269	0.106	1.703	0.004
	非国有	933	2.95	1.249	0.041		
企业的专业技术人员投入了较多精力,会导致生产效率降低	国有	144	3.01	1.290	0.108	0.014	0.037
	非国有	933	2.78	1.235	0.040		

续表

项目	经济类型	个案数	平均值	标准偏差	标准误差平均值	F	P
企业的管理人员投入了较多精力，会导致生产效率降低	国有	144	3.01	1.293	0.108	0.159	0.031
	非国有	933	2.77	1.218	0.040		
企业投入生产设备用于教学，会导致生产效率降低	国有	144	2.98	1.298	0.108	0.050	0.020
	非国有	933	2.72	1.252	0.041		
影响企业的专项资金使用	国有	144	2.94	1.305	0.109	0.289	0.065
	非国有	933	2.74	1.226	0.040		

3. 不同经济类型企业承担职业教育社会责任对其绩效的影响差异性比较

企业参与校企合作的深度和广度决定了其对企业绩效的影响，从数据看（表6-19），国有企业和非国有企业参与合作对企业绩效的影响差异性不显著。这说明，企业在校企合作中的深度有待深化，另外也说明在当前政府的推动和促进下，企业承担职业教育社会责任的行为对企业绩效产生的影响有了普遍的提升。对于非国有性质的企业，其参与合作的形式更多样，并且更容易将与职业院校合作视为企业战略发展的重要部分，因而在提供更优质的产品、增强员工能力和提高生产效率、提高企业运营管理水平方面比国有企业稍高或者持平。

表6-19　不同经济类型企业承担职业教育社会责任对其绩效的影响差异性比较

项目	经济类型	个案数	平均值	标准偏差	标准误差平均值	F	P
进一步扩大企业的经济效益	国有	144	3.89	1.025	0.085	2.278	0.010
	非国有	933	3.79	0.969	0.032		
提高企业的生产率	国有	144	3.85	1.060	0.088	2.023	0.023
	非国有	933	3.78	0.937	0.031		

第6章 企业承担职业教育社会责任的行为表现影响因素分析

续表

项目	经济类型	个案数	平均值	标准偏差	标准误差平均值	F	P
增加企业销售收入	国有	144	3.81	1.086	0.090	2.169	0.014
	非国有	933	3.72	0.954	0.031		
企业会提供更优质的产品	国有	144	3.84	1.029	0.086	2.341	0.008
	非国有	933	3.89	0.931	0.030		
员工能力增强，生产效率提高	国有	144	3.93	0.973	0.081	1.621	0.087
	非国有	933	3.98	0.888	0.029		
提高企业技术研发能力	国有	144	3.99	1.010	0.084	1.788	0.052
	非国有	933	3.94	0.912	0.030		
提高企业运营管理水平	国有	144	3.94	1.005	0.084	1.537	0.113
	非国有	933	3.93	0.908	0.030		
提高顾客的满意度和忠诚度	国有	144	3.97	1.027	0.086	1.692	0.070
	非国有	933	3.92	0.915	0.030		
推动产业链中供应商和经销商共同承担责任，形成产业链共生新格局	国有	144	3.92	0.997	0.083	1.405	0.165
	非国有	933	3.93	0.913	0.030		
获得更多的行业内支持和认可	国有	144	4.02	0.964	0.080	1.608	0.091
	非国有	933	3.98	0.891	0.029		

4. 政府对不同经济类型企业承担职业教育社会责任行为的影响差异性比较

政府对不同经济类型的企业承担职业教育社会责任行为的影响表现上差异性普遍不显著，但从得分来看（表6-20），在对利益相关者的促进作用方面，非国有企业的得分高于国有企业，在激励和奖励的促进作用方面，非国有企业的感受度比国有企业还高，这说明政府对不同性质企业的支持和激励是同样的，并没有偏向国有企业的针对性支持策略。而且非国有企业在承担职业教育社会责任的战略布局中，资源开发型、差异化型和市场拓展型的战略定位比例高于国有企业（表6-21），因而其内生动力更大一些，在人才培养、技术研发方面更加深入。

表6-20 政府对不同经济类型企业承担职业教育社会责任行为的影响差异性比较

项目	经济类型	个案数	平均值	标准偏差	标准误差平均值	F	P
对企业管理者承担责任的决策具有显著影响	国有	144	3.92	1.038	0.087	2.109	0.017
	非国有	933	3.89	0.912	0.030		
对职业院校积极响应企业的行为具有显著影响	国有	144	4.02	1.000	0.083	2.453	0.005
	非国有	933	3.93	0.893	0.029		
对促进行业协会的引领和带动作用具有显著影响	国有	144	3.96	1.023	0.085	2.111	0.017
	非国有	933	3.95	0.899	0.029		
对督促和推动产业链上的供应商和经销商共同承担责任具有显著影响	国有	144	3.90	1.022	0.085	1.574	0.101
	非国有	933	3.92	0.908	0.030		
对企业的社会声誉提升具有显著影响	国有	144	3.93	1.049	0.087	2.256	0.010
	非国有	933	3.97	0.891	0.029		
对企业承担责任的专项扶持政策能够有效促进生产	国有	144	3.97	1.006	0.084	2.039	0.022
	非国有	933	3.98	0.894	0.029		
对企业承担责任的激励、奖励能够有效提高企业的积极性和参与程度	国有	144	4.01	1.003	0.084	2.334	0.008
	非国有	933	4.02	0.896	0.029		

第 6 章 企业承担职业教育社会责任的行为表现影响因素分析

表 6-21 企业经济类型×企业战略型社会责任定位交叉表

项目			企业战略型社会责任定位					总计
			成本领先型	资源开发型	差异化型	策略性影响型	市场拓展型	
经济类型	国有	计数	42	38	16	15	33	144
		百分比	29.2%	26.4%	11.1%	10.4%	22.9%	100.0%
	非国有	计数	178	281	161	85	228	933
		百分比	19.1%	30.1%	17.3%	9.1%	24.4%	100.0%
总计		计数	220	319	177	100	261	1077
		百分比	20.4%	29.6%	16.4%	9.3%	24.2%	100.0%

6.6.4 不同发展阶段企业的行为表现

20 世纪 80 年代初，研究者开始将企业视为"生命体"，从企业生命周期的视角来研究社会责任[83]。美国波士顿大学的企业公民研究中心指出，"企业公民"的形成依赖于企业发展到了哪个阶段。企业在发展的最初阶段，应该重点考虑股东利益，随着企业的不断发展壮大，企业要逐步考虑社会和环境责任等。本研究将企业的发展阶段分为初创期、成长期、成熟稳定期和持续发展期。其中，初创期是指新成立的企业，规模不大，但在未来有发展潜力；成长期是指销售额每年增长，企业的结构及使用的技术因快速成长而改变。成熟稳定期是指成长趋稳且缓慢，提供的产品和服务已被消费者熟悉，企业结构及技术稳定；持续发展期是指企业业绩下滑，效率低，需要全面再造和进行革新，寻找新的生态圈。

企业承担职业教育社会责任的行为表现之所以会随着发展阶段的延伸而变化，一方面是由于大多数企业的成长伴随着规模的扩张，另一方面是由于企业在不同发展阶段的成长环境会发生变化，承担社会责任的态度、内容、范围和方式等会随之改变。企业处于不同的发展阶段，其承担职业教育社会责任的战略定位不同。本研究的样本企业中,在持续发展期选择成本领先型的比例较大,而在成长期和成熟稳定期选择资源开发型和市场拓展型的比例较大(表6-22),可见企业处于不同发展阶段承担职业教育社会责任会在内容和程度上存在差异。

表6-22 企业发展阶段×企业战略型社会责任定位交叉表

项目			企业战略型社会责任定位					总计
			成本领先型	资源开发型	差异化型	策略性影响型	市场拓展型	
发展阶段	初创期	计数	37	54	22	13	39	165
		百分比	22.4%	32.7%	13.3%	7.9%	23.6%	100.0%
	成长期	计数	74	113	73	36	103	399
		百分比	18.5%	28.3%	18.3%	9.0%	25.8%	100.0%
	成熟稳定期	计数	90	140	71	45	109	455
		百分比	19.8%	30.8%	15.6%	9.9%	24.0%	100.0%
	持续发展期	计数	19	12	11	6	10	58
		百分比	32.8%	20.7%	19.0%	10.3%	17.2%	100.0%
总计		计数	220	319	177	100	261	1077
		百分比	20.4%	29.6%	16.4%	9.3%	24.2%	100.0%

1. 不同发展阶段企业承担职业教育社会责任的影响因素差异性比较

处于不同发展阶段的企业承担职业教育社会责任的行为存在差异,因而其影响因素也不同。结果显示(表6-23),不同影响因素对初创期企业的作用程度明显弱于成长期、成熟稳定期和持续发展期的企业,初创期企业承担职业教育社会责任对职业院校、领导、员工的影响最小。这说明初创期企业自身实力不足以影响人才培养过程,且在行业内的影响力也不足,在行业标准和岗位标准制定方面的话语权较弱,因而更加需要政策的约束和管理。

第 6 章　企业承担职业教育社会责任的行为表现影响因素分析

表 6-23　不同发展阶段企业承担职业教育社会责任的影响因素差异性比较

项目	发展阶段	个案数	平均值	标准偏差	标准误差平均值	F	P
本地制定有促进校企合作的法规	初创期	165	3.75	1.086	0.085	4.069	0.007
	成长期	399	4.01	0.943	0.047		
	成熟稳定期	455	4.05	0.968	0.045		
	持续发展期	58	3.98	0.964	0.127		
本地相关法规可操作性强	初创期	165	3.67	1.089	0.085	5.404	0.001
	成长期	399	3.97	0.933	0.047		
	成熟稳定期	455	4.00	0.991	0.046		
	持续发展期	58	4.07	0.876	0.115		
本地相关部门有监督，执法能力强	初创期	165	3.65	1.086	0.085	5.257	0.001
	成长期	399	3.94	0.955	0.048		
	成熟稳定期	455	4.00	0.978	0.046		
	持续发展期	58	4.02	0.927	0.122		
有专门的机构和人员负责社会责任管理	初创期	165	3.72	1.136	0.088	2.921	0.033
	成长期	399	3.93	0.935	0.047		
	成熟稳定期	455	3.97	0.952	0.045		
	持续发展期	58	3.83	1.011	0.133		
职业院校为企业业务发展带来助力	初创期	165	3.90	1.045	0.081	2.649	0.048
	成长期	399	4.04	0.856	0.043		
	成熟稳定期	455	4.12	0.902	0.042		
	持续发展期	58	4.12	0.900	0.118		
领导、员工接受的社会责任教育对企业有很强的影响力	初创期	165	3.82	1.043	0.081	3.139	0.025
	成长期	399	4.03	0.860	0.043		
	成熟稳定期	455	4.07	0.893	0.042		
	持续发展期	58	4.03	0.878	0.115		

2. 不同发展阶段企业承担职业教育社会责任所产生的作用差异性比较分析

研究发现（表 6-24），初创期企业承担职业教育社会责任在提升企业形象、客户服务能力、人才吸引力及改善社区、社群关系等方面的积极作用小于成长期，这些作用主要体现在改善企业与外部环境的关系方面，说明随着企业的发展，承担职业教育社会责任很大程度上是为了获得更好的外部关系。初创期企业在优秀人才流失、企业专业技术人员和管理人员大量投入、企业专项资金使用方面的消极作用大于成长期企业（表 6-25），也说明企业在初创期业务刚起步，各项工作不是很稳定，而且特别关注企业的运行成本，承担职业教育社会责任本身会对企业运行产生影响，其承担责任的能力有待加强。

表 6-24 不同发展阶段企业承担职业教育社会责任的积极作用差异性比较

项目	发展阶段	个案数	平均值	标准偏差	标准误差平均值	F	P
有利于提升企业形象	初创期	165	3.90	1.281	0.100	3.038	0.028
	成长期	399	4.18	0.949	0.048		
	成熟稳定期	455	4.16	1.125	0.053		
	持续发展期	58	4.07	0.896	0.118		
提升服务客户能力	初创期	165	3.85	1.272	0.099	2.702	0.044
	成长期	399	4.11	0.956	0.048		
	成熟稳定期	455	3.98	1.100	0.052		
	持续发展期	58	4.10	0.912	0.120		
提高人才吸引力，降低流失率	初创期	165	3.87	1.262	0.098	2.877	0.035
	成长期	399	4.14	0.942	0.047		
	成熟稳定期	455	4.09	1.044	0.049		
	持续发展期	58	3.97	1.042	0.137		
改善企业所在地的社区、社群关系	初创期	165	3.85	1.208	0.094	3.125	0.025
	成长期	399	4.11	0.923	0.046		
	成熟稳定期	455	3.95	1.080	0.051		
	持续发展期	58	4.05	0.981	0.129		

第6章 企业承担职业教育社会责任的行为表现影响因素分析

表 6-25 不同发展阶段企业承担职业教育社会责任的消极作用差异性比较

项目	发展阶段	个案数	平均值	标准偏差	标准误差平均值	F	P
企业参与培养的优秀人才会外流至其他企业，造成极大的损失	初创期	165	2.95	1.356	0.106	4.836	0.002
	成长期	399	2.90	1.205	0.060		
	成熟稳定期	455	3.00	1.267	0.059		
	持续发展期	58	3.57	1.078	0.142		
企业的专业技术人员投入了较多精力，会导致生产效率降低	初创期	165	2.84	1.349	0.105	2.678	0.046
	成长期	399	2.73	1.173	0.059		
	成熟稳定期	455	2.82	1.259	0.059		
	持续发展期	58	3.22	1.243	0.163		
企业的管理人员投入了较多精力，会导致生产效率降低	初创期	165	2.84	1.348	0.105	2.820	0.038
	成长期	399	2.76	1.161	0.058		
	成熟稳定期	455	2.77	1.229	0.058		
	持续发展期	58	3.24	1.302	0.171		
影响企业的专项资金使用	初创期	165	2.88	1.310	0.102	3.620	0.013
	成长期	399	2.68	1.162	0.058		
	成熟稳定期	455	2.75	1.273	0.060		
	持续发展期	58	3.21	1.181	0.155		

3. 不同发展阶段企业承担职业教育社会责任对其绩效的影响差异性比较

数据显示（表 6-26），不同发展阶段企业承担职业教育社会责任对其绩效的影响差异性不显著。但是从得分上看，成长期和成熟稳定期的企业在提高企业技术研发能力、提高顾客的满意度和忠诚度、推动供应商和经销商共同承担责任、获得更多的行业内支持和认可方面得分较高。这些数值在差异性上不显著，也反映了企业在成长期和成熟稳定期承担职业教育社会责任对其绩效的影响趋势会随着产业转型升级发展，使企业逐渐走向成熟，这些影响会有更大成效。

表 6-26 不同发展阶段企业承担职业教育社会责任对其绩效的影响差异性比较

项目	发展阶段	个案数	平均值	标准偏差	标准误差平均值	F	P
进一步扩大企业的经济效益	成长期	399	3.82	0.940	0.047	1.065	0.363
	成熟稳定期	455	3.81	0.988	0.046		
提高企业的生产率	成长期	399	3.82	0.913	0.046	1.718	0.162
	成熟稳定期	455	3.80	0.991	0.046		
增加企业销售收入	成长期	399	3.77	0.893	0.045	0.270	0.847
	成熟稳定期	455	3.73	1.016	0.048		
企业会提供更优质的产品	成长期	399	3.89	0.923	0.046	0.711	0.545
	成熟稳定期	455	3.91	0.931	0.044		
员工能力增强，生产效率提高	成长期	399	3.99	0.862	0.043	2.481	0.060
	成熟稳定期	455	4.00	0.900	0.042		
提高企业技术研发能力	成长期	399	3.96	0.894	0.045	1.580	0.193
	成熟稳定期	455	3.99	0.920	0.043		
提高企业运营管理水平	成长期	399	3.97	0.885	0.044	1.324	0.265
	成熟稳定期	455	3.95	0.927	0.043		
提高顾客的满意度和忠诚度	成长期	399	3.90	0.905	0.045	1.494	0.215
	成熟稳定期	455	3.99	0.912	0.043		
推动产业链中供应商和经销商共同承担责任，形成产业链共生新格局	成长期	399	3.93	0.871	0.044	1.077	0.358
	成熟稳定期	455	3.97	0.937	0.044		
获得更多的行业内支持和认可	成长期	399	3.98	0.865	0.043	1.208	0.306
	成熟稳定期	455	4.02	0.898	0.042		

4. 政府对不同发展阶段企业承担职业教育社会责任行为的影响差异性比较

政府对不同发展阶段企业承担职业教育社会责任行为的影响差

第6章 企业承担职业教育社会责任的行为表现影响因素分析

异性不显著（表 6-27），但从得分上看，成长期和成熟稳定期企业对政府的支持和激励作用感受较深。政府在政策上的激励也意在推动这些企业提供优质的生产要素，积极参与职业教育人才培养、技术研发、社会服务、创新创业。

表 6-27 政府对不同发展阶段企业承担职业教育社会责任行为的影响差异性比较

项目	发展阶段	个案数	平均值	标准偏差	标准误差平均值	F	P
对企业管理者承担责任的决策具有显著影响	成长期	399	3.90	0.888	0.044	0.111	0.953
	成熟稳定期	455	3.91	0.950	0.045		
对职业院校积极响应企业的行为具有显著影响	成长期	399	3.95	0.845	0.042	1.086	0.354
	成熟稳定期	455	3.97	0.925	0.043		
对促进行业协会的引领和带动作用具有显著影响	成长期	399	3.96	0.854	0.043	0.605	0.612
	成熟稳定期	455	3.97	0.942	0.044		
对督促和推动产业链上的供应商和经销商共同承担责任具有显著影响	成长期	399	3.93	0.886	0.044	0.870	0.456
	成熟稳定期	455	3.94	0.934	0.044		
对企业的社会声誉提升具有显著影响	成长期	399	3.98	0.852	0.043	0.503	0.680
	成熟稳定期	455	3.98	0.927	0.043		
对企业承担责任的专项扶持政策能够有效促进生产	成长期	399	4.00	0.852	0.043	0.716	0.542
	成熟稳定期	455	3.99	0.926	0.043		
对企业承担责任的激励、奖励能够有效提高企业的积极性和参与程度	成长期	399	4.04	0.863	0.043	0.776	0.508
	成熟稳定期	455	4.04	0.910	0.043		

6.6.5 不同区域企业的行为表现

本研究对企业的区域划分重点关注粤港澳大湾区、长三角和京津冀三个主要地区。由于京津冀地区各自的特点都很鲜明,且三个地区的三次产业结构不均衡,地区间企业的差异较大,本研究将北京、天津、河北分开来进行分析,有助于今后提出有针对性的建议。同时关注粤港澳大湾区的发展建设,粤港澳大湾区是要将珠三角区域"9+2"城市群打造成为与美国纽约湾区、旧金山湾区和日本东京湾区比肩的世界四大湾区之一,是国家建设世界级城市群、提高国家竞争力的重要区域发展战略,不仅要面向高端产业链转移,而且也要充分发展金融业、服务业等第三产业经济。但该地区长期以来依赖传统要素推动经济发展,区域间产业发展缺乏集约优势,定位不明确,未来要打造具有经济集群效应、服务业高度发达、创新能力主导及金融配套服务完善的发达经济模式,迫切需要进行产业规划,也迫切需要高素质的技术技能人才和技术创新成果予以支撑。因而,该地区的企业在产业发展升级中承担职业教育社会责任的行为、产教融合的程度需要更有力的配套政策进行推进。

各区域企业规模的分布情况见表 6-28 企业区域分布×企业规模交叉表。

表 6-28 企业区域分布×企业规模交叉表

项目		微型企业	小型企业	中型企业	大型企业	小计
区域分布	粤港澳大湾区	75	141	68	66	350
	长三角	37	44	42	39	162
	北京	11	30	26	37	104
	天津	8	18	21	14	61
	河北	14	35	25	24	98
	其他	61	64	64	112	301
总计		206	332	246	292	1076

第6章 企业承担职业教育社会责任的行为表现影响因素分析

1. 不同区域企业承担职业教育社会责任的影响因素差异性比较

一直以来，天津的产教融合基础好，政府的激励措施多，因此，天津的企业在影响因素各方面的表现均优于北京、河北、长三角、粤港澳大湾区和其他区域；在"产业链中供应商或经销商的影响大""职业院校为企业业务发展带来助力"两方面，天津显著优于其他各个地区。在"职业院校为企业业务发展带来助力""是企业战略发展需求，承担责任可以获得更多的优质资源""领导、员工接受的社会责任教育对企业有很强的影响"方面北京得分较高（表6-29），由此也可以看出北京的企业管理者和员工对承担职业教育社会责任的认识充分，但是在政府政策推动、产业链其他企业带动、社会责任考评、合作平台搭建等方面还需进一步提升和优化。河北产教融合的基础薄弱，需要在政策推动、平台搭建、责任考评、职业院校助推等方面进行全方位整体推进。

表6-29 不同区域企业承担职业教育社会责任的影响因素差异性比较

项目	区域分布	个案数	平均值	标准偏差	标准误差平均值	F	P
政府制定有激励和优惠政策	粤港澳大湾区	350	4.00	0.964	0.052	2.349	0.039
	长三角	162	4.18	1.003	0.079		
	北京	104	4.10	0.940	0.092		
	天津	61	4.41	0.883	0.113		
	河北	98	4.17	0.920	0.093		
	其他	301	4.07	1.016	0.059		
产业链中供应商或经销商的影响大	粤港澳大湾区	350	3.83	0.971	0.052	4.859	0.000
	长三角	162	3.70	1.010	0.079		
	北京	104	3.65	0.890	0.087		
	天津	61	4.13	0.939	0.120		
	河北	98	3.50	1.008	0.102		
	其他	301	3.62	0.968	0.056		

续表

项目	区域分布	个案数	平均值	标准偏差	标准误差平均值	F	P
社会责任行为在企业的考评体系中的分量较大	粤港澳大湾区	350	3.86	0.944	0.050	2.908	0.013
	长三角	162	3.79	1.024	0.080		
	北京	104	3.77	0.906	0.089		
	天津	61	4.21	0.985	0.126		
	河北	98	3.68	0.959	0.097		
	其他	301	3.75	0.974	0.056		
参与合作的企业能够在更大的平台上发展	粤港澳大湾区	350	3.95	0.938	0.050	2.248	0.048
	长三角	162	4.01	0.949	0.075		
	北京	104	3.99	0.865	0.085		
	天津	61	4.36	0.797	0.102		
	河北	98	3.90	0.990	0.100		
	其他	301	4.00	0.933	0.054		
职业院校为企业业务发展带来助力	粤港澳大湾区	350	3.97	0.931	0.050	3.252	0.006
	长三角	162	4.09	0.928	0.073		
	北京	104	4.12	0.792	0.078		
	天津	61	4.41	0.783	0.100		
	河北	98	3.92	1.012	0.102		
	其他	301	4.10	0.887	0.051		
领导、员工接受的社会责任教育对企业有很强的影响力	粤港澳大湾区	350	3.95	0.920	0.049	2.308	0.042
	长三角	162	4.01	0.932	0.073		
	北京	104	4.09	0.777	0.076		
	天津	61	4.36	0.817	0.105		
	河北	98	3.99	0.969	0.098		
	其他	301	4.01	0.909	0.052		
是企业战略发展需求,承担责任可以获得更多的优质资源	粤港澳大湾区	350	3.94	0.910	0.049	2.472	0.031
	长三角	162	4.10	0.893	0.070		
	北京	104	4.12	0.754	0.074		
	天津	61	4.31	0.886	0.113		
	河北	98	3.96	0.941	0.095		
	其他	301	3.98	0.943	0.054		

第6章 企业承担职业教育社会责任的行为表现影响因素分析

2. 不同区域企业承担职业教育社会责任所产生的作用差异性比较

数据显示（表6-30），区域分布在企业承担职业教育社会责任的积极作用方面的差异性体现在可以降低生产成本这一维度。天津的企业对承担职业教育社会责任的积极作用方面的认识非常强，特别是在承担职业教育社会责任会降低生产成本的方面显著高于粤港澳大湾区、河北和其他区域的企业，在消极作用方面的认识也普遍较高（表6-31），这与天津多年来促进产教融合、校企合作方面的工作开展有密切关系。河北的企业在这一系列认识中排名居于北京、天津、粤港澳大湾区和长三角之后，部分与其他区域持平，说明其承担职业教育社会责任的意识和如何承担责任的理念还需要提升。

表6-30 不同区域企业承担职业教育社会责任的积极作用差异性比较

项目	区域分布	个案数	平均值	标准偏差	标准误差平均值	F	P
降低生产成本	粤港澳大湾区	350	3.69	1.169	0.062	3.232	0.007
	长三角	162	3.78	1.051	0.083		
	北京	104	3.78	1.061	0.104		
	天津	61	4.11	1.142	0.146		
	河北	98	3.74	1.087	0.110		
	其他	301	3.52	1.242	0.072		

表6-31 不同区域企业承担职业教育社会责任的消极作用差异性比较

项目	区域分布	个案数	平均值	标准偏差	标准误差平均值	F	P
会降低企业提供优质产品的能力	粤港澳大湾区	350	2.79	1.292	0.069	5.837	0.000
	长三角	162	2.56	1.305	0.102		
	北京	104	2.52	1.129	0.111		
	天津	61	3.23	1.488	0.190		
	河北	98	2.29	1.270	0.128		
	其他	301	2.53	1.245	0.072		

续表

项目	区域分布	个案数	平均值	标准偏差	标准误差平均值	F	P
会导致企业的商业秘密泄露	粤港澳大湾区	350	2.76	1.297	0.069	5.670	0.000
	长三角	162	2.69	1.316	0.103		
	北京	104	2.54	1.145	0.112		
	天津	61	3.28	1.462	0.187		
	河北	98	2.24	1.348	0.136		
	其他	301	2.61	1.280	0.074		
企业在职业教育人才培养方面的投入时间成本大，收益不明确	粤港澳大湾区	350	3.06	1.186	0.063	2.463	0.031
	长三角	162	2.99	1.190	0.093		
	北京	104	2.98	1.121	0.110		
	天津	61	3.44	1.385	0.177		
	河北	98	2.79	1.235	0.125		
	其他	301	3.02	1.153	0.066		
企业在职业教育人才培养方面的投入，会导致生产效率降低	粤港澳大湾区	350	2.93	1.209	0.065	5.814	0.000
	长三角	162	2.74	1.177	0.092		
	北京	104	2.78	1.137	0.111		
	天津	61	3.34	1.493	0.191		
	河北	98	2.40	1.256	0.127		
	其他	301	2.71	1.219	0.070		
企业参与培养的优秀人才会外流至其他企业，造成极大的损失	粤港澳大湾区	350	3.09	1.255	0.067	3.167	0.008
	长三角	162	2.88	1.238	0.097		
	北京	104	2.98	1.149	0.113		
	天津	61	3.46	1.373	0.176		
	河北	98	2.78	1.268	0.128		
	其他	301	2.92	1.253	0.072		
企业的专业技术人员投入了较多精力，会导致生产效率降低	粤港澳大湾区	350	2.94	1.203	0.064	6.186	0.000
	长三角	162	2.73	1.189	0.093		
	北京	104	2.83	1.146	0.112		
	天津	61	3.39	1.452	0.186		
	河北	98	2.41	1.332	0.135		
	其他	301	2.72	1.229	0.071		

续表

项目	区域分布	个案数	平均值	标准偏差	标准误差平均值	F	P
企业的管理人员投入了较多精力,会导致生产效率降低	粤港澳大湾区	350	2.95	1.211	0.065	5.888	0.000
	长三角	162	2.64	1.188	0.093		
	北京	104	2.76	1.094	0.107		
	天津	61	3.31	1.489	0.191		
	河北	98	2.42	1.269	0.128		
	其他	301	2.75	1.203	0.069		
企业投入生产设备用于教学,会导致生产效率降低	粤港澳大湾区	350	2.83	1.257	0.067	6.252	0.000
	长三角	162	2.72	1.242	0.098		
	北京	104	2.74	1.095	0.107		
	天津	61	3.43	1.443	0.185		
	河北	98	2.35	1.326	0.134		
	其他	301	2.68	1.216	0.070		
影响企业的专项资金使用	粤港澳大湾区	350	2.89	1.231	0.066	4.736	0.000
	长三角	162	2.65	1.181	0.093		
	北京	104	2.66	1.131	0.111		
	天津	61	3.30	1.476	0.189		
	河北	98	2.46	1.308	0.132		
	其他	301	2.72	1.201	0.069		

3. 不同区域企业承担职业教育社会责任对其绩效的影响差异性比较

天津的企业在"提高企业的生产率""增加企业销售收入""企业会提供更优质的产品""提高企业运营管理水平"四个方面具有差异（表6-32）。从得分来看，京津冀三地的差异较大，河北在各项指标中排位均靠后，特别是在"提高企业运营管理水平"这个指标上，河北明显低于北京、天津和其他区域的水平，在区域性的工作推进中应对河北予以重点关注。

表 6-32　不同区域企业承担职业教育社会责任对其绩效的影响差异性比较

项目	区域分布	个案数	平均值	标准偏差	标准误差平均值	F	P
提高企业的生产率	粤港澳大湾区	350	3.83	0.926	0.049	3.003	0.011
	长三角	162	3.73	0.918	0.072		
	北京	104	3.76	0.876	0.086		
	天津	61	4.20	0.963	0.123		
	河北	98	3.67	1.023	0.103		
	其他	301	3.73	0.991	0.057		
增加企业销售收入	粤港澳大湾区	350	3.79	0.951	0.051	3.047	0.010
	长三角	162	3.68	0.930	0.073		
	北京	104	3.72	0.939	0.092		
	天津	61	4.13	1.024	0.131		
	河北	98	3.67	0.961	0.097		
	其他	301	3.64	1.002	0.058		
企业会提供更优质的产品	粤港澳大湾区	350	3.87	0.929	0.050	2.256	0.047
	长三角	162	3.91	0.869	0.068		
	北京	104	3.94	0.868	0.085		
	天津	61	4.21	0.933	0.119		
	河北	98	3.72	1.013	0.102		
	其他	301	3.85	0.995	0.057		
提高企业运营管理水平	粤港澳大湾区	350	3.90	0.917	0.049	3.102	0.009
	长三角	162	3.92	0.834	0.066		
	北京	104	3.98	0.870	0.085		
	天津	61	4.30	0.901	0.115		
	河北	98	3.72	1.003	0.101		
	其他	301	3.95	0.948	0.055		

第6章 企业承担职业教育社会责任的行为表现影响因素分析

4. 政府对不同区域企业承担职业教育社会责任行为的影响差异性比较

在天津的企业中，政府对企业管理者决策和促进行业协会的引领和带动作用具有显著影响，高于粤港澳大湾区、长三角、北京、河北及其他区域，在对职业院校行为影响方面高于粤港澳大湾区、长三角、河北及其他区域，也高于北京的数值，但差异性不显著（表6-33）。

表6-33 政府对不同区域企业承担职业教育社会责任行为的影响差异性比较

项目	区域分布	个案数	平均值	标准偏差	标准误差平均值	F	P
对企业管理者承担责任的决策具有显著影响	粤港澳大湾区	350	3.89	0.928	0.050	2.652	0.022
	长三角	162	3.86	0.923	0.072		
	北京	104	3.90	0.819	0.080		
	天津	61	4.30	0.843	0.108		
	河北	98	3.78	1.000	0.101		
	其他	301	3.88	0.950	0.055		
对职业院校积极响应企业的行为具有显著影响	粤港澳大湾区	350	3.88	0.927	0.050	2.787	0.016
	长三角	162	3.96	0.877	0.069		
	北京	104	4.06	0.774	0.076		
	天津	61	4.28	0.839	0.107		
	河北	98	3.82	0.956	0.097		
	其他	301	3.95	0.929	0.054		
对促进行业协会的引领和带动作用具有显著影响	粤港澳大湾区	350	3.90	0.919	0.049	2.439	0.033
	长三角	162	3.98	0.863	0.068		
	北京	104	4.00	0.848	0.083		
	天津	61	4.30	0.843	0.108		
	河北	98	3.82	0.988	0.100		
	其他	301	3.94	0.942	0.054		

6.7 本 章 小 结

本章对影响企业承担职业教育社会责任行为表现的因素、企业承担职业教育社会责任的积极作用和消极作用、企业承担职业教育社会责任对其绩效的影响及政府主导对企业承担责任的影响等进行了深入分析，同时将企业自身特征，包括上市与否、规模、经济类型、发展阶段、区域分布作为控制变量，进一步进行了分类研究，结论如下。

（1）企业自身发展的战略需求是其承担职业教育社会责任的动力来源。

企业承担职业教育社会责任，不仅是为了获得高素质技术技能人才和技术创新成果，更重要的是承担责任的行为有利于提升企业社会形象、提高人才吸引力、提升服务客户能力、凝聚员工力量、提高市场美誉度和客户满意度、改善企业所在地的社区关系等，这正是企业运营的有利条件。通过校企全要素精准对接，这些条件在合作的过程中将得到有力的促进，因此，承担职业教育社会责任是企业发展的内驱动力，而这个动力是在双方合作的过程中不断挖掘的。

（2）政府的支持和激励是企业承担职业教育社会责任的根本保障。

政府制定有促进校企合作的法规，相关法规可操作性强，相关部门有监督且执法能力强，以上三个核心要素是推动企业承担职业教育社会责任的关键。在实践中要将政府政策的引领和促进作用、可操作性、监督执行程度同适当的约束力和压力并行达到成效最大，当前对企业承担社会责任过程中的违规行为的惩罚措施往往执行不

第6章 企业承担职业教育社会责任的行为表现影响因素分析

够，反映出政府在实际推动和促进过程中给企业的约束力和压力较弱，需要在当前的政策推进中进行改进。同时政府的支持还应更加具有针对性，针对不同的企业进行专项扶持。

（3）利益相关者的支持和促进是企业职业教育社会责任实现的前提条件和基础。

对于关键的利益相关者——职业院校，其合作治理能力、师资教学科研水平、专业建设水平决定了企业参与校企合作的内容和程度。在企业履责的进程中，应整合行业协会、产业链中的供应商和经销商、顾客、公众、园区、社区等主要利益相关者的优质资源，发挥其积极性，除政府进行统筹外，还应自发形成共建共享机制，就企业战略发展做出规划。

（4）对不同特征的企业需要制定有针对性的支持和激励策略。

相对于小微型企业来说，大型企业、国有企业、处于成熟稳定期企业的经济实力比较强，有足够的经济基础和技术实力来承担社会责任，而且这些企业受到社会的广泛关注，会对其承担社会责任形成无形的监督，企业会更加注重维持企业的良好形象，因而其承担社会责任的意识更为强烈，能够积极主动地承担社会责任。因此，对上市企业、大型企业、国有企业，以及处于成长期、成熟稳定期的企业需要有针对性的政策。例如，给予上市企业更多的平台，在产教融合型企业的培育中为企业搭建参与职业教育人才培养的平台，使企业得到更多消费者认同；让大型企业、处于成熟稳定期的企业在行业标准制定和推广中承担更多的责任，并在对其社会责任行为的考评体系中增加职业教育社会责任部分，科学使用评价结果对企业运营给予优惠等，让企业切实感受到成就感和获得感，增强其承担职业教育社会责任的使命感和荣誉感。

（5）制定区域产教融合整体规划是促进企业主体作用发挥的前提。

由于区域经济社会发展不均衡，企业承担职业教育社会责任受到的影响因素不同。从京津冀协同发展来看，天津、北京的企业承担职业教育社会责任的认知和理念较强，尤其是天津排在全国首位。北京的企业总部基地较为集中，大型企业和国有企业居多，有理念，但是由于北京职业院校精准对接产业发展能力尚需提升，因而真正做到产业、行业、企业、专业、职业五业联动还需要进一步促进产教深化融合，企业承担职业教育社会责任的行为需要扩展和提升。河北的企业承担职业教育社会责任的理念和行为排名靠后，需要在政策方面有更多的引领和带动，同时也需要天津和北京共同构建产教融合生态系统，以点带面，系统治理。目前，天津的鲁班工坊、北京的工程师学院分别是这两个直辖市的产教融合创新载体，期待河北也建设相应的创新载体进行推动和深化。相对京津冀，粤港澳大湾区的企业中私营企业、中小型企业较多，因此在认知和行动上也较为落后，应利用好广州、深圳的经济、创新优势和产业学院的优势，在人才培养、技术创新方面做出经验和特色，从而促进企业与职业院校的深度融合。

（6）加强对企业承担职业教育社会责任的管理与建设是促进企业行动的有效途径。

现代企业具有"经济人"和"社会人"双重身份，企业管理者应充分认识到企业发展与承担社会责任之间的关系。强化企业管理层承担职业教育社会责任的意识；进一步完善法律法规，健全法律制度，加快企业承担职业教育社会责任的法律体系建设，将企业承担社会责任、承担职业教育领域社会责任的内容写入《中华人民共和国职业教育法》《中华人民共和国个人独资企业法》《中华人民共

第6章　企业承担职业教育社会责任的行为表现影响因素分析

和国合伙企业法》《中华人民共和国公司法》等法律文件中，使企业在法律层面上履行应尽的义务；建立和完善企业承担职业教育社会责任信息披露制度，应从宏观上统筹，将承担社会责任的行为公开，接受社会各界特别是各利益相关者和社会公众的监督；对在行业领域深化产教融合改革的领军企业以及建设培育成绩突出的企业，给予"金融+财政+土地+信用"组合式激励，提高承担社会责任企业的社会声誉，同时对逃避社会责任的企业形成一定的舆论和社会压力。

第 7 章
共生与依赖：企业承担职业教育社会责任的行为规律

深化产教融合是数字经济时代职业教育改革创新发展的核心要素。新时期，特别是党的十八大以来，国家层面注重从企业端发力，促进企业参与职业教育的制度和政策体系正在逐渐形成，推动企业承担职业教育社会责任的社会环境也开始形成。2018 年 2 月，教育部等六部门印发的《职业学校校企合作促进办法》对校企合作的概念进行了明确，指出"校企合作是职业学校和企业通过共同育人、合作研究、共建机构、共享资源等方式实施的合作活动"。院校根据自身特点和人才培养需要，主动与具备条件的企业开展合作，积极为企业提供所需的课程、师资等资源。企业应当依法履行实施职业教育的义务，利用资本、技术、知识、设施、设备和管理等要素参与校企合作，促进人力资源开发。从合作双方提供的资源要素和合作形式来看，院校和企业的合作属于组织间共同促进、互利共赢的资源交换关系。这种关系建立在校企双方对优质资源的共同期待、相互融合发展、共同成长的基础上，呈现为共生性的依赖关系。关系的共生性很好地诠释了校企命运共同体的本质。

第7章　共生与依赖：企业承担职业教育社会责任的行为规律

企业与职业院校分属不同性质的组织，其组织关系的建立与维系的根本在于企业自身发展的需要。企业选择合作伙伴，确定合作内容，形成合作机制，到发展为命运共同体，都属于企业承担社会责任的行为范畴。企业能否树立承担职业教育社会责任的理念对其是否选择承担责任具有重要的意义。以企业承担职业教育社会责任的视角审视其参与职业教育的行为，在概念内涵上能够直接反映企业的主动性和能动性。因此，以企业为研究对象，构建组织间合作关系的研究框架，从企业对资源的需求到获得优质资源的过程，以资源依赖性和依赖结构作为企业承担职业教育社会责任的战略选择的动因，可以很好地阐释产教融合过程中企业的利益诉求、行为表现和内在规律。从组织间关系发展的规律来看，企业从对职业教育的认识不足到将合作视为战略性发展的选择，与院校的合作关系是一个从疏离到结合，再到紧密的过程。从整个社会环境来看，企业承担职业教育社会责任会由"被动接受"走向"主动承担"，从承担有约束力的法律责任、有爱心的慈善责任到承担伦理责任和经济责任，再到主动为经济社会发展、产业转型升级服务，与职业院校成为命运共同体，最终走向共生发展。厚植企业承担职业教育社会责任的社会环境，推动职业院校和行业企业形成命运共同体，这其中的命运共同体描述的就是校企之间共生与依赖的关系。企业与职业院校的合作基础是彼此对优质资源的依赖，而合作的最终目的是走向共生发展。

因此，本章以企业为研究对象，从企业承担职业教育社会责任的视角审视校企合作关系，引入共生理论和资源依赖理论，构建企业承担职业教育社会责任"资源依赖-战略选择-履行行动-互利共生"的分析框架，探讨企业与职业院校对自有资源和共生资源的依赖程度和依赖结构，分析资源依赖与企业承担职业教育社会责任的行为表现的关联性和互利共生性，同时考虑企业属性作为控制变量的作用，探究企业承担职业教育社会责任的利益诉求及行为规律，为更好地形成促进企业承担职业教育社会责任的社会环境提供理论支撑和实践指导。

7.1 共生与依赖

7.1.1 共生与依赖的基本理论

1. 共生理论

"共生"（Symbiosis）一词来源于希腊语，最早源于生物学，由德国真菌学家德贝里（Anton de Bary）在1879年提出，指的是"不同种属的生物按某种物质联系共同生活"[84]。共生是一种自组织现象，生物体之间出于生存需要必然按照某种方式互相依存、相互作用，形成共同生存、协同进化的共生关系。共生原理反映了共生体形成和发展中一些内在的必然联系，是共生体赖以生存和发展演化的基本原则，主要包括质参量兼容原理、共生能量生成原理和共生界面选择原理。

共生的要素包括共生单元、共生模式和共生环境。共生模式是共生单元之间相互作用或相互结合形态的体现，既反映共生单元之间相互联结的方式，又反映其中相互作用的强度。共生环境是指共生关系即共生模式存在发展的外生条件，共生单元以外的所有因素的总和构成共生环境[85]。共生的过程是共生关系主体物质、信息和能量的有效产生、交换和配置，共生关系的价值在于共生关系主体的共同适应、共同激发、共同发展、共同进化，通过共生的过程达到各共生关系主体生存能力增强、功能日臻完善、效益提高的效果。共生一般分为同质共生和异质共生。企业与职业院校之间的产教融合是产业与教育跨领域组织之间的合作，属于异质共生类型。

2. 资源依赖理论

共生理论能够很好地描述并解释关系主体间的依赖原因、合作条件和外生环境，但不能很好地用来分析组织间关系建立的动因和目标，不能描述关系进行的过程中双方的关系维系以及相互之间的影响作用。资源依赖理论则更加关注组织间的交换、组织间的相互作用和为组织自身带来的影响，组织间进行资源的交换，最终的目标是走向共生。

资源依赖理论认为，组织中不同的利益群体都有自己独特的偏好和目标，并试图从组织内的互动及组织与环境的互动中完成自己的目标。大量关系组织生存的稀缺和珍贵资源都包含于组织的外部环境中，为了生存的需要，组织不得不从外部环境中引进、吸收、转换各种资源，包括人力资源、财力资源、社会合法性、顾客、技术和物资等，形成了组织间资源相互依赖的关系网络。资源交换被视为联系组织和外部环境之间关系的纽带。

资源依赖理论对解释组织间的关系具有重要意义。组织间依赖指组织单元之间彼此影响的程度，是组织权力的来源[86]。一个组织对其他组织的依赖程度取决于三个关键因素：资源对于组织生存的稀缺性和重要性[87]；组织内部或外部一个特定群体获得或处理资源的程度；替代性资源来源的存在程度。如果一个组织非常需要一种专有资源，而这种资源在这个组织中又非常稀缺，并且不存在可替代的来源，那么这个组织将会高度依赖掌握这种资源的其他组织。

7.1.2 产教融合中的资源依赖分析

组织间关系是资源依赖理论的基本分析单位。资源依赖理论认为，对组织的生存和发展来说，必须从外部获得那些重要且关键的稀缺资源来巩固和扩大其竞争优势。建立组织间关系是企业达到这一目标的一个途径，企业通过合作伙伴获得关键资源，增加整体实力。因此，和一个或更多的企业形成联盟以获得必要的资源是企业惯用的策略。Barney 将资源依赖理论从传统的应用领域延伸到了战略联盟，认为只有稀缺的、有价值的、难以复制的和不可替代的资源才能产生持久竞争优势[88]99-120。

校企合作战略联盟的建立是参与合作的利益主体之间及其与外部环境基于资源而进行的选择、配置和利用[89]。职业院校与企业合作的形式和运行方式与各参与主体的相互作用和组织属性之间的关系密不可分。在产教融合中，企业能够提供的资源是资金、场地、岗位、捐赠设备、专项人力资源和社会资源等，所获取的资源是更高素质的人力资本、生产成本的优化、新技术研发创新及社会声誉的提高等；职业院校能够提供的资源是满足企业需求的人力资源、原创性的知识和技术、生产型基地、设备、行业内品牌声誉等，希望获得的资源是企业提供的资金、捐赠设备、实习工作岗位、育人生产环境、技术成果转化平台及企业文化等。因此，在资源依赖理论视角下，职业院校与企业建立合作关系的前提是双方能够提供互补的资源。双方对合作伙伴所提供资源的需求程度是关系建立的基础，合作双方对资源的依赖程度是维系关系的核心要素。根据资源依赖理论，职业院校与企业的相互依赖关系可以从资源的重要性、资源的不可替代性和对合作伙伴的影响力三个方面进行分析。

不同的产教融合形式反映了院校与企业之间的依赖程度和依赖关系结构。相对于校企合作、产教结合而言，产教融合所反映的关系更为密切，是合为一体、相互交融的关系[90]。新的历史时期，产业转型升级对职业教育内涵式发展提出了更高要求，构建适应经济社会发展的职业教育生态环境更加需要突出行业企业在人才培养中的主体地位。当前的产教融合是在高度互补的资源依赖基础上的全方位、全要素的一体化合作，是产学合作的最高目标。从这个意义上说，产教融合更加突出合作主体之间关系的平等，企业主体作用

第 7 章　共生与依赖：企业承担职业教育社会责任的行为规律

在办学中的发挥是合作关系建立和维系的关键。产教融合的不断深化将促进产业与教育的组织间关系产生更多的新型结构形态。

7.2　企业社会责任中的资源依赖性

现代企业是一个有机的开放系统，在经营过程中，企业要完成与政府、顾客、投资者、供应商、员工、当地社区、竞争者、工会、媒体、行业协会、科研与教育团体等各种利益相关者之间的利益交换和要素对接，同时还要对各利益相关者承担相应的责任。企业在选择承担责任时会按照利益相关者对企业的影响力及其对企业的关注度进行识别，其中影响力就包括提供对企业发展具有重要影响的人才、技术和资金、设备等。根据第 3 章中对企业利益相关者的探讨，企业更倾向于优先完成具有"高影响、高关注""中影响、高关注"和"高影响、中关注"的利益相关者的责任。因此，在企业的重大发展决策中有着较大的话语权和影响力的重要利益相关者，其利益诉求更容易得到企业的关注和满足。企业对重要利益相关者的资源依赖性是企业社会责任产生的本源，这种资源依赖性表现为对组织资源的依赖和对由此产生的资源依赖关系的依赖。

7.2.1　企业对组织资源的依赖

企业的存在与发展依赖于资源及其获得和保持资源的能力。企业作为一个专有资源的集合体，可以作为资源的提供方和使用方。提供方是专有资源的所有者，使用方是专有资源的使用者。资源的所有者之所以愿意把其拥有的资源投入企业，是因为投资者预期企业能够创造"租金"，并按一定的规则进行分配，专有资源的投资者因向企业投入资源从而获得了企业权益分配的基础，有了要求企业承担相关责任的权力。作为企业而言，使用资源创造"租金"就具有了向专有资源的提供方分配"租金"的义务，产生了企业对投资者的责任[49]52。企业生存与发展所依赖的资源是从特定物质资源和人力资源到众多资源的集合。不同时期企业的存在和发展所依赖的资源不同。企业承担责任是对组织提供的有助于企业成长发展的资源的诉求。

7.2.2　企业对资源依赖关系的依赖

企业不仅依赖于资源本身，而且依赖于由资源产生的资源依赖关系。从企业的契约性来看，企业是一个以专有资源为基础的契约的集合，资源的所有者成为契约的主体，形成相互之间的契约关系。在信息化背景下，现代企业的开放性越来越强，企业所面对的外部环境组成了一个大的"开放系统"，系统内部与外部之间会产生资源的流动，并由此引起企业与外部资源所有者之间的资源依赖关系。企业对资源依赖关系的依赖源于资源对于企业的不可或缺性，以及资源组合带来的"团队"生产效率。在团队生产过程中，各个资源的提供方围绕着资源所有权展开的权利与责任构成了契约的主要内容，这些资源所有者则构成了企业的利益相关者群体。在企业与利益相关者契约签订的过程中，每一种资源依赖关系都会像企业生存与发展所依赖的资源本身一样发挥重要的作用，这些资源的所有者凭借其所拥有的专有资源而拥有一定的话语权，可能会因此改变企业的契约结构。优质资源的所有者可以凭借企业对资源的依赖，而促使企业将对其应该承担的责任纳入契约框架。从企业的角度来看，企业承担这部分责任的意愿与资源对其发展的重要性成正比。随着企业的扩大，支撑企业生存和发展的资源的内涵不断变化，资源依赖关系的外延在扩大，从单一的物质资源到人力资源，扩展到社区对企业的态度等，都成为企业必不可少的"资源"。企业承担社会责任的对象也从单边股东主义扩大到其他利益相关者，不同的时期，其利益相关者的范围及职责的内容也不同。

7.2.3 企业社会责任的配置

Barney认为，企业资源包括了企业所有的资产、能力、组织流程、企业特性、信息、知识等，并将企业资源分为物质资源、人力资源和组织资源三类[88]100。所有资源中，企业最关注的是能够为企业提供可持续竞争优势的关键性资源。资源依赖基础上的企业契约关系推动着企业主动承担社会责任。企业社会责任的配置要考虑资源的贡献率、相长性和稀缺性。

1. 资源的贡献率对企业社会责任配置的影响

资源的贡献率为企业根据资源的重要性承担相应的社会行为提供了依据。企业要实现总体价值最大化的目标，需要激励资源提供方，并权衡他们之间的利益，按照生产中不同资源的相对贡献率配置给资源提供方相应的社会责任，形成企业自己的社会责任结构。其中，资源的贡献率越高，企业应该对其提供方承担的社会责任就越多。企业在不同经济发展时期、不同发展阶段，需要识别不同的股东和利益相关者的资源，对资源的内涵、重要性和贡献率进行确认。新时期产业转型升级的背景下，企业对高素质技术技能人才和技术创新的需求越来越高，即人力资源和技术创新类资源对企业价值创造的贡献率越来越高，对企业的发展也越来越关键，而物质资源的贡献率相对下降，企业势必会增加贡献率高的这部分资源提供方在企业社会责任配置中的比重，主动承担更多的职业教育社会责任。

2. 资源的相长性对企业社会责任配置的影响

资源的相长性是指在企业的生产过程中，投入某种资源的边际数量所引起的其他资源及新生资源增加的数量，反映了资源投入在技术上的依赖关系，以及共生资源对组织自有资源的依赖。一种资源的重要性意味着它在边际产出上的贡献率较高，同时，在技术上也决定了其他资源的投入数量和新资源的产生数量。也就是说，对这种资源的控制将导致对其他资源的控制，而使这种资源成为企业生存和发展所依赖的资源。在校企合作关系中，职业院校提供资源的数量及其重要性就直接决定了企业及其他利益相关者提供资源的数量和重要性，这些资源在企业中聚集、凝聚、依附在一起，产生新的重要资源，使企业发展壮大。资源的相长性越强，由此聚集和生成的资源就越关键，对企业发展的影响力就越大。从生产激励的角度出发，企业会愿意对其资源提供方承担更多的社会责任。因此，同等条件下，企业为了实现利益最大化，会对具有较强相长性资源的提供方配置更多的控制权、委托权，同时也会对其承担更多的社会责任。

3. 资源的稀缺性对企业社会责任配置的影响

企业获得的有利于可持续发展的优质资源，除了贡献率高、相长性强之外，还应具备较高的稀缺性。稀缺性具有两个特征：特质性和不可替代性。特质性意味着资源的不可推广性，不可替代性决定了资源的唯一性、不可复制性，企业关键资源的这种唯一性和不可复制性在企业权利与社会责任的配置中具有决定性的作用。稀缺性资源产生的额外"租金"能够为企业创造更大的价值，企业因此会更加积极地对稀缺性资源的提供方承担社会责任。资源的稀缺性越高，企业对其提供方承担的社会责任就越多。企业各层级的利益相关者提供的稀缺性资源的数量和稀缺程度决定着企业对其承担责任的多少和程度。当企业外部某些资源变得稀缺，且企业对其的依赖性更强时，责任配置的客体将扩大到企业外部资源的利益相关者，如关键的供应商、顾客、研究机构、院校、工会等。因此，职业院校为企业提供的高素质技术技能人才的专用性越高，合作产生的技术成果和创新产品越多，技术服务所能获得的回报越多，企业就越愿意将职业院校视为其关键利益相关者，为其承担更多的社会责任。

7.2.4 资源依赖结构和组织的自主性

按照资源依赖理论的观点，组织对资源依赖程度的差异会使资源依赖组织间的权力不对等，资源依赖程度强的组织会受到资源依赖程度弱的一方的控制，这种外部控制的存在将会影响资源依赖强的一方组织的自主性。自主性是影响共生关系维系发展的重要因素。自主性决定了组织的独立程度，如是否自治，在多大程度上可以坚持自己的任务和核心价值，组织的功能能否得到很好的维系和发挥。从资源依赖结构和组织自主性的维度，可以将组织间的共生依赖关系分为四种类型：共栖、寄生、非对称性共生和对称性互惠共生[91]。共栖描述的是双方相互依赖程度较低的关系，寄生是单向的依赖，非对称性共生侧重的是非对称性依赖，对称性互惠共生侧重的是双向的依赖。

企业隶属经济部门，其根本属性是营利，这是促进产业发展的重要基础。职业院校归属于教育部门，其根本目的是培养适应产业转型升级发展需要的高质量技术技能人才。校企双方合作，是两个不同性质的组织在合作中追求互助共生、关系的稳定性和保持各自的自主性。因此，产教融合、互利共赢，构建命运共同体的校企合作关系，其根本目的是构建对称性互惠共生的依赖关系。但2009年的一项调查显示，职业院校与企业的合作存在非对称性共生依赖关系，职业院校对企业的依赖性高于企业对职业院校的依赖性，从而很好地解释了在合作关系建立初期，企业参与职业教育积极性不高的原因[92]。而随着关系的建立，这种非对称性在降低，企业对合作共生资源的依赖性提高，成为合作关系维系的重要因素。因此，职业院校要努力提高提供优质资源的能力和治理能力，增强自身吸引力，成为企业发展的关键利益相关者，减小与企业关系的非对称性，才能吸引企业承担职业教育社会责任，这也是产教融合、实现多元治理的必要条件。

7.3 企业职业教育社会责任中的资源依赖性

应当看到,企业承担职业教育社会责任,从认知、判断到行为实施,是一个由非对称性共生逐渐走向对称性互惠共生的过程。本研究将职业院校和企业在合作初期各自分别提供的资源视为自有资源,院校和企业合作后共同产生的资源视为共生资源。由于研究关注企业承担职业教育社会责任的认知、行为与成效分析,且调研的企业范围和渠道较广,其中64.7%与职业院校有合作关系,35.3%没有合作关系,因此研究没有关注校企之间关系的建立与维系。对于没有合作的企业,其对资源的不可替代性的感知较弱,特别是对未来可产出的课程、人才、产品等资源还没有认知,因此在本次调研中仅关注了有校企合作关系的双方对资源重要性的感知,以此来探究双方对资源的依赖程度。在此基础上提出以下四个研究假设。

H1:与职业院校有合作关系的企业承担责任的理念高于没有承担责任的企业。

H2:企业提供自有资源的重要性与职业院校提供自有资源及双方产生共生资源的重要性成正相关。

H3:在深化产教融合背景下,企业与职业院校对自有资源的依赖具有对称性。

H4:校企双方提供自有资源和共生资源的重要性与政府政策支持成正相关。

7.3.1 职业院校提供自有资源的重要性

根据职业院校提供自有资源的重要性统计结果(图7.1),职业院校提供的最重要的资源是适应企业生产需要的毕业生和实习学生,这些资源能够直接为企业服务,为企业带来直接的生产效益;其次是能够为企业的培训和研发提供直接支持的师资、可转化的技术成果，以及为提升企业员工技能服务的专用性强的培训课程、技术研发服务和咨询服务支持，这类资源有助于企业生产和研发能力的提升，是企业技术技能积累的核心资源；其他还有提供专项资金投入、生产型和共享型实训基地、前沿行业信息、社会关系、生产设备设施等优质资源，这些资源属于为合作提供保障的资源；而当企业愿意深度参与职业教育人才培养，利用学校的招生指标建设为企业未来用人服务的订单班、股份制学院时，招生指标才成为最重要的资源，因此这个指标应该对于那些有实力同时也想举办或深入参与合作的企业有吸引力。

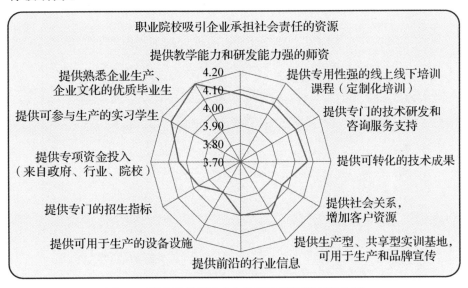

图 7.1　职业院校提供自有资源的重要性统计结果

7.3.2　企业提供自有资源的重要性

企业提供自有资源的重要性能够很好地反映企业承担职业教育社会责任的认知和理念，同时体现了其战略行动层面上的行动表现。企业的付出是基于对职业教育全面了解，对合作伙伴深入认识并对未来合作的共生资源有全面规划后做出的行为选择。根据企业提供自有资源的重要性统计结果（图 7.2），提供就业岗位、顶岗实习岗位最为重要,这与企业希望职业院校提供的重要自有资源非常吻合,进一步表明了企业承担职业教育社会责任的目的就是获得优秀的人力资源;其次为提供生产环境和带有企业文化的育人环境、技术支持和服务、专业技术人员和社会关系,这些均为职业院校发展所需要的重要资源;专项支持资金和捐赠的重要性明显较低,这说明企业希望与职业院校有战略性的合作,资金投入生产性环节的未来预期不好预测,因此对将专门的资金投入职业教育比较谨慎,同时,公益慈善性的捐赠不是企业战略发展的关注点,对企业与职业院校的共生资源贡献较小。

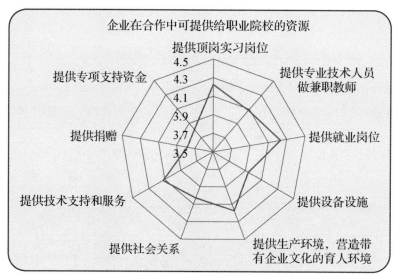

图 7.2 企业提供自有资源的重要性统计结果

7.3.3 校企双方产生共生资源的重要性

校企双方产生的共生资源是企业与职业院校维系共生关系的核心要素,结果显示(图 7.3),共生资源的重要性均值普遍高于双方所提供的自有资源重要性。企业最为看重的资源是通过参与人才培养过程,培养适应企业发展的员工;促进当地就业政策的实施,为当地解决一定的就业问题,以及与院校合作促进员工本地化政策实施

第7章 共生与依赖：企业承担职业教育社会责任的行为规律

分别排在第二位和第七位，这两个要素来自中国社会科学院经济学部企业社会责任研究中心发布的《中国企业社会责任报告编写指南（CASS-CSR3.0）》中的企业应对政府和社区承担的责任。就业是关系民生和国运的大事，而企业生产促进优质就业、充分就业的前提是参与到院校的人才培养中，这是校企合作成效在宏观经济社会发展中重要体现。2018年7月31日召开的中共中央政治局会议，针对经济形势和工作首次提出了"稳就业、稳金融、稳外贸、稳外资、稳投资、稳预期"的"六稳"方针，其中"稳就业"排在"六稳"之首，由此可见，国家将职业教育的人才培养功能放在了突出的位置上。

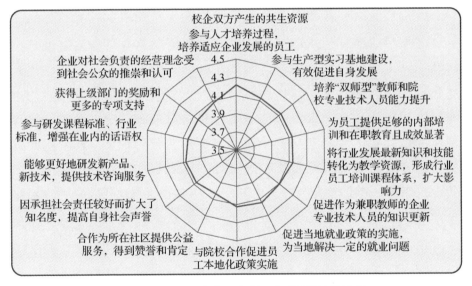

图7.3　校企双方产生共生资源的重要性统计结果

教学资源转化、员工培训、师资队伍建设、生产型实习基地建设、技术研发、公益服务等作为企业与院校合作过程中产生的新资源，是企业与院校可持续发展所需要的优质资源，这部分资源将对企业在行业中的发展产生较大影响。同时，在当前系统政策框架中，这些资源将为企业带来"金融+财政+土地+信用"的组合式激励，以及获得"按投资额一定比例抵免该企业当年应缴教育费附加和地方教育附加",参与职业教育将成为企业战略发展的重要版块。而获得上级部门奖励和专项支持,企业经营理念受到社会公众的推崇和认可是企业受到的外部激励,对企业的行为予以肯定。

7.4 企业承担职业教育社会责任行为程度的相关因素分析

7.4.1 企业承担责任的行为程度与职业院校提供自有资源重要性的相关性分析

将企业承担职业教育社会责任的行为程度与对职业院校提供自有资源重要性进行相关性分析,企业承担职业教育社会责任的行为程度(以下简称企业承担责任的行为程度)以企业在承担职业教育社会责任方面的表现、社会责任报告中与职业院校合作的内容的重要程度、在社会责任报告中公布参与职业教育的意愿三个维度进行呈现,结果显示(表7-1),企业承担责任的行为程度与职业院校提供自有资源的重要性具有显著正相关关系。其中,"提供可参与生产的实习学生""提供熟悉企业生产、企业文化的优质毕业生""提供生产型、共享型实训基地,可用于生产和品牌宣传"三个方面相关性最高,这些要素在短期内能够直接为企业生产提供收益;其次是"提供专用性强的线上线下培训课程(定制化培训)""提供前沿的行业信息""提供专门的技术研发和咨询服务支持"三个方面,这些资源有助于企业员工整体素质提升、企业生产技术创新,是企业较为看重的有利于自身技术技能积累、技术创新的资源。

数据表明,职业院校提供的自有资源越重要,企业越愿意参与职业教育,承担责任的行为程度就会越高。同时也说明职业院校为企业提供优质资源的能力提升,所提供的资源对企业而言重要程度越高,越能够激发企业主动、全面地承担职业教育社会责任。职业院校提供的自有资源中，直接收益型资源来自职业院校的基本属性，而技术创新型资源是职业院校人才培养水平、社会服务能力提升的关键要素，也是特色高水平院校建设的核心要素。

7.4.2 企业承担责任的行为程度与企业提供自有资源重要性的相关性分析

将企业承担责任的行为程度与企业提供自有资源的重要性进行相关性分析，结果显示（表7-2），企业承担责任的行为程度与企业提供自有资源的重要性具有显著正相关关系。这表明企业承担责任所提供的资源对职业院校越重要，其参与职业教育的积极性和参与程度越高，所承担的社会责任就越深入；或者企业承担责任越全面，就越了解职业教育的需要，提供的资源就越为职业院校所需要。其中，"提供生产环境，营造带有企业文化的育人环境""提供顶岗实习岗位""提供技术支持和服务"的相关性最高，这是职业院校育人最为需要的资源，可归为育人型资源，也是职业院校办学最希望得到的优质资源，应当成为企业全面承担责任所提供的首选资源；"提供社会关系"有助于院校与产业、行业紧密对接，是产教融合不可或缺的关系性资源；"提供设备设施""提供专业技术人员做兼职教师""提供捐赠""提供专项支持资金""提供就业岗位"是企业在技术技能积累方面为院校提供的有一定技术含量的资源，是需要企业付出成本的资源，企业有一定实力才能在这类资源中获得较大收益，因此属于成长型资源。

7.4.3 企业承担责任的行为程度与校企双方产生共生资源重要性的相关性分析

将企业承担责任的行为程度与校企双方产生共生资源的重要性进行相关性分析，结果显示（表7-3），企业承担责任的行为程度与

表 7-1　企业承担责任的行为程度与职业院校提供自有资源重要性的相关性分析

	企业承担责任的行为程度	提供可参与生产的实习生	提供生产型、共享型实训基地,可用于生产和品牌宣传	提供专门的招生指标	提供熟悉企业生产、企业文化的优质毕业生	提供专门的技术研发和咨询服务支持	提供专用性强的线下培训课程（定制化培训）	提供教学能力和研发能力强的师资	提供可转化的技术成果	提供前沿的行业信息	提供社会关系、增加客户资源	提供可用于生产的设备设施	提供专项资金投入（来自政府、行业、院校）
企业承担责任的行为程度	1.000												
提供可参与生产的实习生	0.290**	1.000											
提供生产型、共享型实训基地,可用于生产和品牌宣传	0.288**	0.725**	1.000										
提供专门的招生指标	0.288**	0.727**	0.717**	1.000									
提供熟悉企业文化的优质毕业生	0.281**	0.843**	0.721**	0.693**	1.000								
提供专门的技术研发和咨询服务支持	0.277**	0.679**	0.736**	0.680**	0.661**	1.000							

第7章 共生与依赖：企业承担职业教育社会责任的行为规律

续表

	企业承担责任的行为程度	提供可参与的实习生	提供生产型、共享型实训基地，可用于生产和品牌宣传	提供专门的招生指标	提供熟悉企业生产、企业文化的优质毕业生	提供专门的技术研发和咨询服务支持	提供专用性强的线上线下培训课程（定制化培训）	提供教学能力和研发能力强的师资	提供可转化的技术成果	提供前沿的行业信息	提供社会关系，增加客户资源	提供可用于生产的设备设施	提供专项资金投入（来自政府、行业、院校）
提供专用性强的线上线下培训课程（定制化培训）	0.273**	0.684**	0.744**	0.674**	0.680**	0.842**	1.000						
提供教学能力和研发能力强的师资	0.268**	0.682**	0.719**	0.652**	0.681**	0.825**	0.824**	1.000					
提供可转化的技术成果	0.265**	0.656**	0.750**	0.666**	0.666**	0.844**	0.791**	0.775**	1.000				
提供前沿的行业信息	0.261**	0.673**	0.813**	0.670**	0.665**	0.752**	0.740**	0.724**	0.741**	1.000			
提供社会关系，增加客户资源	0.252**	0.656**	0.786**	0.706**	0.653**	0.691**	0.670**	0.662**	0.688**	0.766**	1.000		
提供可用于生产的设备设施	0.250**	0.617**	0.770**	0.686**	0.628**	0.700**	0.692**	0.664**	0.709**	0.769**	0.760**	1.000	
提供专项资金投入（来自政府、行业、院校）	0.236**	0.706**	0.729**	0.729**	0.717**	0.646**	0.646**	0.636**	0.664**	0.682**	0.691**	0.704**	1.000

注：** 表示在 0.01 级别（双尾）相关性显著。

表 7-2 企业承担责任的行为程度与企业提供自有资源重要性的相关性分析

	企业承担责任的行为程度	提供生产环境,营造带有企业文化的育人环境	提供就业岗位	提供顶岗实习岗位	提供技术支持和服务	提供社会关系	提供设备设施	提供专业技术人员做兼职教师	提供捐赠	提供专项支持资金
企业承担责任的行为程度	1.000									
提供生产环境,营造带有企业文化的育人环境	0.296**	1.000								
提供就业岗位	0.294**	0.798**	1.000							
提供顶岗实习岗位	0.287**	0.770**	0.862**	1.000						
提供技术支持和服务	0.286**	0.802**	0.721**	0.703**	1.000					
提供社会关系	0.280**	0.776**	0.680**	0.663**	0.763**	1.000				
提供设备设施	0.263**	0.692**	0.663**	0.640**	0.685**	0.685**	1.000			
提供专业技术人员做兼职教师	0.255**	0.718**	0.720**	0.746**	0.702**	0.633**	0.694**	1.000		
提供捐赠	0.247**	0.586**	0.526**	0.522**	0.619**	0.665**	0.681**	0.546**	1.000	
提供专项支持资金	0.228**	0.596**	0.541**	0.526**	0.621**	0.635**	0.689**	0.574**	0.811**	1.000

注:**表示在 0.01 级别(双尾)相关性显著。

第7章 共生与依赖：企业承担职业教育社会责任的行为规律

表 7-3 企业承担责任的行为程度与校企双方产生共生资源重要性的相关性分析

	企业承担责任的行为程度	培养"双师型"教师和院校专业技术人员能力提升	因承担社会责任较好地扩大地知名度，提高自身社会声誉	促进当地就业政策的实施，为当地解决一定的就业问题	参与研发课程标准、行业标准，增强企业在内的话语权	与院校合作促进员工本地化政策实施	企业对社会责任的经营理念受到社会公众的推崇和认可	合作为社区提供公益服务，得到赞誉和肯定	促进作为兼职教师的企业专业技术人员的知识更新	为员工提供足够的内部培训和在职教育目成效显著	参与生产实习型基地建设，有效促进自身发展	能够更好地研发产品、新技术，提供技术咨询服务	将行业发展的最新知识和技能转化为教学资源，形成行业员工培训课程体系，扩大影响力	获得上级部门的奖励和更多的专项支持	参与人才培养过程，培养适应企业发展的员工
企业承担责任的行为程度	1.000														
培养"双师型"教师和院校专业技术人员能力提升	0.320**	1.000													
因承担社会责任较好地扩大地知名度，提高自身社会声誉	0.309**	0.725**	1.000												
促进当地就业政策的实施，为当地解决一定的就业问题	0.309**	0.774**	0.754**	1.000											

续表

	企业承担责任的行为程度	培养"双师"型教师和院校专业技术人员能力提升	因承担社会责任的行为较好地扩大了知名度，提高自身社会声誉	促进当地就业政策的实施，为当地解决一定的就业问题	参与研发课程标准、行业标准，增强在业内的话语权	与院校合作促进员工本地化政策实施	企业对社会负责的经营理念受到社会公众的推崇和认可	合作为社区提供公益服务，得到赞誉和肯定	促进作为兼职教师的企业专业技术人员的知识更新	为员工提供足够的内部培训和在职教育且成效显著	参与生产实习型基地建设，有效促进自身发展	能够更好地研发新产品、新技术，提供技术咨询服务	将行业发展的最新知识和技能转化为教学资源，形成行业员工培训课程体系，扩大影响力	获得上级部门的奖励和更多的专项支持	参与人才培养过程，培养适应企业发展的员工
参与研发课程标准、行业标准，增强在业内的话语权	0.305**	0.729**	0.830**	0.737**	1.000										
与院校合作促进员工本地化政策实施	0.304**	0.771**	0.769**	0.853**	0.760**	1.000									
企业对社会负责的经营理念受到社会公众的推崇和认可	0.304**	0.758**	0.822**	0.749**	0.823**	0.758**	1.000								
合作为社区提供公益服务，得到赞誉和肯定	0.303**	0.719**	0.839**	0.764**	0.808**	0.766**	0.800**	1.000							

第7章 共生与依赖：企业承担职业教育社会责任的行为规律

续表

	企业承担责任的行为程度	培养"双师型"教师和院校专业技术人员能力提升	因承担社会责任较好地扩大了知名度,提高自身社会声誉	促进当地就业政策的实施,当地解决一定的就业问题	参与研发课程标准、行业标准,增强行业内的话语权	与院校合作促进员工本地化政策实施	企业社会责任的经营理念受到社会公众的推崇和认可	合作为社区提供公益服务,得到赞誉和肯定	促进作为兼职教师的企业专业技术人员的知识更新	为员工提供足够的内部培训和在职教育项目成效显著	参与生产实习型基地建设,有效促进自身发展	能够更好地研发新产品、新技术,提供技术咨询服务	将行业发展的最新知识和技术能转化为教学资源,形成行业员工培训课程体系,扩大影响力	获得上级部门的奖励和更多的专项支持	参与人才培养过程,培养适应企业发展的员工
促进作为兼职教师的企业专业技术人员的知识更新	0.302**	0.797**	0.778**	0.801**	0.771**	0.820**	0.772**	0.747**	1.000						
为员工提供足够的内部培训和在职教育项目成效显著	0.301**	0.822**	0.741**	0.783**	0.742**	0.783**	0.755**	0.737**	0.822**	1.000					
参与生产实习型基地建设,有效促进自身发展	0.300**	0.827**	0.715**	0.751**	0.724**	0.771**	0.726**	0.719**	0.796**	0.825**	1.000				
能够更好地研发新产品、新技术,提供技术咨询服务	0.299**	0.738**	0.807**	0.745**	0.839**	0.762**	0.792**	0.790**	0.755**	0.739**	0.704**	1.000			

续表

	企业承担责任的行为程度	培养"双师型"教师和院校专业技术人员能力提升	因承担社会责任较好地扩大了知名度，提高自身社会声誉	促进当地就业政策的实施，为当地解决一定的就业问题	参与研发课程标准、行业标准，增强行业内的话语权	与院校合作促进员工本地化政策实施	企业对社会负责的经营理念受到社会公众的推崇和认可	合作为社区提供公益服务，得到赞誉和肯定	促进作为兼职教师的企业专业技术人员的知识更新	为员工提供足够的内部培训和在职教育且成效显著	参与生产实习型基地建设，有效促进自身发展	能够更好地研发新产品、新技术，提供技术咨询服务	将行业发展的最新知识和技能转化为教学资源，形成行业员工培训课程体系，扩大影响力	获得上级部门的奖励和更多的专项支持	参与人才培养过程，培养适应企业发展的员工
将行业发展的最新知识和技能转化为教学资源，形成行业员工培训课程体系，扩大影响力	0.297**	0.798**	0.760**	0.827**	0.750**	0.816**	0.784**	0.782**	0.857**	0.827**	0.788**	0.752**	1.000		
获得上级部门的奖励和更多的专项支持	0.295**	0.731**	0.795**	0.727**	0.815**	0.740**	0.825**	0.792**	0.759**	0.720**	0.711**	0.782**	0.761**	1.000	
参与人才培养过程，培养适应企业发展的员工	0.293**	0.801**	0.703**	0.770**	0.693**	0.766**	0.702**	0.699**	0.768**	0.790**	0.812**	0.687**	0.784**	0.694**	1.000

注：**表示在 0.01 级别（双尾）相关性显著。

共生资源中的所有要素均有显著正向影响,且相关性高于自有资源,其中"培养'双师型'教师和院校专业技术人员能力提升"排在首位,属于职业院校直接受益;"参与人才培养过程,培养适应企业发展的员工""为员工提供足够的内部培训和在职教育且成效显著"两个方面排在前三位;"参与生产型实习基地建设,有效促进自身发展""能够更好地研发新产品、新技术,提供技术咨询服务""因承担社会责任较好地扩大了知名度,提高自身社会声誉"排在其次。这表明企业对合作产生资源的重要性的认识越清晰,在人才培养方面承担社会责任的程度就越深入。

7.4.4 企业承担责任的行为程度与政府支持程度的相关性分析

首先分析企业承担职业教育社会责任的行为要素与政府政策支持的相关性。分析结果显示(表7-4),企业承担职业教育社会责任的行为要素与本地政府促进校企合作法规的制定和执行相关各要素均存在正相关关系。企业是否承担职业教育社会责任、是否发布过企业社会责任相关报告、与职业院校合作的内容在社会责任报告中的重要程度,以及企业承担职业教育社会责任的积极作用、承担职业教育社会责任的理念,都与本地政府的政策制定和执行力度存在直接关系。其中,企业是否承担职业教育社会责任、是否发布过企业社会责任相关报告与政府的政策制定及执行情况的相关性相对较低,特别是企业是否承担社会责任与"当地政府对企业承担社会责任过程中的违规行为制定了惩罚措施"相关性最低。这表明,政府对企业承担职业教育社会责任的约束力度不够,同时激励的推动作用也不大,这在行动层面上表现为企业对职业教育社会责任不承担或少承担。

表 7-4　企业承担职业教育社会责任的行为要素与政府政策支持的相关性分析

	本地制定有促进校企合作的法规	本地相关法规可操作性强	本地相关部门有监督，执法能力强	政府制定有激励和优惠政策	当地政府对企业承担社会责任过程中的违规行为制定了惩罚措施
企业是否承担职业教育社会责任	0.111**	0.127**	0.102**	0.107**	0.078**
企业是否发布过企业社会责任相关报告	0.164**	0.151**	0.169**	0.123**	0.175**
与职业院校合作的内容在社会责任报告中的重要程度	0.293**	0.257**	0.301**	0.252**	0.281**
企业承担职业教育社会责任的积极作用	0.466**	0.456**	0.499**	0.421**	0.471**
企业承担职业教育社会责任的理念	0.562**	0.546**	0.561**	0.532**	0.532**

注：**表示在 0.01 级别（双尾）相关性显著。

本地政府促进校企合作的法规及其可操作性、执行力度、激励和优惠政策，包括违规的惩罚，对企业承担职业教育社会责任理念的提升，承担责任所产生的积极作用等认识层面的影响最大，而在行动层面，在是否承担责任、是否发布责任报告和合作内容在责任报告中的重要程度等方面的影响作用不大。

进一步分析企业承担责任的行为程度与政府支持程度的相关性（表 7-5）。将政府对企业承担责任的支持和影响分为内部因素和外部因素，内部因素包括对企业管理者承担责任的决策的影响、对企业的社会声誉提升的影响、对促进生产的影响三个方面；外部因素包括对职业院校的影响、对行业协会的影响、对产业链上的供应商和经销商的影响、针对企业承担责任的激励和奖励政策四个方面。

对相关性进行排序（图 7.4），企业承担责任的行为程度与政府鼓励职业院校积极响应企业行为的相关性最高，政府对职业院校的

第7章 共生与依赖：企业承担职业教育社会责任的行为规律

表 7-5 企业承担责任的行为程度与政府支持程度的相关性分析

	企业承担责任的行为程度	对企业管理者承担责任的决策具有显著影响	对职业院校积极响应企业的行为具有显著影响	对促进行业协会的引领和带动作用具有显著影响	对督促推动产业链上的供应商和经销商共同承担责任具有显著影响	对企业的社会声誉提升具有显著影响	对企业承担责任的专项扶持政策能够有效促进生产	对企业承担责任的激励、奖励能够有效提高企业的积极性和参与程度
企业承担责任的行为程度	1.000							
对企业管理者承担责任的决策有显著影响	0.113**	1.000						
对职业院校积极响应企业的行为有显著影响	0.128**	0.837**	1.000					
对促进行业协会的引领带动作用具有显著影响	0.094**	0.846**	0.849**	1.000				
对督促推动产业链上的供应商和经销商共同承担责任具有显著影响	0.103**	0.844**	0.837**	0.865**	1.000			
对企业的社会声誉提升具有显著影响	0.117**	0.806**	0.804**	0.822**	0.819**	1.000		
对企业承担责任的专项扶持政策能够有效促进生产	0.089**	0.782**	0.796**	0.807**	0.803**	0.853**	1.000	
对企业承担责任的激励、奖励能够有效提高企业的积极性和参与程度	0.108**	0.757**	0.763**	0.805**	0.764**	0.834**	0.867**	1.000

注：** 表示在 0.01 级别（双尾）相关性显著。

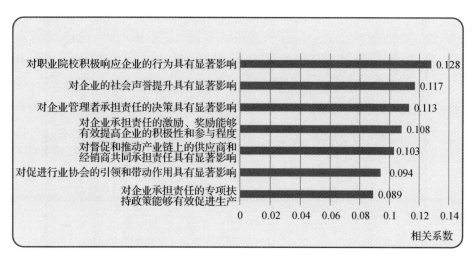

图 7.4 企业承担责任的行为程度与政府支持程度的相关性排序

支持力度越大,企业承担责任的行为程度越深;其次是政府对企业社会声誉提升的影响,对企业管理者承担责任的决策的影响。这表明,一方面企业更愿意与政府支持力度大的职业院校合作,在政府的协调和支持下,企业更容易获得职业院校提供的最优质资源;另一方面企业响应政府号召承担责任,会获得政府更多的专项资金或优惠政策的支持,这是企业更深层次的诉求。政府应加速引导企业管理者承担责任的意识,加大对产教融合型企业,对企业与职业院校合作育人、技术创新、共建生产型实训基地的支持和奖励力度,促进供给侧与需求侧的精准对接。

7.5 校企双方的资源依赖程度比较分析

7.5.1 校企双方自有资源重要性之间的 t 检验

企业承担职业教育社会责任要与职业院校进行组织间的合作与交流,两者之间的合作属于不同性质组织间的战略伙伴关系。组织间关系不是单方面的顺从与服从关系,而是双方拥有并提供对方生存和发展的重要资源,形成资源相互依赖的关系[93]。组织间资源依

第7章 共生与依赖：企业承担职业教育社会责任的行为规律

赖程度的高低对合作关系的影响表现为：较高程度的相互依赖会影响合作关系的结构和过程，因为密切的合作关系促进了非强制力量的运用，避免了冲突，从而维持关系稳定和确保关系的持久性。然而，合作关系还受到依赖程度和依赖结构不对称的制约[94]：如果双方之间依赖程度相近，那么他们就有动力促进合作关系，相反，不对称的依赖结构则会限制双方的生存和发展。深化产教融合的组合式激励政策推动了组织之间的互利共生，是形成对称性互惠共生依赖关系的有力保障。

对校企双方自有资源重要性之间进行 t 检验，结果显示（表7-6），双方提供自有资源的重要性存在显著差异（$P=0.000<0.01$），即企业认为企业提供资源的重要性明显高于院校提供资源的重要性。这说明合作之初，双方是非对称性的依赖结构，也很好地说明了为什么企业不愿意承担职业教育社会责任，企业参与职业教育的合作资源与企业的期待存在偏差。因此，促进企业主体作用的发挥，提高职业院校的办学能力、育人水平和技术创新能力是未来产教融合、校企合作需要突破的地方。党的十八届三中全会以来，政府出台产教融合系列政策，这些利好的政策、措施有效推动和促进了企业主体作用的发挥，同时也促进了职业院校软实力的提升，期待未来职业院校自有资源在企业创新发展中的地位越来越高。

表7-6 校企双方自有资源重要性之间的 t 检验

项目		平均值	个案数	标准偏差	标准误差平均值	t	自由度	P
配对1	院校资源重要性	4.04	1077	0.820	0.025	-5.805	1076	0.000
	企业资源重要性	4.12	1077	0.812	0.025			

7.5.2 校企双方自有资源重要性与共生资源重要性的 t 检验

将校企双方自有资源的重要性与校企合作共生资源的重要性进行 t 检验，结果显示（表 7-7），院校资源重要性与共生资源重要性的检验结果 P=0.000<0.01，说明院校资源的重要性与共生资源的重要性存在显著差异，校企合作共生资源的重要程度比院校提供的自有资源的重要程度显著提高，很好地说明了产教融合、校企合作能够提升职业院校的育人水平、技术创新和社会服务能力，校企合作共生资源的相长性是维系双方紧密合作的基础，也是合作继续深化的关键所在。

表 7-7 校企双方自有资源重要性与共生资源重要性的 t 检验

项目		平均值	个案数	标准偏差	标准误差平均值	t	自由度	P
配对 1	院校资源重要性	4.04	1077	0.820	0.025	−5.136	1076	0.000
	共生资源重要性	4.10	1077	0.815	0.025			
配对 2	企业资源重要性	4.12	1077	0.812	0.025	0.995	1076	0.320
	共生资源重要性	4.10	1077	0.815	0.025			

企业资源重要性在数值上高于共生资源重要性，但是显著性不明显（P>0.01），说明当前校企合作生产的共生资源还不足以促进企业创新发展，人才供给侧及技术创新能力还不能对接产业的需求。在当前一系列从企业端发力的政策推动和影响下，期待未来产业链、教育链、人才链和创新链的全要素融合，为行业企业发展提供有力支撑。当前的数据趋势也呈现了良好的发展态势。新资源的相长性是在整合企业与院校精华资源的条件下产生的，因此，企业和院校对于未来校企双方共同创造的资源非常期待，这是产教融合、互利双赢的基础。

7.5.3 自有资源、共生资源重要性与政府支持和影响的相关性分析

分析结果显示（表7-8），院校资源重要性、企业资源重要性及共生资源重要性显著相关且相关系数较大。其中，企业资源重要性与院校资源重要性具有相关性反映出合作双方看重合作伙伴提供的资源，认为其对自身发展有较好的推动和促进作用，并且可以通过生产要素的重新组合产生更有价值的可利用资源。合作关系建立的基础是双方提供资源对对方的重要性和不可替代性，由于不是所有的样本都有校企合作项目，因此本次调研没有就不可替代性做深入的调查，但合作伙伴相互提供资源的互补程度高、相关程度高，从侧面说明了资源的不可替代性。

表7-8 自有资源、共生资源重要性与政府支持和影响的相关性分析

	院校资源重要性	企业资源重要性	共生资源重要性	政府支持和影响
院校资源重要性	1			
企业资源重要性	0.869**	1		
共生资源重要性	0.879**	0.899**	1	
政府支持和影响	0.810**	0.794**	0.854**	1

注：**表示在0.01级别（双尾）相关性显著。

院校与企业的自有资源重要性与共生资源重要性显著相关，说明企业承担职业教育社会责任的过程中更加需要双方合作共同产生更加适应产业需求的技术技能人才、更多技术创新和技术革新项目、更多教学创新团队人才、服务行业内更多的员工成长等，这些就是共生资源。院校提供的自有资源越重要，企业提供的自有资源就越重要，两者合作产生的共生资源也越重要。对自有资源和共生资源的依赖性很好地表达了院校和企业的共生共赢关系。共生资源是企业承担职业教育社会责任的战略追求。

政府的支持对双方提供重要的自有资源有较大影响，同时对共生资源的影响也很大，且大于对自有资源的影响。政府的支持力度越大，自有资源和共生资源的重要性越高。政府的支持是合作初期双方建立合作关系的基础，也是在合作过程中保证合作成效的核心要素。

7.6 不同属性企业承担职业教育社会责任的资源依赖程度比较分析

7.6.1 不同发展阶段企业的资源依赖程度比较分析

1. 不同发展阶段企业对院校资源重要性认识的差异性比较

处于不同发展阶段的企业对职业院校优质资源的需求，对优质资源重要性的认识存在差异（表7-9）。在提供可参与生产的实习学生这个最重要的资源方面，处于成熟稳定期的企业显著高于成长期和初创期的企业；在提供熟悉企业生产、企业文化的优质毕业生，提供专用性强的线上线下培训课程（定制化培训）和提供专门的招生指标方面，成熟稳定期的企业高于初创期和成长期且有统计学意义（表7-10）。一般地，处于成熟稳定期的企业正在经历由骨干企业向大型或较大型、现代巨型公司或超大型企业的发展演变时期，财务状况比较稳定，企业管理模式已形成，对未来发展有明确的规划，参与职业教育的条件相对成熟。这一阶段的企业需要提升行业内的影响力和话语权，需要有稳定且高质量的人力资源积累，提升员工的能力和水平，愿意并且也有实力承担职业教育社会责任，而且意愿较强，因此这类企业更关注职业院校提供的自有资源为其发展带来的助益。

第7章 共生与依赖：企业承担职业教育社会责任的行为规律

表7-9 不同发展阶段企业对院校资源重要性认识的差异性比较

发展阶段	个案数	平均值	标准偏差	标准误差平均值	平均值的95%置信区间	
					下限	上限
初创期	165	3.91	0.975	0.076	3.76	4.06
成熟稳定期	455	4.09	0.819	0.038	4.02	4.17

多重比较
因变量：院校资源重要性

发展阶段数字（I）	发展阶段数字（J）	平均值差值（I−J）	标准误差平均值	P	95%置信区间	
					下限	上限
初创期	成熟稳定期	−0.180*	0.074	0.015	−0.33	−0.04

注：*表示平均值差值的显著性水平为0.05。

表7-10 不同发展阶段企业对院校资源各要素重要性认识的差异性比较

项目	发展阶段	个案数	平均值	标准偏差	标准误差平均值	F	P
提供专用性强的线上线下培训课程（定制化培训）	初创期	165	3.91	1.075	0.084	2.823	0.038
	成长期	399	4.04	0.893	0.045		
	成熟稳定期	455	4.15	0.879	0.041		
	持续发展期	58	4.05	0.963	0.126		
	总计	1077	4.06	0.923	0.028		
提供专门的招生指标	初创期	165	3.81	1.057	0.082	2.840	0.037
	成长期	399	3.96	0.897	0.045		
	成熟稳定期	455	4.05	0.950	0.045		
	持续发展期	58	3.84	1.005	0.132		
	总计	1077	3.97	0.954	0.029		
提供可参与生产的实习学生	初创期	165	3.95	1.047	0.081	4.262	0.005
	成长期	399	4.16	0.815	0.041		
	成熟稳定期	455	4.22	0.889	0.042		
	持续发展期	58	4.00	0.918	0.120		
	总计	1077	4.14	0.894	0.027		

续表

项目	发展阶段	个案数	平均值	标准偏差	标准误差平均值	F	P
提供熟悉企业生产、企业文化的优质毕业生	初创期	165	4.01	1.042	0.081	3.366	0.018
	成长期	399	4.21	0.827	0.041		
	成熟稳定期	455	4.26	0.873	0.041		
	持续发展期	58	4.14	0.907	0.119		
	总计	1077	4.20	0.890	0.027		

多重比较

因变量	发展阶段数字（I）	发展阶段数字（J）	平均值差值（I-J）	标准误差平均值	P	95%置信区间 下限	95%置信区间 上限
提供专用性强的线上线下培训课程（定制化培训）	成熟稳定期	初创期	0.236*	0.084	0.005	0.07	0.40
提供专门的招生指标	成熟稳定期	初创期	0.234*	0.086	0.007	0.06	0.40
提供可参与生产的实习学生	初创期	成长期	-0.204*	0.082	0.014	-0.37	-0.04
	初创期	成熟稳定期	-0.270*	0.081	0.001	-0.43	-0.11
	成长期	初创期	0.204*	0.082	0.014	0.04	0.37
	成熟稳定期	初创期	0.270*	0.081	0.001	0.11	0.43
提供熟悉企业生产、企业文化的优质毕业生	初创期	成长期	-0.198*	0.082	0.016	-0.36	-0.04
	初创期	成熟稳定期	-0.252*	0.081	0.002	-0.41	-0.09
	成长期	初创期	0.198*	0.082	0.016	0.04	0.36
	成熟稳定期	初创期	0.252*	0.081	0.002	0.09	0.41

注：*表示平均值差值的显著性水平为 0.05。

2. 不同发展阶段企业提供自有资源重要性的差异性比较

在企业发展的前三个阶段，企业所提供的自有资源重要性不断提高，成熟稳定期的企业显著高于成长期的企业，成长期的企业显

第7章 共生与依赖：企业承担职业教育社会责任的行为规律

著高于初创期的企业（表 7-11）。处于持续发展期的企业由于需要重新定位或者处于转型发展的前期，其所提供资源重要性降低，能够很好地解释这一阶段的企业提供资源的能力小于成长期和成熟稳定期的企业的原因。企业发展到一定时期，才有精力和实力参与到职业教育人才培养、文化输出和技术支持中，在提供顶岗实习岗位、就业岗位、生产环境及育人环境、技术支持和服务等方面，成长期、成熟稳定期的企业要显著高于初创期的企业（表 7-12）。因此，促进产教融合的政策一直是在激励有较高水平和实力的成长型或者成熟企业的引领和带动作用。

表 7-11 不同发展阶段企业提供自有资源重要性的差异性比较

发展阶段	个案数	平均值	标准偏差	标准误差平均值	平均值的95%置信区间	
					下限	上限
初创期	165	3.94	0.927	0.072	3.80	4.08
成长期	399	4.14	0.746	0.037	4.06	4.21
成熟稳定期	455	4.16	0.818	0.038	4.09	4.24
持续发展期	58	4.09	0.782	0.103	3.88	4.29
总计	1077	4.12	0.811	0.025	4.07	4.16

多重比较
因变量：企业资源重要性

发展阶段数字（I）	发展阶段数字（J）	平均值差值（I-J）	标准误差平均值	P	95%置信区间	
					下限	上限
初创期	成长期	-0.199*	0.075	0.008	-0.35	-0.05
	成熟稳定期	-0.226*	0.073	0.002	-0.37	-0.08
成长期	初创期	0.199*	0.075	0.008	0.05	0.35
成熟稳定期	初创期	0.226*	0.073	0.002	0.08	0.37

注：*表示平均值差值的显著性水平为0.05。

表 7-12 不同发展阶段企业提供自有资源各要素重要性的差异性比较

项目	发展阶段	个案数	平均值	标准偏差	标准误差平均值	F	P
提供顶岗实习岗位	初创期	165	4.02	1.000	0.078	3.626	0.013
	成长期	399	4.25	0.823	0.041		
	成熟稳定期	455	4.28	0.886	0.042		
	持续发展期	58	4.19	0.907	0.119		
提供就业岗位	初创期	165	4.01	1.030	0.080	4.324	0.005
	成长期	399	4.26	0.821	0.041		
	成熟稳定期	455	4.29	0.869	0.041		
	持续发展期	58	4.21	0.913	0.120		
提供生产环境，营造带有企业文化的育人环境	初创期	165	3.98	1.027	0.080	3.185	0.023
	成长期	399	4.20	0.791	0.040		
	成熟稳定期	455	4.22	0.888	0.042		
	持续发展期	58	4.21	0.833	0.109		
提供技术支持和服务	初创期	165	3.93	0.989	0.077	3.289	0.020
	成长期	399	4.15	0.810	0.041		
	成熟稳定期	455	4.17	0.861	0.040		
	持续发展期	58	4.09	0.884	0.116		

多重比较

因变量	发展阶段数字（I）	发展阶段数字（J）	平均值差值（I−J）	标准错误	P	95%置信区间	
						下限	上限
提供顶岗实习岗位	初创期	成长期	−0.229*	0.082	0.005	−0.39	−0.07
		成熟稳定期	−0.257*	0.080	0.001	−0.41	−0.10
		持续发展期	−0.165	0.135	0.220	−0.43	0.10
提供就业岗位	初创期	成长期	−0.246*	0.082	0.003	−0.41	−0.09
		成熟稳定期	−0.282*	0.080	0.000	−0.44	−0.13
提供生产环境，营造带有企业文化的育人环境	初创期	成长期	−0.214*	0.081	0.008	−0.37	−0.05
		成熟稳定期	−0.238*	0.079	0.003	−0.39	−0.08
提供技术支持和服务	初创期	成长期	−0.217*	0.080	0.007	−0.37	−0.06
		成熟稳定期	−0.238*	0.079	0.003	−0.39	−0.08

注：*表示平均值差值的显著性水平为 0.05。

3. 不同发展阶段企业产生共生资源重要性的差异性比较

初创期的企业在资源整合、人才培养、技术研发和社会服务等方面的水平和能力明显较低,因而其产生共生资源的重要性显著低于成长期、成熟稳定期和持续发展期的企业(表7-13)。具体在人才培养质量提升、生产基地建设、教师团队建设、员工培训成效、培训课程体系建设、员工本地化政策制定、提升社会声誉、技术研发服务、标准建设和提高话语权等方面,随着企业的成长与发展,其产生新资源的能力不断增强(表7-14)。

表7-13 不同发展阶段企业产生共生资源重要性的差异性比较

发展阶段	个案数	平均值	标准偏差	标准误差平均值	平均值的95%置信区间	
					下限	上限
初创期	165	3.92	0.931	0.072	3.78	4.07
成长期	399	4.13	0.757	0.038	4.05	4.20
成熟稳定期	455	4.15	0.819	0.038	4.08	4.23
持续发展期	58	4.09	0.763	0.100	3.88	4.29
总计	1077	4.10	0.815	0.025	4.06	4.15

多重比较
因变量:共生资源重要性

发展阶段数字(I)	发展阶段数字(J)	平均值差值(I-J)	标准误差平均值	P	95%置信区间	
					下限	上限
初创期	成长期	-0.204*	0.075	0.007	-0.35	-0.06
初创期	成熟稳定期	-0.228*	0.074	0.002	-0.37	-0.08
成长期	初创期	0.204*	0.075	0.007	0.06	0.35
成熟稳定期	初创期	0.228*	0.074	0.002	0.08	0.37

注:*表示平均值差值的显著性水平为0.05。

表 7-14　不同发展阶段企业产生共生资源各要素重要性的差异性比较

项目	发展阶段	个案数	平均值	标准偏差	标准误差平均值	F	P
参与人才培养过程，培养适应企业发展的员工	初创期	165	4.03	0.978	0.076	3.579	0.014
	成长期	399	4.21	0.819	0.041		
	成熟稳定期	455	4.29	0.862	0.040		
	持续发展期	58	4.21	0.874	0.115		
参与生产型实习基地建设，有效促进自身发展	初创期	165	3.94	0.986	0.077	3.356	0.018
	成长期	399	4.18	0.808	0.040		
	成熟稳定期	455	4.17	0.882	0.041		
	持续发展期	58	4.07	0.876	0.115		
培养"双师型"教师和院校专业技术人员能力提升	初创期	165	3.94	0.961	0.075	3.274	0.021
	成长期	399	4.17	0.822	0.041		
	成熟稳定期	455	4.17	0.883	0.041		
	持续发展期	58	4.10	0.852	0.112		
为员工提供足够的内部培训和在职教育且成效显著	初创期	165	3.92	1.027	0.080	4.522	0.004
	成长期	399	4.17	0.825	0.041		
	成熟稳定期	455	4.20	0.861	0.040		
	持续发展期	58	4.07	0.856	0.112		
将行业发展最新知识和技能转化为教学资源，形成行业员工培训课程体系，扩大影响力	初创期	165	3.96	0.996	0.078	3.087	0.026
	成长期	399	4.19	0.819	0.041		
	成熟稳定期	455	4.17	0.880	0.041		
	持续发展期	58	4.09	0.844	0.111		
促进作为兼职教师的企业专业技术人员的知识更新	初创期	165	3.90	0.983	0.077	3.571	0.014
	成长期	399	4.14	0.833	0.042		
	成熟稳定期	455	4.15	0.889	0.042		
	持续发展期	58	4.07	0.814	0.107		
与院校合作促进员工本地化政策实施	初创期	165	3.93	0.982	0.076	3.291	0.020
	成长期	399	4.15	0.834	0.042		
	成熟稳定期	455	4.18	0.899	0.042		
	持续发展期	58	4.07	0.876	0.115		

续表

项目	发展阶段	个案数	平均值	标准偏差	标准误差平均值	F	P
因承担社会责任较好地扩大了知名度，提高自身社会声誉	初创期	165	3.87	0.989	0.077	3.247	0.021
	成长期	399	4.08	0.847	0.042		
	成熟稳定期	455	4.13	0.910	0.043		
	持续发展期	58	4.09	0.884	0.116		
能够更好地研发新产品、新技术，提供技术咨询服务	初创期	165	3.87	1.031	0.080	3.155	0.024
	成长期	399	4.09	0.888	0.044		
	成熟稳定期	455	4.12	0.895	0.042		
	持续发展期	58	4.14	0.868	0.114		
参与研发课程标准、行业标准，增强在业内的话语权	初创期	165	3.85	1.016	0.079	3.211	0.022
	成长期	399	4.06	0.880	0.044		
	成熟稳定期	455	4.10	0.920	0.043		
	持续发展期	58	4.09	0.844	0.111		

多重比较

因变量	发展阶段数字（I）	发展阶段数字（J）	平均值差值（I-J）	标准误差平均值	P	95%置信区间 下限	95%置信区间 上限
参与人才培养过程，培养适应企业发展的员工	初创期	成长期	-0.183*	0.080	0.023	-0.34	-0.03
		成熟稳定期	-0.258*	0.079	0.001	-0.41	-0.10
参与生产型实习基地建设，有效促进自身发展	初创期	成长期	-0.236*	0.081	0.004	-0.39	-0.08
		成熟稳定期	-0.228*	0.079	0.004	-0.38	-0.07
培养"双师型"教师和院校专业技术人员能力提升	初创期	成长期	-0.234*	0.081	0.004	-0.39	-0.08
		成熟稳定期	-0.230*	0.079	0.004	-0.39	-0.07
为员工提供足够的内部培训和在职教育且成效显著	初创期	成长期	-0.250*	0.081	0.002	-0.41	-0.09
		成熟稳定期	-0.283*	0.080	0.000	-0.44	-0.13

续表

因变量	发展阶段数字（I）	发展阶段数字（J）	平均值差值（I-J）	标准误差平均值	P	95%置信区间 下限	95%置信区间 上限
将行业发展最新知识和技能转化为教学资源，形成行业员工培训课程体系，扩大影响力	初创期	成长期	-0.230*	0.081	0.005	-0.39	-0.07
		成熟稳定期	-0.216*	0.080	0.007	-0.37	-0.06
促进作为兼职教师的企业专业技术人员的知识更新	初创期	成长期	-0.237*	0.081	0.004	-0.40	-0.08
		成熟稳定期	-0.249*	0.080	0.002	-0.41	-0.09
与院校合作促进员工本地化政策实施	初创期	成长期	-0.217*	0.082	0.008	-0.38	-0.06
		成熟稳定期	-0.245*	0.081	0.002	-0.40	-0.09
因承担社会责任较好地扩大了知名度，提高自身社会声誉	初创期	成长期	-0.207*	0.083	0.013	-0.37	-0.04
		成熟稳定期	-0.253*	0.082	0.002	-0.41	-0.09
能够更好地研发新产品、新技术，提供技术咨询服务	初创期	成长期	-0.215*	0.085	0.011	-0.38	-0.05
		成熟稳定期	-0.246*	0.083	0.003	-0.41	-0.08
		持续发展期	-0.265	0.139	0.057	-0.54	0.01
参与研发课程标准、行业标准，增强在业内的话语权	初创期	成长期	-0.212*	0.085	0.013	-0.38	-0.05
		成熟稳定期	-0.255*	0.083	0.002	-0.42	-0.09

注：*表示平均值差值的显著性水平为0.05。

7.6.2 不同规模企业的资源依赖程度比较分析

1. 不同规模企业对院校资源重要性认识的差异性比较

不同规模的企业对职业院校自有优质资源的需求、对优质资源重要性的认识存在差异（表7-15）。大型企业比小微型企业更加看重生产型、共享型实训基地建设，专门的招生指标，以及提供可参与生产的实习学生三个方面的优质资源。专门的招生指标是企业与院

第7章 共生与依赖：企业承担职业教育社会责任的行为规律

校合作的订单式、专门化的人才培养，用于企业作为主体办学的优质资源，这对合作企业来讲尤为重要。当然，企业是否具有实力获得指标共同办学，需要院校与企业对合作的相互认同和协商。企业参与到职业院校实质性的运行中，需要投入更多的精力、更多的资源进行运营管理，因此从总体看来，这三种资源的责任力度更大，同时对企业的挑战性较大，但资源重要性相对较低。大型企业、行业龙头企业有实力、有能力接收优秀学生实习，也更加愿意建设生产型、共享型实训基地，并且更加愿意担负起与职业院校合作为行业培育人才的重任，同时，企业发展到一定规模，需要在行业内的话语权和影响力，因此也更加愿意承担职业教育社会责任。

表 7-15 不同规模企业对院校资源各要素重要性认识的差异性比较

项目	规模	个案数	平均值	标准偏差	标准误差平均值	F	P
提供生产型、共享型实训基地，可用于生产和品牌宣传	微型	206	3.86	1.027	0.072	3.061	0.027
	小型	332	4.05	0.895	0.049		
	中型	246	4.08	0.929	0.059		
	大型	293	4.10	0.844	0.049		
	总计	1077	4.03	0.919	0.028		
提供专门的招生指标	微型	206	3.76	1.031	0.072	4.416	0.004
	小型	332	4.00	0.911	0.050		
	中型	246	3.99	0.981	0.063		
	大型	293	4.06	0.903	0.053		
	总计	1077	3.97	0.954	0.029		
提供可参与生产的实习学生	微型	206	4.01	0.970	0.068	2.796	0.039
	小型	332	4.12	0.879	0.048		
	中型	246	4.16	0.914	0.058		
	大型	293	4.25	0.828	0.048		
	总计	1077	4.14	0.894	0.027		

续表

多重比较							
因变量	行业规模数字（I）	行业规模数字（J）	平均值差值（I−J）	标准误差平均值	P	95%置信区间	
						下限	上限
提供生产型、共享型实训基地，可用于生产和品牌宣传	微型	小型	−0.184*	0.081	0.024	−0.34	−0.02
		中型	−0.213*	0.087	0.014	−0.38	−0.04
		大型	−0.235*	0.083	0.005	−0.40	−0.07
	小型	微型	0.184*	0.081	0.024	0.02	0.34
	中型	微型	0.213*	0.087	0.014	0.04	0.38
	大型	微型	0.235*	0.083	0.005	0.07	0.40
提供专门的招生指标	微型	小型	−0.240*	0.084	0.004	−0.40	−0.07
		中型	−0.235*	0.090	0.009	−0.41	−0.06
		大型	−0.301*	0.086	0.001	−0.47	−0.13
	小型	微型	0.240*	0.084	0.004	0.07	0.40
	中型	微型	0.235*	0.090	0.009	0.06	0.41
	大型	微型	0.301*	0.086	0.001	0.13	0.47
提供可参与生产的实习学生	微型	大型	−0.231*	0.081	0.004	−0.26	0.05
	大型	微型	0.231*	0.081	0.004	0.07	0.39

注：*表示平均值差值的显著性水平为 0.05。

2. 不同规模企业提供自有资源重要性的差异性比较

在企业提供的自有资源的重要性方面，不同规模的企业在提供顶岗实习岗位、就业岗位及生产环境和带有企业文化的育人环境三个方面呈现显著性差异，大中型企业的资源重要程度高于微型企业（表 7-16）。企业规模大，生产设备先进，能够吸引更多的人力资本投入，因而大型企业提供的实习和就业岗位是最优的资源，就业岗位重要性最高。大型企业提供专业技术人员的重要性高于小微型企业的专业技术人员，也表明大型企业的技术技能积累水平高于小微型企业,其专业技术人员所承载的知识和技能高于小微型企业。新时期,产业转型升级,有些新兴的创新型企业规模虽小,但发展势头良好,其专业技术人员做兼职教师能够及时将行业企业中的新技术、新工艺、新规范转化为教学资源,进入人才培养供应链中。

表7-16 不同规模企业提供自有资源各要素重要性的差异性比较

项目	规模	个案数	平均值	标准偏差	标准误差平均值	F	P
提供顶岗实习岗位	微型	206	4.05	0.943	0.066	4.398	0.004
	小型	332	4.20	0.866	0.048		
	中型	246	4.27	0.923	0.059		
	大型	293	4.33	0.818	0.048		
提供专业技术人员做兼职教师	微型	206	3.97	0.947	0.066	2.494	0.059
	小型	332	4.06	0.947	0.052		
	中型	246	4.09	0.977	0.062		
	大型	293	4.19	0.836	0.049		
提供就业岗位	微型	206	4.08	0.926	0.064	3.968	0.008
	小型	332	4.20	0.883	0.048		
	中型	246	4.28	0.879	0.056		
	大型	293	4.34	0.848	0.050		
提供生产环境,营造带有企业文化的育人环境	微型	206	4.04	0.915	0.064	3.091	0.026
	小型	332	4.17	0.875	0.048		
	中型	246	4.16	0.893	0.057		
	大型	293	4.28	0.826	0.048		

3. 不同规模企业产生共生资源重要性的差异性比较

大中型企业对共生资源重要性的认识要高于小微型企业(表7-17)。大中型企业实力强,在行业中的话语权和影响力大,在承担职业教育社会责任过程中对院校的影响和支持力度大,更能够在人才培养及稳定劳动市场就业方面有显著的成果，同时企业也会进一步获得知名度和社会声誉的提升。数据显示（表 7-18），在合作共生资源中，培养适应企业发展的员工、师资团队水平提升、促进员工本地化政策实施、扩大知名度和提高自身社会声誉提高四个方面，大中型企业的资源重要程度显著高于微型企业，大型企业高于小型企业。

在参与生产型实习基地建设促进自身发展、促进当地就业政策的实施、获得上级部门的奖励和更多的专项支持三个方面，大型企业高于微型企业，这也说明大型企业更加关注实习基地中的生产要素，促进稳就业、获得政府的推动和奖励是大型企业所追求的社会效益。

表 7-17 不同规模企业产生共生资源重要性的差异性比较

规模	个案数	平均值	标准偏差	标准误差平均值	F	P
微型	206	55.66	12.107	0.844		
小型	332	57.35	11.616	0.637		
中型	246	57.53	11.286	0.720	3.096	0.026
大型	293	58.80	10.604	0.619		
总计	1077	57.46	11.404	0.348		

表 7-18 不同规模企业产生共生资源各要素重要性的差异性比较

项目	规模	个案数	平均值	标准偏差	标准误差平均值	F	P
参与人才培养过程，培养适应企业发展的员工	微型	206	4.05	0.941	0.066		
	小型	332	4.18	0.869	0.048	4.608	0.003
	中型	246	4.27	0.864	0.055		
	大型	293	4.32	0.803	0.047		

第 7 章 共生与依赖：企业承担职业教育社会责任的行为规律

续表

项目	规模	个案数	平均值	标准偏差	标准误差平均值	F	P
参与生产型实习基地建设，有效促进自身发展	微型	206	4.00	0.903	0.063	2.980	0.031
	小型	332	4.13	0.870	0.048		
	中型	246	4.13	0.906	0.058		
	大型	293	4.23	0.824	0.048		
培养"双师型"教师和院校专业技术人员能力提升	微型	206	3.98	0.918	0.064	4.567	0.003
	小型	332	4.10	0.891	0.049		
	中型	246	4.16	0.864	0.055		
	大型	293	4.26	0.816	0.048		
促进当地就业政策的实施，为当地解决一定的就业问题	微型	206	4.00	0.911	0.063	2.662	0.047
	小型	332	4.14	0.882	0.048		
	中型	246	4.14	0.906	0.058		
	大型	293	4.23	0.822	0.048		
与院校合作促进员工本地化政策实施	微型	206	3.99	0.913	0.064	2.693	0.005
	小型	332	4.11	0.905	0.050		
	中型	246	4.16	0.887	0.057		
	大型	293	4.21	0.853	0.050		
因承担社会责任较好地扩大了知名度，提高自身社会声誉	微型	206	3.91	0.943	0.066	4.110	0.007
	小型	332	4.04	0.909	0.050		
	中型	246	4.08	0.940	0.060		
	大型	293	4.19	0.811	0.047		
获得上级部门的奖励和更多的专项支持	微型	206	3.91	0.951	0.066	2.684	0.045
	小型	332	4.05	0.907	0.050		
	中型	246	4.02	0.932	0.059		
	大型	293	4.14	0.855	0.050		

7.6.3 校企合作与否企业的资源依赖程度比较分析

参与校企合作与未参与校企合作的企业对院校资源重要性、企业资源重要性及共生资源重要性的认识不同。数据显示（表 7-19 和表 7-20），参与校企合作的企业，其对于院校资源重要性、企业资源重要性及共生资源重要性的认识均显著高于未参与校企合作的企业。这进一步说明参与合作的校企双方对优质资源的认识和需求较高，也表明有合作项目的企业对合作中共生资源重要性的体会比没有合作项目的企业要深刻。共生资源各要素重要性的比较如图 7.5 所示。

表 7-19　校企合作与否企业对自有资源和共生资源重要性认识的分组统计

项目	是否有校企合作	个案数	平均值	标准偏差	标准误差平均值
院校资源重要性	是	697	4.10	0.789	0.030
	否	380	3.93	0.864	0.044
企业资源重要性	是	697	4.12	0.766	0.029
	否	380	3.91	0.852	0.044
共生资源重要性	是	697	4.18	0.776	0.029
	否	380	3.97	0.866	0.044

表 7-20　校企合作与否企业对自有资源和共生资源重要性认识的 t 检验

项目	假定/不假定等方差	F	显著性	t	自由度	P	平均值差值	标准误差差值
院校资源重要性	假定等方差	4.289	0.039	3.289	1075.000	0.001	0.171	0.052
	不假定等方差			3.203	721.132	0.001	0.171	0.053
企业资源重要性	假定等方差	6.056	0.014	4.151	1075.000	0.000	0.211	0.051
	不假定等方差			4.023	711.225	0.000	0.211	0.052
共生资源重要性	假定等方差	2.803	0.094	4.003	1075.000	0.000	0.207	0.051
	不假定等方差			3.877	710.011	0.000	0.207	0.052

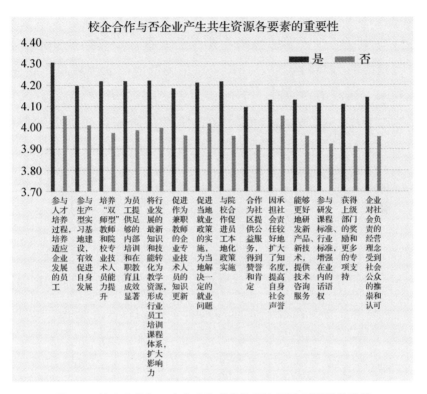

图 7.5　校企合作与否企业产生共生资源各要素重要性的比较

7.6.4　政府对不同属性企业承担责任的影响作用比较分析

1. 政府对不同规模企业的影响作用比较分析

在企业承担职业教育社会责任的行为表现影响因素中，法规制定及其可操作性、部门监督执法能力、政府的激励和优惠政策、有专门的机构和人员管理、行业协会的作用、消费者的认同、公众的认可、获得更大的发展平台、行业企业的话语权、职业院校的助力、企业领导和员工的影响力、作为战略发展策略、企业有支持规划和制度等方面，不同规模企业存在明显差异（表 7-21）。其中，政府制定有激励和优惠政策、获得更大的发展平台、作为战略发展策略、企业有支持规划和制度方面对中型企业来讲更为重要，对企业进步和可持续发展具有更加深刻的意义。小型企业则更加关注通过合作参与所获得的公众的认可，为其扩张发展带来市场份额和声誉提升。总体看来，在政府对企业的影响作用中，政府的法规制定、操作程度和执行力度，以及行业协会和职业院校的影响，对于大中型企业以及在战略发展中产教融合意愿强烈的企业影响明显。

表7-21　不同规模企业承担职业教育社会责任的行为表现影响因素作用的比较分析

项目	企业规模	个案数	平均值	标准偏差	标准误差平均值	F	P
本地制定有促进校企合作的法规	微型	206	3.78	1.048	0.073	4.671	0.003
	小型	332	3.96	0.987	0.054		
	中型	246	4.08	0.970	0.062		
	大型	293	4.08	0.919	0.054		
本地相关法规可操作性强	微型	206	3.76	1.045	0.073	4.550	0.004
	小型	332	3.90	0.998	0.055		
	中型	246	4.03	0.979	0.062		
	大型	293	4.05	0.916	0.054		
本地相关部门有监督，执法能力强	微型	206	3.70	1.047	0.073	5.228	0.001
	小型	332	3.92	1.001	0.055		
	中型	246	4.00	1.002	0.064		
	大型	293	4.04	0.900	0.053		
政府制定有激励和优惠政策	微型	206	3.93	1.068	0.074	2.967	0.031
	小型	332	4.09	0.962	0.053		
	中型	246	4.18	0.939	0.060		
	大型	293	4.15	0.946	0.055		

第 7 章 共生与依赖：企业承担职业教育社会责任的行为规律

续表

项目	企业规模	个案数	平均值	标准偏差	标准误差平均值	F	P
有专门的机构和人员负责社会责任管理	微型	206	3.73	1.096	0.076	3.743	0.011
	小型	332	3.88	0.995	0.055		
	中型	246	4.01	0.948	0.060		
	大型	293	3.98	0.893	0.052		
行业协会的引领带动作用大	微型	206	3.75	1.061	0.074	2.769	0.041
	小型	332	3.93	0.970	0.053		
	中型	246	3.96	1.003	0.064		
	大型	293	3.99	0.927	0.054		
消费者会认同与院校有合作的企业	微型	206	3.68	1.037	0.072	2.581	0.050
	小型	332	3.83	0.925	0.051		
	中型	246	3.88	0.999	0.064		
	大型	293	3.92	0.914	0.053		
公众对企业负责任地对待与职业院校合作的行为非常赞赏	微型	206	3.76	1.011	0.070	2.937	0.032
	小型	332	3.95	0.878	0.048		
	中型	246	3.93	0.987	0.063		
	大型	293	4.01	0.905	0.053		
参与合作的企业能够在更大的平台上发展	微型	206	3.79	1.055	0.073	4.242	0.005
	小型	332	3.98	0.884	0.049		
	中型	246	4.09	0.933	0.059		
	大型	293	4.08	0.870	0.051		
参与合作的企业会在行业协会内有话语权	微型	206	3.71	1.050	0.073	4.242	0.005
	小型	332	3.84	0.921	0.051		
	中型	246	3.91	0.988	0.063		
	大型	293	4.01	0.874	0.051		

续表

项目	企业规模	个案数	平均值	标准偏差	标准误差平均值	F	P
职业院校为企业业务发展带来助力	微型	206	3.86	0.983	0.069	4.886	0.002
	小型	332	4.04	0.901	0.049		
	中型	246	4.12	0.916	0.058		
	大型	293	4.16	0.844	0.049		
领导、员工接受的社会责任教育对企业有很强的影响力	微型	206	3.78	1.015	0.071	6.397	0.000
	小型	332	4.01	0.900	0.049		
	中型	246	4.09	0.881	0.056		
	大型	293	4.12	0.832	0.049		
是企业战略发展需求，承担责任可以获得更多的优质资源	微型	206	3.78	1.039	0.072	6.048	0.000
	小型	332	4.03	0.877	0.048		
	中型	246	4.11	0.874	0.056		
	大型	293	4.09	0.846	0.049		
企业安排有支持承担相应责任的规划和制度	微型	206	3.80	0.981	0.068	4.922	0.002
	小型	332	3.96	0.885	0.049		
	中型	246	4.08	0.884	0.056		
	大型	293	4.08	0.884	0.052		

2. 政府对不同发展阶段企业的影响作用比较分析

政府对不同发展阶段企业的影响作用的差异性体现在制定有促进校企合作的法规、相关法规可操作性强、相关部门的监督执法能力强、有专门的机构和人员管理、职业院校的助力、企业领导和员工的影响力六个方面（表7-22）。其中，法规的可操作性和执行力度的影响作用的差异性表现为对成长期、成熟稳定期和持续发展期企业的影响均高于初创期企业，其他项目的表现为成长期、成熟稳定期企业高于初创期企业。产教融合政策推动的重点即处于成长期和成熟稳定期的企业。

第7章 共生与依赖：企业承担职业教育社会责任的行为规律

表 7-22 不同发展阶段企业承担职业教育社会责任的行为表现影响因素作用的比较分析

项目	发展阶段	个案数	平均值	标准偏差	标准误差平均值	F	P
本地制定有促进校企合作的法规	初创期	165	3.75	1.086	0.085	4.069	0.007
	成长期	399	4.01	0.943	0.047		
	成熟稳定期	455	4.05	0.968	0.045		
	持续发展期	58	3.98	0.964	0.127		
本地相关法规可操作性强	初创期	165	3.67	1.089	0.085	5.404	0.001
	成长期	399	3.97	0.933	0.047		
	成熟稳定期	455	4.00	0.991	0.046		
	持续发展期	58	4.07	0.876	0.115		
本地相关部门有监督，执法能力强	初创期	165	3.65	1.086	0.085	5.257	0.001
	成长期	399	3.94	0.955	0.048		
	成熟稳定期	455	4.00	0.978	0.046		
	持续发展期	58	4.02	0.927	0.122		
有专门的机构和人员负责社会责任管理	初创期	165	3.72	1.136	0.088	2.921	0.033
	成长期	399	3.93	0.935	0.047		
	成熟稳定期	455	3.97	0.952	0.045		
	持续发展期	58	3.83	1.011	0.133		
职业院校为企业业务发展带来助力	初创期	165	3.90	1.045	0.081	2.649	0.048
	成长期	399	4.04	0.856	0.043		
	成熟稳定期	455	4.12	0.902	0.042		
	持续发展期	58	4.12	0.900	0.118		
领导、员工接受的社会责任教育对企业有很强的影响力	初创期	165	3.82	1.043	0.081	3.139	0.025
	成长期	399	4.03	0.860	0.043		
	成熟稳定期	455	4.07	0.893	0.042		
	持续发展期	58	4.03	0.878	0.115		

7.7 企业承担职业教育社会责任行为程度的回归分析

进一步对企业承担责任的行为程度做回归分析。设置模型自变量：企业承担职业教育社会责任的消极作用；合作为所在社区提供公益服务，得到赞誉和肯定；政府应对不承担职业教育社会责任的企业进行一定的惩罚；本地相关部门有监督，执法能力强；参与合作的企业会在行业协会内有话语权；职业院校为企业业务发展带来助力；企业安排有支持承担相应责任的规划和制度；参与校企合作；开展学徒制；企业规模。回归分析结果见表7-23和表7-24。从表7-23可以看出，模型R^2为0.426，表明自变量可以解释企业承担责任行为程度42.6%的变化原因；对模型进行F检验，得$F=26.812$，$P=0.000$，说明至少一个自变量会对模型满意度产生影响关系。结合回归系数（表7-24）对比分析自变量对因变量的影响程度（B值为正说明自变量对因变量有正向影响，为负则说明有反向影响），模型中七个自变量的B值为正，分别为0.088、0.065、0.057、0.153、0.101、0.183和0.048，说明这七个自变量对因变量呈现出显著的正向影响关系，即企业承担责任的行为程度与校企服务社区能力、政府惩罚制度、政府执法能力、企业规划和制度、是否合作、是否开展学徒制和企业规模显著相关，这些因素的作用效果越强，企业承担责任的行为程度越大。企业承担责任行为程度的回归方程为

$$Y_{企业承担责任的行为程度} = 0.088 X_{校企服务社区能力} + 0.065 X_{政府惩罚制度} + 0.057 X_{政府执法能力}$$
$$+ 0.153 X_{企业规划和制度} + 0.101 X_{是否合作}$$
$$+ 0.183 X_{是否开展学徒制} + 0.048 X_{企业规模} + 3.566$$

第7章 共生与依赖：企业承担职业教育社会责任的行为规律

表 7-23 模型摘要

模型	R	R^2	调整后 R^2	标准估算的错误	F	自由度 1	自由度 2	P
1	0.653	0.426	0.193	0.514	26.812	10	1066	0.000

表 7-24 回归系数

自变量	未标准化系数		标准化系数	t	P
	B	标准误差平均值	β		
（常量）	3.566	0.089	—	40.235	0.000
企业承担职业教育社会责任的消极作用	−0.005	0.001	−0.099	−3.491	0.001
合作为所在社区提供公益服务，得到赞誉和肯定	0.088	0.027	0.143	3.239	0.001
政府应对不承担职业教育社会责任的企业进行一定的惩罚	0.065	0.017	0.134	3.744	0.000
本地相关部门有监督，执法能力强	0.057	0.025	0.099	2.266	0.024
参与合作的企业会在行业协会内有话语权	−0.067	0.033	−0.112	−2.033	0.042
职业院校为企业业务发展带来助力	−0.090	0.038	−0.144	−2.366	0.018
企业安排有支持承担相应责任的规划和制度	0.153	0.041	0.243	3.777	0.000
参与校企合作	0.101	0.037	0.084	2.730	0.006
开展学徒制	0.183	0.036	0.158	5.095	0.000
企业规模	0.048	0.015	0.091	3.143	0.002

7.8 本章小结

企业与职业院校分属不同性质的组织,两者之间合作关系的建立与维系的根本在于企业自身成长和发展的需要。企业的存在与发展依赖于资源及其获得和保持资源的能力。企业在选择承担社会责任时会按照利益相关者对企业的影响力及其对企业的关注度进行识别,企业对重要利益相关者的资源依赖性是企业社会责任产生的本源,企业承担社会责任不仅依赖于可获得、可再生产的资源本身,还依赖于由资源所产生的资源依赖关系和依赖结构。

校企双方合作,是两个不同性质的组织在合作中追求互助共生、关系的稳定性和保持各自的自主性。因此,产教融合、互利共赢,构建命运共同体的校企合作关系,其本质是构建对称性互惠共生的依赖关系。企业生存与发展所依赖的资源是从特定物质资源和人力资源到众多资源的集合,所有资源中,企业最关注的是能够为企业提供可持续竞争优势的关键性资源,资源依赖基础上的企业契约关系推动着企业主动承担社会责任。资源的贡献率、相长性和稀缺性决定了企业承担社会责任的选择,企业对社会责任的配置要考虑这三点。

(1) 校企合作产生的共生资源的重要性普遍高于校企各自提供的自有资源的重要性。企业认为职业院校提供的重要资源首先是能够对接工作岗位的学生,其次是针对现有员工技能提升的培训和技术研发创新。企业提供的最重要的资源是培养人才所需要的就业岗位和实习岗位,其次是真实的生产环境、企业文化育人环境,以及技术支持和服务、专业技术人员、社会关系。企业最为看重的共生资源是通过参与人才培养过程,培养的适应企业发展的员工,其次是促进当地的就业政策,为当地解决一定的就业问题。三类资源重

第7章 共生与依赖：企业承担职业教育社会责任的行为规律

要程度的比较，进一步说明企业承担职业教育社会责任的战略目标是获得自身发展所需的人才、技术研发支持。

（2）职业院校提供的自有资源越重要，企业越愿意参与职业教育，承担责任的行为程度就会越高；企业提供的自有资源对职业院校越重要，说明企业参与职业教育的积极性和参与程度越高，承担责任的行为就越深入。企业承担责任的行为程度与共生资源中的所有要素均有显著正向影响，说明校企双方产生的共生资源越重要，企业参与职业教育的积极性和参与程度越高，承担责任的行为就越深入。其中培养"双师型"教师和院校专业技术人员能力提升排在首位，属于职业院校直接受益的资源，培养合适的员工、为员工提供足够的内部培训和在职教育且成效显著两个方面排在前三位，这也说明企业对共生资源重要性的认识越清晰，承担责任的行为就越深入，同时也说明职业院校为企业提供优质资源的能力在提升，提供的资源对企业的重要程度在提高，越能够激发企业主动、全面承担职业教育社会责任的积极性。在职业院校提供的自有资源中，直接收益型资源来自职业院校的基本属性，而技术创新型资源是职业院校人才培养水平、社会服务能力提升的关键要素，也是特色高水平院校建设的核心要素。

（3）合作之初，职业院校与企业提供自有资源重要性的差异显著，双方是非对称性的依赖结构；合作关系建立后，校企合作产生的共生资源的重要程度比职业院校和企业提供的自有资源重要程度显著提高，很好地说明了资源的相长性。资源的相长性是维系校企双方紧密合作的基础。成长性的新资源是整合了合作双方的优质资源，在新的组织平台上对知识、技术和设备等要素进行流程再造，进而在人才培养、技术研发、社会服务、创新创业等方面产生的支持组织可持续发展的新资源，这是产教融合、互利双赢的基础，也是形成产教融合命运共同体的根本动因所在。

（4）职业院校和企业提供的自有资源重要性及共生资源重要性显性相关，自有资源互补程度越高，共生资源重要性也越高。合作双方看重对方提供的自有资源对自身发展的作用，院校提供的资源越重要，企业就更加愿意承担职业教育社会责任，提供自己的优质资源参与到合作中。合作伙伴相互提供资源的互补程度越高，共生资源的重要性也就越高。校企合作关系建立的基础是双方提供资源对对方的重要性和不可替代性。

（5）与处于成长期和初创期的企业相比，处于成熟稳定期的企业更加关注职业院校在提供可参与生产的实习学生和提供熟悉企业生产、企业文化的优质毕业生这两个最重要的资源方面的能力。在企业发展的前三个阶段，企业所提供的自有资源重要性不断提高，成熟稳定期的企业显著高于成长期的企业，成长期的企业显著高于初创期的企业。初创期的企业在资源整合、人才培养、技术研发和社会服务等方面的水平和能力显著低于其他阶段的企业，因而，其产生共生资源的重要程度显著低于成长期、成熟稳定期和持续发展期的企业。

（6）大型企业更看重职业院校提供的生产型、共享型实训基地建设、专门的招生指标、提供可参与生产的实习学生三个方面的优质资源；不同规模的企业提供实习岗位、就业岗位、生产环境三个方面优质资源的能力差异性显著，大中型企业的资源重要性高于微型企业；在合作共生资源中，培养适应企业发展的员工、师资团队水平提升、促进员工本地化政策实施、扩大知名度和提高自身社会声誉四个方面，大中型企业明显高于微型企业，大型企业高于小型企业。企业规模大，生产设备先进，在承担职业教育社会责任方面具有较大的影响，且提供自有资源、整合资源、创造资源的能力强，水平高。在当前深化产教融合的大背景下，政府及各部门应充分发挥大型企业、龙头企业在行业内的示范和引领作用，系统设计培育

第7章 共生与依赖：企业承担职业教育社会责任的行为规律

一批产教融合型城市、产教融合型行业和产教融合型企业，在产教融合中形成人才培养共同体、技术技能积累共同体、社会服务共同体，带动中小微企业积极承担职业教育社会责任，获得更多创新发展的优质资源。

（7）从政治、经济、文化、科技等诸多方面创造条件，厚植企业承担职业教育社会责任的社会环境。《中华人民共和国职业教育法》《中华人民共和国公司法》中应明确对不承担社会责任的行为的惩罚措施，并加大执法部门的监督执法力度；要求企业制定承担社会责任的规划，并将企业规划、参与开展职业教育的情况纳入企业社会责任报告；每年对企业社会责任报告中的职业教育情况进行排名，将结果融入产教融合型企业评价指标体系，并将其作为真抓实干成效明显地区评选的支撑材料；在科技项目支撑、文化引领促进和产业发展支持项目中，逐步加大对校企合作项目的支持力度，支持大型企业的参与，提高合作项目的社区服务能力，创新学徒制人才培养模式，扩大在行业协会中的影响，形成良好的支持和激励环境，带动产业链内企业共同参与职业教育的社会氛围。

第 8 章
探索与成长：企业职业教育社会责任评价

　　培养与产业转型升级相适应的高素质劳动者是世界各国应对金融危机、支撑实体经济发展的战略选择。新时期，我国经济社会发展对高端技术技能人才的需求不断升温，高端技术技能人才已经成为国家产业结构转型升级的关键要素，关乎我国在国际合作与分工中的具体位置与角色任务。从企业端发力促进和推动企业承担职业教育社会责任，深化产教融合成为国家层面深化体制机制改革，推动高质量建设发展的战略重点。这其中，不仅要关注企业对责任诉求的回应，而且要更加注重企业承担职业教育社会责任的成效。

　　2017年12月，国务院办公厅印发的《关于深化产教融合的若干意见》中提出要开展产教融合建设试点，"根据国家区域发展战略和产业布局，支持若干有较强代表性、影响力和改革意愿的城市、行业、企业开展试点。在认真总结试点经验的基础上，鼓励第三方开展产教融合型城市和企业建设评价，完善支持激励政策"，同时提出要健全社会第三方评价，"积极支持社会第三方机构开展产教融合效能评价，健全统计评价体系。强化监测评价结果运用，作为绩效考核、投入引导、试点开展、表彰激励的重要依据"。从空间和行政区域管理层面统筹产教融合在城市、行业和企业中的实施和定位，这是一项具有重要意义的创新举措，标志着国家对产教融合的促进和激励政策开始真正从企业端发力，同时配套开展产教融合型城市和企业建设评价，通过产教融合效能评价，完善激励政策，推动企业参与，并将其作为对企业进行表彰激励的重要依据。与之相应地，2019年3月，发改委、教育部发布的《建设产教融合型企业实施办法（试行）》明确提出产教融合型企业的内涵定义，即"深度参与产教融合、校企合作，在职业院校、高等学校办学和深化改革中发挥重要主体作用，行为规范、成效显著，创造较大社会价值，对提升技术技能人才培养质量，增强吸引力和竞争力，具有较强带动引领示范效应的企业"，并要求在国家产教融合建设试点中统筹推进产教融合型企业建设，提出产教融合型企业的建设培育条件、认证标准和评价办法。办法不仅描述了产教融合型企业承担职业教育社会责任的成效，而且体现了国家层面上推动产教融合深化对《关于推动高质量发展的意见》中"加快创建和完善制度环境，协调建立高质量发展的指标体系、政策体系、标准体系、统计体系、绩效评价和政绩考核办法"的渗透和落实。加快研究制定制造业、高技术产业、服务业，以及基础设施、公共服务等重点领域高质量发展政策，带动引领产教融合高质量发展，需要将对产教融合型企业的认定聚焦到企业承担职业教育社会责任的行为和绩效评价上。

因此，本章关注并研究了企业职业教育社会责任的绩效评价，探讨了企业承担职业教育社会责任的理念、承担责任的行为程度与企业绩效之间的关系，以期对产教融合型企业进行具体描述，提出产教融合型企业的评价指标体系，为产教融合型行业、产教融合型城市建设提供有力支撑。

8.1 校企合作的成效评价研究

文献显示,很多研究以利益相关者理论对校企合作的成效进行了深入分析。该理论能够很好地解释企业优先选择承担的社会责任,以及所承担社会责任的内容和程度等。在产教融合的开展过程中,各利益相关者均对产教融合的结果有一定的利益需求,并且希望其能满足自身的利益需求。产教融合的发展是以实现各利益相关者的利益需求为导向的,它需要同时并且同等地照顾到全部利益相关者的利益需求[95]。但是在时间、资源有限的条件下,不能周到地考虑到全部的利益相关者。另有一些研究采用博弈论来分析校企合作的成效。博弈论的先决条件是成员追求各自利益的最大化,可以牺牲组织的最大化利益。而院校与企业的合作期待多方共赢,照顾到每一个利益相关者的利益需求,他们能均衡地获取各自的利益,实现组织的最大化利益。可见,以博弈论来研究校企合作的成效,显然与实际不符。也有学者运用共生理论研究的成效,共生模式是系统内各成员间在形成稳定并且长久保持的关系下,相互和谐作用的一种方式。共生理论是指导组织追求长期、稳定状态的理论,适用于已经度过了探索期,可以稳步经营的组织。对于处在不断推进中的产教融合来说,组织双方尚处于探索期,双方的责任和运行机制尚不稳定、不成熟,面临着内外部环境的各种考验,需要动态地掌握利益相关者的利益需求,了解各方责任实现情况,推动利益相关者积极参与产教融合。

相关研究表明,企业承担社会责任对企业绩效影响的研究较多,但更多关注的是企业的财务绩效,对企业在盈利之外的其他方面的提升关注不多;在关于校企合作成效的研究中,将院校作为研究对象或者关注校企合作项目本身目标实现的程度等方面的研究较多,对企业的影响方面的研究少；未见企业承担职业教育社会责任的认知程度、行为程度等对企业绩效影响的相关研究。

8.2 企业职业教育社会责任评价的理论基础

企业职业教育社会责任行为会导致很多结果，对企业绩效的影响是最重要的结果之一。在前面对企业承担职业教育社会责任的认识和行为规律进行研究的基础上，本章分析企业职业教育社会责任成熟度对企业绩效的影响，以进一步细化产教融合型企业的内涵、特征。

8.2.1 相关概念

1. 企业职业教育社会责任成熟度

企业社会责任能力成熟度是企业实现社会责任目标或构想所具有的知识、技能和意愿水平的综合度量。企业社会责任能力成熟度是衡量单个企业社会责任管理水平的综合性指标，受到企业承担社会责任的意愿、投入多少和制度安排的影响，并通过企业的社会责任管理、实践、传播行为表现出来，行为结果即企业社会责任结果性绩效，反映出能力成熟度水平。企业社会责任能力成熟度可划分为无能级、弱能级、本能级、强能级和超能级五个等级。对于任何特定个体企业来说，社会责任构想、社会责任政策、社会责任实践和社会责任管理，实际上均是企业社会责任能力的重要反映。本研究以企业在承担职业教育社会责任方面的行为表现、企业认为社会责任报告中职业教育部分内容的重要性、企业公布职教合作部分的意愿三个维度来表示企业承担职业教育社会责任的行为表现的程度，即企业职业教育社会责任成熟度。

2. 企业承担职业教育社会责任的程度

企业承担社会责任行为是指企业为维护和增进社会公益所从事的有关社会责任的活动，在产教融合中，即指企业提供自有资源、在合作过程中产生共生资源的相关系列活动。本研究以企业提供自有资源及合作产生共生资源的重要性来反映企业承担职业教育社会责任的程度。

3. 企业绩效

对产教融合的绩效进行评价应包括两个方面：一方面是校企合作双方，即企业、职业院校自身组织实力的提升和发展；另一方面则是关注产教融合对系统外部的各利益相关者、对经济社会效益提升的影响。企业承担职业教育社会责任，与院校共同成长，获得共生资源，提升社会声誉，在此过程中的企业绩效是指企业发挥主体作用，在经济收益、员工能力、技术研发、管理运行、伙伴责任、同行认可、价值认可、社会声誉等方面实现其经济属性，所获得的增量和进步。本研究关注的企业绩效包括直接经济性绩效和间接关系性绩效两个方面。研究企业职业教育社会责任成熟度对企业绩效的影响，可以直接反映出企业参与职业教育的动因和表现。

8.2.2　基于利益相关者管理模型的研究框架

Carroll 在 1979 年发表的经典文献"公司绩效的三维概念模型"一文中整合了前人对"企业社会责任、企业社会回应、社会问题管理"三部分理论的成果，构建了企业社会责任表现三维模型[9]499-505。Wood 对 Carroll 模型的原则维度做了修正，提出从社会、组织、个体三个层面描述企业社会责任的原则，从社会责任管理的角度将企业社会责任行为表现分为"社会责任原则-社会响应过程-社会责任结果"三个层次[33]691。该模型基于企业内部人的立场，较好地对企业承担社会责任的认识、选择、行为、结果进行了动态过程描述，关注在这个过程中企业基于社会责任的实现与其特殊利益相关者的互动关系，因此又称为利益相关者管理模型。特殊利益相关者意指任何能够影响组织目标的实现或者受组织目标的实现影响的团体或个人[96]。利益相关者管理模型基于企业自身的利益需要，从企业内部人的立场分析企业行为，与现实的管理实践更吻合[97]，有效地解决了"企业社会责任对谁负责、社会表现由谁评价、标准是什么"等三维模型无法解释的问题。

8.3 企业承担职业教育社会责任对企业绩效影响的实证分析

8.3.1 一般性描述

本研究主要关注企业承担职业教育社会责任对企业自身成效的影响，分为间接关系性绩效和直接经济性绩效两个维度。其中，将"获得更多的行业内支持和认可""员工能力增强，生产效率提高""提高顾客的满意度和忠诚度""推动产业链中供应商和经销商共同承担责任，形成产业链共生新格局"作为间接关系性绩效；将"提高企业技术研发能力""提高企业运营管理水平""企业会提供更优质的产品""进一步扩大企业的经济效益""提高企业的生产率""增加企业销售收入"作为直接经济性绩效。对调研样本进行初步统计（表 8-1），从项目均值和 t 检验结果来看，间接关系性绩效高于直接经济性绩效，其中"企业会提供更优质的产品""进一步扩大企业的经济效益""提高企业的生产率""增加企业销售收入"四个直接关系企业经济效益的影响排在最后。

表 8-1 企业承担职业教育社会责任对企业绩效的影响初步统计

维度	项目	个案数	平均值	标准偏差	项目均值	t	自由度	P
间接关系性绩效	获得更多的行业内支持和认可	1077	3.98	0.901	3.952	9.841	1076	0.000
	员工能力增强，生产效率提高	1077	3.97	0.899				
	提高顾客的满意度和忠诚度	1077	3.93	0.931				
	推动产业链中供应商和经销商共同承担责任，形成产业链共生新格局	1077	3.93	0.925				
直接经济性绩效	提高企业技术研发能力	1077	3.95	0.926	3.848			
	提高企业运营管理水平	1077	3.93	0.921				
	企业会提供更优质的产品	1077	3.88	0.945				
	进一步扩大企业的经济效益	1077	3.81	0.977				
	提高企业的生产率	1077	3.79	0.954				
	增加企业销售收入	1077	3.73	0.972				

8.3.2 企业绩效的影响因素分析

1. 企业职业教育社会责任成熟度与企业绩效的相关性分析

企业职业教育社会责任成熟度与企业的间接关系性绩效和直接经济性绩效正向相关（表 8-2）。企业职业教育社会责任成熟度决定了企业承担责任的认知和程度，其对企业绩效的影响描述了企业承担职业教育社会责任的响应及结果之间的动态过程。

表 8-2　企业职业教育社会责任成熟度与企业绩效的两上维度的相关性分析

	企业职业教育社会责任成熟度	间接关系性绩效	直接经济性绩效
企业职业教育社会责任成熟度	1	0.282**	0.277**
间接关系性绩效	0.282**	1	0.916**
直接经济性绩效	0.277**	0.916**	1

注：**表示在 0.01 级别（双尾）相关性显著。

进一步探究发现（表 8-3），"推动产业链中供应商和经销商共同承担责任，形成产业链共生新格局""提高顾客的满意度和忠诚性""获得更多的行业内支持和认可"等间接关系性绩效的相关系数大于直接经济性绩效，"进一步扩大企业的经济效益"相关系数最小。这表明，承担职业教育社会责任的收益和成效不是短期内能够显现的，较快的成效会首先反映在间接关系性绩效上，主要表现为提升企业的社会声誉和形象。

2. 企业绩效与院校提供的自有资源重要性的相关性分析

企业绩效与院校提供的自有资源重要性均存在相关关系（表 8-4）。其中，院校提供的自有资源中相关性排名前五位的是专门的技术研发和咨询服务支持，生产型、共享型实训基地，社会关系，前沿的行业信息，以及专用性强的线上线下培训课程。这表明企业最看重的资源是与企业技术创新、生产服务和资源拓展相关的资源。这类资源不再着眼于短期的劳动用工的需求，而是关系着企业可持续发展的长期利益，将对企业的内涵质量发展产生巨大的推动作用，对企业绩效产生较大影响。

表 8-3 企业职业教育社会责任成熟度与企业绩效的相关性分析

	企业职业教育社会责任成熟度	推动产业链中供应商和经销商共同承担责任，形成产业链共生新格局	提高顾客的满意度和忠诚度	提高企业的生产率	获得更多的行业内支持和认可	提高企业运营管理水平	员工能力增强,生产效率提高	企业会提供更优质的产品	增加企业销售收入	提高企业技术研发能力	进一步扩大企业的经济效益
企业职业教育社会责任成熟度	1.000										
推动产业链中供应商和经销商共同承担责任，形成产业链共生新格局	0.291**	1.000									
提高顾客的满意度和忠诚度	0.285**	0.816**	1.000								
提高企业的生产率	0.278**	0.666**	0.655**	1.000							
获得更多的行业内支持和认可	0.275**	0.852**	0.803**	0.648**	1.000						
提高企业运营管理水平	0.273**	0.783**	0.792**	0.690**	0.768**	1.000					

续表

	企业职业教育社会责任成熟度	推动产业链中供应商和经销商共同承担责任,形成产业链共生新格局	提高顾客的满意度和忠诚度	提高企业的生产率	获得更多的行业内支持和认可	提高企业运营管理水平	员工能力增强,生产效率提高	企业会提供更优质的产品	增加企业销售收入	提高企业技术研发能力	进一步扩大企业的经济效益
员工能力增强,生产效率提高	0.271**	0.758**	0.753**	0.690**	0.739**	0.817**	1.000				
企业会提供更优质的产品	0.270**	0.755**	0.760**	0.720**	0.743**	0.785**	0.795**	1.000			
增加企业销售收入	0.267**	0.670**	0.690**	0.785**	0.672**	0.692**	0.656**	0.736**	1.000		
提高企业技术研发能力	0.256**	0.774**	0.765**	0.669**	0.768**	0.829**	0.803**	0.801**	0.679**	1.000	
进一步扩大企业的经济效益	0.228**	0.631**	0.632**	0.656**	0.621**	0.618**	0.610**	0.640**	0.704**	0.612**	1.000

注：**表示在 0.01 级别（双尾）相关性显著。

表 8-4　企业绩效与院校提供的自有资源重要性的相关性分析

	企业绩效	提供专门的技术研发和咨询服务支持	提供生产型、共享型实训基地、可用于生产和品牌宣传	提供社会关系、增加客户资源	提供前沿的行业信息	提供专用性强的线下培训课程（定制化培训）	提供可转化的技术成果	提供教学能力和研发能力强的师资	提供专门的招生指标	提供可用于生产的设备设施	提供参与生产的实习生	提供专项资金投入（来自政府、行业、院校）	提供熟悉企业生产、企业文化的优质毕业生
企业绩效	1.000												
提供专门的技术研发和咨询服务支持	0.616**	1.000											
提供生产型、共享型实训基地、可用于生产和品牌宣传	0.609**	0.736**	1.000										
提供社会关系、增加客户资源	0.607**	0.691**	0.786**	1.000									
提供前沿的行业信息	0.606**	0.752**	0.813**	0.766**	1.000								
提供专用性强的线下培训课程（定制化培训）	0.605**	0.842**	0.744**	0.670**	0.740**	1.000							
提供可转化的技术成果	0.602**	0.844**	0.750**	0.688**	0.741**	0.791**	1.000						

续表

	企业绩效	提供专门的技术研发和咨询服务支持	提供生产型共享型实训基地，可用于生产和品牌宣传	提供社会关系，增加客户资源	提供前沿的行业信息	提供专用性强的线下培训课程（定制化培训）	提供可转化的技术成果	提供教学能力和研发能力强的师资	提供专门的招生指标	提供可用于生产的设备设施	提供可参与生产的实习生	提供专项资金投入（来自政府、行业、院校）	提供熟悉企业生产、企业文化的优质毕业生
提供教学能力和研发能力强的师资	0.601**	0.825**	0.719**	0.662**	0.724**	0.824**	0.775**	1.000					
提供专门的招生指标	0.596**	0.680**	0.717**	0.706**	0.670**	0.674**	0.666**	0.652**	1.000				
提供可用于生产的设备设施	0.587**	0.700**	0.770**	0.760**	0.769**	0.692**	0.709**	0.664**	0.686**	1.000			
提供可参与生产的实习生	0.568**	0.679**	0.725**	0.656**	0.673**	0.684**	0.656**	0.682**	0.727**	0.617**	1.000		
提供专项资金投入（来自政府、行业、院校）	0.563**	0.646**	0.729**	0.691**	0.682**	0.646**	0.664**	0.636**	0.729**	0.704**	0.706**	1.000	
提供熟悉企业生产、企业文化的优质毕业生	0.547**	0.661**	0.721**	0.653**	0.665**	0.680**	0.666**	0.681**	0.693**	0.628**	0.843**	0.717**	1.000

注：**表示在 0.01 级别（双尾）相关性显著。

8.3.3 企业承担职业教育社会责任的程度对企业绩效的影响

将企业承担职业教育社会责任的程度与企业绩效进行相关性分析，结果显示（表8-5），企业承担职业教育社会责任的程度与企业绩效存在显著正相关关系，表明校企双方产生的共生资源越重要，企业参与合作的积极性和参与程度越高，承担社会责任就越深入、越全面；企业承担社会责任越积极、越主动，产生的共生资源越重要，越有助于组织双方的发展。其中，"推动产业链中供应商和经销商共同承担责任，形成产业链共生新格局""提高顾客的满意度和忠诚度""获得更多的行业内支持和认可"绩效方面的相关度较高，这三个因素属于企业承担的伙伴责任。由此可见，产教融合、校企合作的共生资源有利于促进企业承担对其他重要利益相关者的责任。"提高企业的生产率""提高企业运营管理水平""企业会提供更优质的产品""员工能力增强，生产效率提高"等直接影响企业经济效益的因素也具有很好的相关性，期待在深化产教融合的实践中对企业绩效有更积极的影响。在知识经济条件下，技术研发能力是企业可持续发展的命脉，企业的成长与发展越来越依赖于技术的积累和创新。企业在与职业院校的合作中，应将发现市场、转化成果的环节与职业院校科研创新结合起来，创造更多的生产效益。

表 8-5 企业承担职业教育社会责任的程度与企业绩效的相关性分析

	企业承担职业教育社会责任的程度	推动产业链中供应商和经销商共同承担责任，形成产业链共生新格局	提高顾客的满意度和忠诚度	提高企业的生产率	获得更多的行业内支持和认可	提高企业运营管理水平	员工能力增强，生产效率提高	企业会提供更优质的产品	增加企业销售收入	提高企业技术研发能力
企业承担职业教育社会责任的程度	1.000									
推动产业链中供应商和经销商共同承担责任，形成产业链共生新格局	0.291**	1.000								
提高顾客的满意度和忠诚度	0.285**	0.816**	1.000							
提高企业的生产率	0.278**	0.666**	0.655**	1.000						
获得更多的行业内支持和认可	0.275**	0.852**	0.803**	0.648**	1.000					
提高企业运营管理水平	0.273**	0.783**	0.792**	0.690**	0.768**	1.000				
员工能力增强，生产效率提高	0.271**	0.758**	0.753**	0.690**	0.739**	0.817**	1.000			
企业会提供更优质的产品	0.270**	0.755**	0.760**	0.720**	0.743**	0.785**	0.795**	1.000		
增加企业销售收入	0.267**	0.670**	0.690**	0.785**	0.672**	0.692**	0.656**	0.736**	1.000	
提高企业技术研发能力	0.256**	0.774**	0.765**	0.669**	0.768**	0.829**	0.803**	0.801**	0.679**	1.000

注：**表示在 0.01 级别（双尾）相关性显著。

8.3.4 政府对企业承担责任的支持程度对企业绩效的影响

数据表明（表 8-6、表 8-7），政府对企业承担职业教育社会责任的支持程度直接决定着企业的绩效水平。其中，政府支持程度对企业的间接关系性绩效作用显著，"获得更多的行业内支持和认可""推动产业链中供应商和经销商共同承担责任，形成产业链共生新格局""提高顾客的满意度和忠诚度"排在前三位，员工能力增强方面相对其他关系性因素弱一些，其原因在于校企合作在为企业员工提供培训、提升员工技术技能水平方面还没有发挥其应有的作用。党的十九大报告明确提出完善职业教育和培训体系，2019 年 2 月，国务院印发的《国家职业教育改革实施方案》中要求"落实职业院校实施学历教育与培训并举的法定职责，按照育训结合、长短结合、内外结合的要求，面向在校学生和全体社会成员开展职业培训"。2019 年 5 月，国务院办公厅印发的《职业技能提升行动方案（2019—2021 年）》中鼓励企业与职业院校（含技工院校）共建实训中心、教学工厂等，积极建设培育一批产教融合型企业，推动职业院校扩大培训规模，创新培训内容，加强职业技能培训基础能力建设。这一系列措施将加快并增强企业员工技能提升速度和质量。

政府的支持程度与提升企业自身生产能力和效益方面的相关性也很显著（表 8-8）。尤其是在提高企业的产品质量、企业运营管理能力和技术研发能力方面，企业参与人才培养过程、技术创新为企业生产能力提升提供了坚实的支撑。

第8章　探索与成长：企业职业教育社会责任评价

表8-6　政府对企业承担责任的支持程度与企业绩效的相关性分析

	政府对企业承担责任的支持程度	获得更多的行业内支持和认可	推动产业链中供应商和经销商共同承担责任,形成产业链共生新格局	提高顾客的满意度和忠诚度	企业会提供更优质的产品	提高企业运营管理水平	员工能力增强,生产效率提高	提高企业技术研发能力	增加企业销售收入	提高企业的生产率	进一步扩大企业的经济效益
政府对企业承担责任的支持程度	1.000										
获得更多的行业内支持和认可	0.722**	1.000									
推动产业链中供应商和经销商共同承担责任,形成产业链共生新格局	0.719**	0.852**	1.000								
提高顾客的满意度和忠诚度	0.700**	0.803**	0.816**	1.000							
企业会提供更优质的产品	0.693**	0.743**	0.755**	0.760**	1.000						

续表

	政府对企业承担责任的支持程度	获得更多的行业内支持和认可	推动产业链中供应商和经销商共同承担责任，形成产业链共生新格局	提高顾客的满意度和忠诚度	企业会提供更优质的产品	提高企业运营管理水平	员工能力增强，生产效率提高	提高企业技术研发能力	增加企业销售收入	提高企业的生产率	进一步扩大企业的经济效益
提高企业运营管理水平	0.685**	0.768**	0.783**	0.792**	0.785**	1.000					
员工能力增强，生产效率提高	0.680**	0.739**	0.758**	0.753**	0.795**	0.817**	1.000				
提高企业技术研发能力	0.675**	0.768**	0.774**	0.765**	0.801**	0.829**	0.803**	1.000			
增加企业销售收入	0.630**	0.672**	0.670**	0.690**	0.736**	0.692**	0.656**	0.679**	1.000		
提高企业的生产率	0.624**	0.648**	0.666**	0.655**	0.720**	0.690**	0.690**	0.669**	0.785**	1.000	
进一步扩大企业的经济效益	0.609**	0.621**	0.631**	0.632**	0.640**	0.618**	0.610**	0.612**	0.704**	0.656**	1.000

注：**表示在0.01级别（双尾）相关性显著。

表 8-7 政府对外部的支持与企业绩效的相关性分析

	政府对外部的支持	获得更多的行业内支持和认可	推动产业链中供应商和经销商共同承担责任，形成产业链共生新格局	提高顾客的满意度和忠诚度	企业会提供更优质的产品	提高企业运营管理水平	员工能力增强，生产效率提高	提高企业技术研发能力	增加企业销售收入	提高企业的生产率	进一步扩大企业的经济效益
政府对外部的支持	1.000										
获得更多的行业内支持和认可	0.718**	1.000									
推动产业链中供应商和经销商共同承担责任，形成产业链共生新格局	0.725**	0.852**	1.000								
提高顾客的满意度和忠诚度	0.704**	0.803**	0.816**	1.000							
企业会提供更优质的产品	0.709**	0.743**	0.755**	0.760**	1.000						
提高企业运营管理水平	0.689**	0.768**	0.783**	0.792**	0.785**	1.000					

续表

	政府对外部的支持	获得更多的行业内支持和认可	推动产业链中供应商和经销商共同承担责任,形成产业链共生新格局	提高顾客的满意度和忠诚度	企业会提供更优质的产品	提高企业运营管理水平	员工能力增强,生产效率提高	提高企业技术研发能力	增加企业销售收入	提高企业的生产率	进一步扩大企业的经济效益
员工能力增强,生产效率提高	0.678**	0.739**	0.758**	0.753**	0.795**	0.817**	1.000				
提高企业技术研发能力	0.688**	0.768**	0.774**	0.765**	0.801**	0.829**	0.803**	1.000			
增加企业销售收入	0.632**	0.672**	0.670**	0.690**	0.736**	0.692**	0.656**	0.679**	1.000		
提高企业的生产率	0.628**	0.648**	0.666**	0.655**	0.720**	0.690**	0.690**	0.669**	0.785**	1.000	
进一步扩大企业的经济效益	0.614**	0.621**	0.631**	0.632**	0.640**	0.618**	0.610**	0.612**	0.704**	0.656**	1.000

注:**表示在0.01级别(双尾)相关性显著。

第8章 探索与成长：企业职业教育社会责任评价

表8-8 政府对内部的支持与企业绩效的相关性分析

	政府对内部的支持	获得更多的行业内支持和认可	推动产业链中供应商和经销商共同承担责任，形成产业链共生新格局	提高顾客的满意度和忠诚度	企业会提供更优质的产品	提高企业运营管理水平	员工能力增强，生产效率提高	提高企业技术研发能力	增加企业销售收入	提高企业的生产率	进一步扩大企业的经济效益
政府对内部的支持	1.000										
获得更多的行业内支持和认可	0.726**	1.000									
推动产业链中供应商和经销商共同承担责任，形成产业链共生新格局	0.720**	0.852**	1.000								
提高顾客的满意度和忠诚度	0.699**	0.803**	0.816**	1.000							
企业会提供更优质的产品	0.684**	0.743**	0.755**	0.760**	1.000						
提高企业运营管理水平	0.682**	0.768**	0.783**	0.792**	0.785**	1.000					

续表

	政府对内部的支持	获得更多的行业内支持和认可	推动产业链中供应商和经销商共同承担责任,形成产业共生新格局	提高顾客的满意度和忠诚度	企业会提供更优质的产品	提高企业运营管理水平	员工能力增强,生产效率提高	提高企业技术研发能力	增加企业销售收入	提高企业的生产率	进一步扩大企业的经济效益
员工能力增强,生产效率提高	0.685**	0.739**	0.758**	0.753**	0.795**	0.817**	1.000				
提高企业技术研发能力	0.669**	0.768**	0.774**	0.765**	0.801**	0.829**	0.803**	1.000			
增加企业销售收入	0.632**	0.672**	0.670**	0.690**	0.736**	0.692**	0.656**	0.679**	1.000		
提高企业的生产率	0.632**	0.648**	0.666**	0.655**	0.720**	0.690**	0.690**	0.669**	0.785**	1.000	
进一步扩大企业的经济效益	0.609**	0.621**	0.631**	0.632**	0.640**	0.618**	0.610**	0.612**	0.704**	0.656**	1.000

注:**表示在0.01级别(双尾)相关性显著。

8.3.5 不同区域企业绩效的差异性比较

区域对职业教育产教融合的政策支持和宣传力度是企业承担职业教育社会责任理念和行为的先决条件。产教融合型城市势必会为企业承担职业教育社会责任提供优质环境。在当前国家即将试点建设产教融合型城市、产教融合型行业和企业的新形势下，从区域分布观察企业承担职业教育社会责任的企业绩效差异具有实践指导作用。数据显示（表8-9），不同区域企业在"提高企业的生产率""增加企业销售收入""企业会提供更优质的产品""提高企业运营管理水平"四个方面存在差异性。其中，企业生产率是企业资源（包括人力、物力、财力）开发利用的效率，包括企业技术升级、管理模式改进、产品质量提高、企业结构升级等方面，是技术进步对经济发展作用的综合反映；企业销售收入和优质产品是企业经济效益提升、技术进步的显著象征；企业运营管理水平则更加关注员工工作态度、个人修养、敬业精神、工作程度和执行力等素质的提升。因此，不同区域企业绩效在这四个方面存在差异也说明企业在这四个方面对院校能力的较高期待，同时也反映了不同区域促进经济发展，深化产教融合的政策和措施为行业企业所带来的本质的不同点。《国务院办公厅关于对真抓实干成效明显地方进一步加大激励支持力度的通知》（国办发〔2018〕117号）提出，要对产教融合绩效显著的区域给予激励支持，并对区域推进产教融合的绩效提出了三个测量维度：校企合作推进力度大、职业教育发展环境好、推进职业教育改革成效明显。这说明，企业承担职业教育社会责任为企业带来的绩效提升是今后衡量区域推进职业教育改革成效的重要维度之一。

与粤港澳大湾区、长三角相比，京津冀三地的产业结构极具特殊性，因此本研究将京津冀三地的样本企业分别与粤港澳大湾区、长三角进行了比较，结果发现（表8-9），天津在这四个方面的绩效表现均高于长三角、粤港澳大湾区、北京和河北地区。近年来，天津秉持五业联动的改革理念，注重对接行业和企业需求，服务职业岗位及个人职业发展，在专业建设方面与产业、行业、企业、职业等要素密切联系，通过整合资源，相互对接、协同联动，增大了企业承担职业教育的内驱动力。同时，纵观近现代职业教育发展史，从近代中国"工学并举"的理念到20世纪50年代末的"半工半读"教育，再到21世纪初的工学结合、校企合作、产教融合，天津的职业创新始终领跑全国。产业、行业、企业与职业院校深度融合形成了利益与发展共同体，在多元沟通、协调、联动中实现了生产要素的全新组合与互补，为企业承担职业教育社会责任创造了良好的社会环境。

北京是全国资源配置的中心和全球资源配置的重要节点，国际资本、先进技术、高端人才的引入和内化是北京经济发展的根本动力。在加快"四个中心"建设中，产业对高端技术技能人才的内涵和能力要求普遍高于其他地区，尽管北京的企业承担职业教育社会责任的意识和理念超前，但由于目前职业院校自身服务能力及结构性的生源数量减少，在提高企业生产率、增加企业销售收入、提供优质产品及提高企业运营管理水平方面尚不能对接企业的期待，需要继续深化融合，进一步提高服务能力。

河北的数据在四个方面是最低的，这说明河北产教融合的成效相对经济发达地区普遍较低，特别是在京津冀协同发展的战略中，与天津和北京的绩效差距较大。本次调研样本中，统筹考虑了产业类型、企业规模、企业发展阶段等要素的比例保持大体相当，结果反映出河北的企业在承担职业教育社会责任方面的理念和认知较为落后，应在政策引导和激励、环境创建等方面加大力度。职业院校也应加强与行业企业的对接，提高供给侧人才培养质量，为企业发展提供坚实基础。

粤港澳大湾区在提高企业的生产率和增加销售收入方面存在优

势，但是在提供优质产品和提高企业运营管理水平方面排名落后一些，也反映了粤港澳大湾区创新性企业居多。中小型企业的生产特点决定了企业阶段性的用人多、针对性强的特点，能够很好地解决企业短期的收益，但是在有利于未来可持续发展的优质产品和运营管理水平方面还需加强。

表8-9 不同区域企业绩效的差异性比较

项目	区域	个案数	平均值	标准偏差	标准误差平均值	F	P
提高企业的生产率	天津	61	4.20	0.963	0.123	3.003	0.011
	粤港澳大湾区	350	3.83	0.926	0.049		
	北京	104	3.76	0.876	0.086		
	长三角	162	3.73	0.918	0.072		
	河北	98	3.67	1.023	0.103		
	其他	301	3.73	0.991	0.057		
增加企业销售收入	天津	61	4.13	1.024	0.131	3.047	0.010
	粤港澳大湾区	350	3.79	0.951	0.051		
	北京	104	3.72	0.939	0.092		
	长三角	162	3.68	0.930	0.073		
	河北	98	3.67	0.961	0.097		
	其他	301	3.64	1.002	0.058		
企业会提供更优质的产品	天津	61	4.21	0.933	0.119	2.256	0.047
	北京	104	3.94	0.868	0.085		
	长三角	162	3.91	0.869	0.068		
	粤港澳大湾区	350	3.87	0.929	0.050		
	河北	98	3.72	1.013	0.102		
	其他	301	3.85	0.995	0.057		

续表

项目	区域	个案数	平均值	标准偏差	标准误差平均值	F	P
提高企业运营管理水平	天津	61	4.30	0.901	0.115	3.102	0.009
	北京	104	3.98	0.870	0.085		
	长三角	162	3.92	0.834	0.066		
	粤港澳大湾区	350	3.90	0.917	0.049		
	河北	98	3.72	1.003	0.101		
	其他	301	3.95	0.948	0.055		

8.3.6 企业是否上市对企业绩效的影响

在调研样本中有 259 家上市企业，其承担职业教育社会责任对企业绩效各方面的影响显著高于未上市企业（表 8-10）。上市企业应遵守的制度较多，其中针对承担社会责任的要求是《中华人民共和国公司法》中的条款。另外，2006 年 9 月 25 日，深圳证券交易所发布了《上市公司社会责任指引》（以下简称"指引"），将社会责任引入上市公司，鼓励上市公司积极承担社会责任，自愿披露社会责任的相关制度建设，指引共七章 38 条，要求上市公司应当在追求经济效益、保护股东利益的同时，注意履行相关责任，促进公司本身与全社会的协调、和谐发展[98]。上市公司有关社会责任的履行和披露都有规范要求，因此，上市企业按照规范承担职业教育社会责任更易对其自身发展产生积极影响。

表 8-10 上市企业与未上市企业绩效的差异性比较

项目	是否上市	个案数	平均值	F	P
进一步扩大企业的经济效益	是	259	3.92	0.122	0.038
	否	818	3.77		

续表

项目	是否上市	个案数	平均值	F	P
增加企业销售收入	是	259	3.89	0.003	0.003
	否	818	3.68		
企业会提供更优质的产品	是	259	4.00	0.103	0.021
	否	818	3.84		
员工能力增强，生产效率提高	是	259	4.08	0.003	0.019
	否	818	3.94		
提高企业技术研发能力	是	259	4.07	0.010	0.016
	否	818	3.91		
提高企业运营管理水平	是	259	4.06	0.042	0.009
	否	818	3.89		
提高顾客的满意度和忠诚度	是	259	4.03	0.150	0.037
	否	818	3.89		
推动产业链中供应商和经销商共同承担责任，形成产业链共生新格局	是	259	4.04	0.013	0.031
	否	818	3.90		
获得更多的行业内支持和认可	是	259	4.09	0.450	0.026
	否	818	3.95		

8.3.7 是否参与校企合作项目对企业绩效的影响

在调研样本企业中，有697家企业参与了校企合作项目，其中又有450家参与了现代学徒制或者企业新型学徒制项目的探索和实践。从数据来看，参与校企合作项目的企业均值显著高于没有参与合作项目的企业（表8-11），而参与学徒制项目的企业也显著高于没有参与学徒制项目的企业，而且各维度的显著性也高于仅参与校企合作项目的各维度的显著性（表8-12），进一步说明了企业深度参与产教融合项目对推动和促进企业绩效所产生的积极影响。企业视角下企业生产绩效提升程度的差异反映了我国自21世纪初开始，在国家层面推进职业教育与行业企业合作走过的近20年的历程的成效。国家层面的推进政策经历了工学结合、产学结合、校企合作、产教融合等各个阶段,现代学徒制与企业新型学徒制均是新形势下对技术技能人才培养模式的探索和创新,是深化产教融合、校企合作,推进工学结合、知行合一的有效途径。

产教融合型企业是深度参与产教融合、校企合作,在职业院校、高等学校办学和深化改革中发挥重要主体作用的企业,也是自身行为规范、成效显著,能创造较大社会价值,对提升技术技能人才培养质量、增强吸引力和竞争力具有较强带动和引领示范效应的企业。2017年12月国务院办公厅印发的《关于深化产教融合的若干意见》(以下简称"意见")中鼓励企业以独资、合资、合作等方式依法参与举办职业教育、高等教育,支持引导企业深度参与职业学校、高等学校教育教学改革,多种方式参与学校专业规划、教材开发、教学设计、课程设置、实习实训,促进企业需求融入人才培养环节,推行面向企业真实生产环境的任务式培养模式。意见为企业承担职业教育社会责任提供了更多路径,使企业与院校成为蕴含校企双方资源互依、利益共享、未来可期和共同治理的命运共同体。

表8-11 是否参与校企合作项目企业绩效的差异性比较

项目	是否合作	个案数	平均值	F	P
进一步扩大企业的经济效益	是	697	3.86	5.754	0.010
	否	380	3.70		
提高企业的生产率	是	697	3.84	0.557	0.017
	否	380	3.69		
增加企业销售收入	是	697	3.76	0.035	0.203
	否	380	3.68		
企业会提供更优质的产品	是	697	3.93	4.749	0.025
	否	380	3.79		

续表

项目	是否合作	个案数	平均值	F	P
员工能力增强，生产效率提高	是	697	4.03	9.349	0.004
	否	380	3.86		
提高企业技术研发能力	是	697	4.00	4.900	0.010
	否	380	3.85		
提高企业运营管理水平	是	697	3.98	5.809	0.013
	否	380	3.84		
提高顾客的满意度和忠诚度	是	697	3.98	6.884	0.010
	否	380	3.83		
推动产业链中供应商和经销商共同承担责任，形成产业链共生新格局	是	697	4.00	9.262	0.001
	否	380	3.81		
获得更多的行业内支持和认可	是	697	4.05	7.633	0.000
	否	380	3.85		

表 8-12　是否参与学徒制项目企业绩效的差异性比较

项目	是否学徒	个案数	平均值	F	P
进一步扩大企业经济效益	是	450	3.91	1.320	0.004
	否	627	3.73		
提高企业的生产率	是	450	3.93	2.536	0.000
	否	627	3.69		
增加企业销售收入	是	450	3.88	3.201	0.000
	否	627	3.63		
企业会提供更优质的产品	是	450	4.04	0.347	0.000
	否	627	3.77		
员工能力增强，生产效率提高	是	450	4.11	0.054	0.000
	否	627	3.87		

续表

项目	是否学徒	个案数	平均值	F	P
提高企业技术研发能力	是	450	4.08	0.656	0.000
	否	627	3.85		
提高企业运营管理水平	是	450	4.07	0.010	0.000
	否	627	3.83		
提高顾客的满意度和忠诚度	是	450	4.06	0.038	0.000
	否	627	3.83		
推动产业链中供应商和经销商共同承担责任，形成产业链共生新格局	是	450	4.09	0.053	0.000
	否	627	3.81		
获得更多的行业内支持和认可	是	450	4.12	0.772	0.000
	否	627	3.88		

8.4 企业承担职业教育社会责任对企业绩效影响的回归分析

进一步对企业绩效做回归分析。设置模型自变量：提供社会关系，增加客户资源；提供专门的招生指标；提供专项资金投入；企业所属行业类别；产业链中供应商或经销商的影响大；社会责任行为在企业的考评体系中的分量较大；参与合作会在行业协会内有话语权；对企业管理者承担责任的决策具有显著影响。回归分析结果见表 8-13 和表 8-14。从表 8-13 可以看出，模型 R^2 为 0.715，表明自变量可以解释企业承担职业教育社会责任对企业绩效影响的 71.5%的变化原因。模型的 F 检验结果（$F=334.396$，$P=0.000$）说明至少一个自变量会对模型满意度产生影响关系。从回归系数（表 8-14）来看，模型中八个自变量的 B 值均为正数，说明这八个因

第8章 探索与成长：企业职业教育社会责任评价

素均对企业绩效呈现出显著的正向影响关系。由此得到企业承担职业教育社会责任对企业绩效影响的回归方程为

$$Y_{绩效影响} = 1.439 X_{社会关系} + 0.932 X_{招生指标} + 1.888 X_{专项资金} + 0.101 X_{所属行业} +$$
$$1.373 X_{伙伴影响} + 1.552 X_{考评体系比重} + 1.090 X_{话语权} +$$
$$4.411 X_{企业管理者影响} + 5.628$$

式中：$X_{社会关系}$——职业院校为企业提供社会关系，增加客户资源；

$X_{招生指标}$——职业院校为企业提供办学专门的招生指标；

$X_{专项资金}$——职业院校为产教融合提供专项资金投入；

$X_{所属行业}$——企业所属行业类别；

$X_{伙伴影响}$——企业承担职业教育社会责任对产业链中供应商或经销商的影响；

$X_{考评体系比重}$——企业承担职业教育社会责任的行为在企业考评体系中所占比重；

$X_{话语权}$——企业承担职业教育社会责任的行为对企业在行业协会内话语权的影响；

$X_{企业管理者影响}$——政府对企业管理者承担职业教育社会责任的决策的影响。

表 8-13　模型摘要

模型	R	R^2	调整后 R^2	标准估算的错误	F	自由度1	自由度2	P
2	0.845	0.715	0.713	6.586	334.396	8	1068	0.000

表 8-14　回归系数

自变量	未标准化系数 B	未标准化系数 标准误差平均值	标准化系数 β	t	P
（常量）	5.628	1.029	—	5.470	0.000
提供社会关系，增加客户资源	1.439	0.364	0.112	3.958	0.000

续表

自变量	未标准化系数		标准化系数	t	P
	B	标准误差平均值	β		
提供专门的招生指标	0.932	0.355	0.072	2.630	0.009
提供专项资金投入	1.888	0.288	0.154	6.556	0.000
所属行业类别	0.101	0.037	0.045	2.764	0.006
产业链中供应商或经销商的影响大	1.373	0.363	0.109	3.777	0.000
社会责任行为在企业考评体系中的分量较大	1.552	0.418	0.122	3.708	0.000
参与合作的企业会在行业协会内有话语权	1.090	0.395	0.085	2.761	0.006
对企业管理者承担责任的决策具有显著影响	4.411	0.341	0.334	12.946	0.000

从回归方程可以看出，在企业所属行业内的合作，与能够为企业提供优质的社会关系、专门的招生指标和专项支持资金的职业院校的合作，企业履责表现为产业链伙伴影响较大、社会责任行为在考评体系中比重大、参与合作在行业协会内话语权较大的合作，政府对企业管理者决策作用显著的合作，在以上这些合作中，企业承担职业教育社会责任对企业绩效的影响更显著。这表明，能够对企业绩效产生影响的因素与职业院校为企业提供的优质资源直接相关，包括专门的招生指标、专项资金及社会资源，这是推动企业参与职业教育办学的最为关键性的要素，这些要素应作为企业承担职业教育社会责任的内驱动力，也是职业院校所能提供的最优资源。

8.5 基于利益相关者管理理论的绩效模型构建

8.5.1 企业职业教育社会责任成熟度

从企业承担职业教育社会责任的理念认知、行为表现、资源重要性的相关性分析（表8-15）可以看出，职业院校提供的自有资源越重要、合作双方产生的共生资源越重要，企业提供的资源重要性就越高，企业职业教育社会责任成熟度越高。数据显示，企业职业教育社会责任成熟度与共生资源重要性、企业承担职业教育社会责任的理念、企业资源重要性、院校资源重要性相关。企业对校企共生资源给自身发展所带来的成效的认识非常关键，反映的是企业资源整合能力，直接影响着企业承担责任的决策行为。企业对承担职业教育社会责任的理念认知越深刻，对承担责任的道德认识、承担目的、效果预期的认识把握越好，企业职业教育社会责任成熟度就越高，这需要营造企业承担社会责任的政治环境、文化环境，不断提升企业的社会责任意识。企业资源和院校资源的重要程度是校企双方自身能力的体现，也体现了校企双方对于获得优质资源的期待程度。

表8-15 企业承担职业教育社会责任的理念认知、行为表现、资源重要性的相关性分析

	企业职业教育社会责任成熟度	共生资源重要性	企业承担职业教育社会责任的理念	企业资源重要性	院校资源重要性
企业职业教育社会责任成熟度	1.000				
共生资源重要性	0.318**	1.000			

续表

	企业职业教育社会责任成熟度	共生资源重要性	企业承担职业教育社会责任的理念	企业资源重要性	院校资源重要性
企业承担职业教育社会责任的理念	0.311**	0.607**	1.000		
企业资源重要性	0.299**	0.752**	0.579**	1.000	
院校资源重要性	0.292**	0.735**	0.575**	0.724**	1.000

注：**表示在 0.01 级别（双尾）相关性显著。

8.5.2　企业职业教育社会责任的利益相关者管理模型

社会绩效是企业社会责任行为的结果，反映的是企业对利益相关者履行社会责任后，各个利益相关者对企业作出的评价。企业一旦承担起社会责任，将带来如社会影响力、政策偏向等等的社会绩效[99]。基于利益相关者理论与企业社会绩效框架分析企业承担社会责任所带来的社会绩效是一个观察和描述企业履责行为的很好的视角。

Wood 模型是基于"社会责任原则-社会响应过程-社会责任结果"（CSP 模型）的社会绩效分析模型。该模型从企业履责行为的逻辑上阐释了企业承担社会责任对其社会绩效的影响。利益相关者理论认为，企业作为组织，其在社会环境中有自己的特有属性和功能定位，每个企业都有与自己相关的利益群体，各企业可根据利益相关者对自身发展的重要程度及联系的紧密程度，将他们划分出不同的重要性。根据 Wood 模型，企业应首先评估自己的发展定位及在行业内发展的能力和水平，分析每个利益相关者对自身发展的重要程度，以明确应该承担的社会责任的内容、范围，并依此来确定自身承担社会责任的原则；其次，企业遵循原则在经营管理中合法使用社会赋予的权利并承担相应的责任，解决问题，确定对利益相关者履行社会责任的行动方式和过程策略；最后，企业的履责行为将会惠及各个利益相关者，从而促使利益相关者对其做出正面的评价，最终带来影响社会绩效的结果。Wood 对 CSP 模型的修正主要表现在以下几个方面：一是对社会责任原则在制度、组织和个人层次的阐述，强调了原则对组织行为的推动；二是对特定回应过程的区别——环境扫描、利益相关者管理和议题管理，表明了企业参与外部环境是通过什么样的渠道来实行的；三是将社会影响、政策和计划作为企业与环境相互影响结果的综合，使 CSP 模型更具有实践评估的可能；四是在 CSP 模型三个层面的联系上加强了对经济与社会关系的理解。

研究以 Wood 模型审视企业承担的职业教育社会责任，探究企业对职业教育社会责任的认知、企业职业教育社会责任成熟度、企业履责行为之间的关系及其对企业绩效的影响，从而探究企业在承担责任过程中的规律及各环节变量之间的关系；通过对企业承担职业教育社会责任的理念、企业职业教育社会责任成熟度（附录 1 中问卷题项 16、17、18）、企业承担职业教育社会责任行为表现以及企业承担职业教育社会责任的绩效的测量，探究其中的形成规律。按照基于利益相关者管理的企业社会绩效分析框架，企业承担社会责任的行为对绩效的影响是维系企业持续深入合作关系的关键因素，产教融合可以看作企业从理念认知到行为选择再到对绩效的追求过程。企业将承担职业教育社会责任融入战略发展策略，如果企业承担职业教育社会责任的理念、行为表现及企业绩效之间存在正向相关关系，特别是承担职业教育社会责任的行为表现能够对企业绩效提升有显著影响，那么，将会产生较强的示范作用，推动企业特别是那些对市场信号敏感、对产业链中跨界共生需求高的企业获得经济信号，积极主动地承担相应的责任。这种相关关系是否存在或者是否显著，体现了企业承担职业教育社会责任的价值定位和战略选择，也是建设和形成产教融合生态系统的前提条件，是产教融合系列政策扶持和推动的核心目标。研究所建立的企业职业教育社会责任的利益相关者管理模型框架图，如图8.1所示。

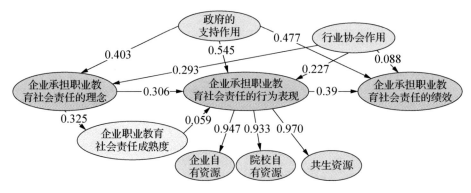

图8.1　企业职业教育社会责任的利益相关者管理模型框架图

基于模型框架图，使用结构方程模型对假设模型进行数据验证。模型包括企业承担职业教育社会责任的理念、企业提供资源的意愿和重要性对与院校合作产生共生资源的重要性、企业提供资源的积极性、企业承担责任对企业绩效的影响，还包括政府作为公共主体对企业责任管理的影响。其中，将院校提供资源的重要性、企业提供资源的重要性及共生资源的重要性作为企业承担职业教育社会责任的行为表现的代表，使用这三个因素的得分来估计企业承担职业教育社会责任的行为表现。采用 Mplus7.0 作为计算工具，使用最大似然估计（maximum likelihood estimate，MLE）进行参数估计。分析结果显示，假设模型与观察数据的拟合度较好（χ^2=3.90，df=938，CFI=0.921，TLI=0.916，RMSEA=0.052，SRMR=0.051）。对模型的分析显示，企业承担职业教育社会责任的理念对企业承担职业教育社会责任的行为表现有显著的正向影响（β=0.295，P<0.001），企业承担职业教育社会责任的行为表现对企业绩效有显著的正向影响（β=0.414，P<0.001），政府作为公共主体对企业承担职业教育社会责

任的理念、行为表现、绩效三个环节均有显著的正向影响（$\beta=0.621$，$P<0.001$；$\beta=0.695$，$P<0.001$；$\beta=0.524$，$P<0.001$）。

从社会责任管理的角度，基于企业和院校合作的内部立场，对企业承担职业教育社会责任的认识、选择、行为、结果进行了过程描述，发现企业承担职业教育社会责任的行为规律符合利益相关者管理理论研究框架，很好地解释了企业承担职业教育社会责任过程中理念、行为和绩效之间的关系。这也说明了企业将与职业院校合作视为战略发展的选择。当前，企业承担职业教育社会责任的认知度和成熟度已经达到一定水平，职业院校作为重要的利益相关者，对企业未来可持续发展的重要意义已经在国家战略层面达成普遍共识。理念成熟的企业更容易选择承担职业教育社会责任，且其行为表现更加深入，其承担职业教育社会责任的行为表现对企业绩效的影响作用也会更加明显。

法律责任是企业承担职业教育社会责任的基础性动因，政府鼓励政策措施是企业采取责任战略的源动力。但由于受社会环境因素影响，政府政策的引领促进作用还有待提升，增强政策的可操作性和明确监督执行责任是保证企业承担责任行为效度的有效途径。企业将承担职业教育社会责任作为战略发展部署，其对合作伙伴的选择非常关键，企业期待能够在对称性依赖关系基础上与职业院校进行共享共建，院校的自有资源、共生资源的互补和不可替代性越强，则越能够激发企业主动承担责任的意愿及承担责任的行为。同时，企业也更愿意提供自身更好的优质资源，整体表现出承担职业教育社会责任行为更加积极、更加丰富，其承担责任的成效也更高。在这个过程中，企业内部对承担责任的管理越细致，政府对企业内部的激励作用越大，企业承担职业教育社会责任的行为程度则越高。行业协会对企业承担责任的理念和行为影响小于政府的推动作用，对企业绩效的影响也较小，说明行业协会未来应加强培育和支持承担责任的企业在行业内的话语权，促进行业内构建产教融合命运共同体。

研究表明，深化产教融合的关键在于激发企业的主体作用，其核心是企业治理能力和治理水平的提升。对企业内部而言，应加强对企业管理者理念的建设，加大对企业员工水平提升的直接作用。同时，还要加强重要利益相关者——职业院校的办学水平，提高职业教育育人质量、技术研发和社会服务能力，加快优化企业参与职业教育的外部环境，提高优质资源的聚合成效，为企业承担责任提供基础条件。

8.6 企业职业教育社会责任的评价指标体系构建

企业承担职业教育社会责任的绩效，应关注各利益相关者的利益，特别是职业院校的收益，不能只看企业的收益。因此，对企业职业教育社会责任的评价，需要统筹考虑各利益相关者在产教融合、校企合作中的诉求及其应承担的社会责任，同时还要对各参与主体在合作中的诉求、承担责任的形式及其行为规律进行研究分析，确定具体评价指标的构成要素。通过评价各参与主体的行为完成情况，来呈现企业承担职业教育社会责任的绩效水平，对参与主体的行为进行反馈，从而指导企业的社会责任实践，使其更加有效地体现承担社会责任的绩效。

本研究在查阅了校企合作相关量表的基础上，结合数据分析以及对30位院校和合作企业管理人员的访谈结果提出了企业职业教育社会责任的评价指标体系（表8-16）。其中，一级指标按照本研究中企业行为规律的逻辑进行设置，三级指标是测量变量，需对各变量赋予具体内涵定义，制定统一的指标执行标准。得到有效评价结果的原则，一是让填答者清晰地掌握变量的含义，做出客观精准的判断和填答；二是让评价者进行更加客观的判断。研究的参考量表列于表8-17。这些量表还需在论证的基础上进行权重的配置。

表8-16 企业职业教育社会责任的评价指标体系

一级指标	二级指标	三级指标
企业承担职业教育社会责任的理念和认知	履责理念	企业管理者对履行职责的工作部署次数
		企业管理者参加职业教育相关活动的次数
	履责认知	企业承担职业教育社会责任的规划
		企业对员工的职业培训规划
		企业年报中有与职业教育合作的内容
企业职业教育社会责任成熟度	履责意愿	是否有与职业院校开展合作洽谈的记录
		与职业院校开展合作洽谈的数量
		公开征集合作伙伴的数量
	履责程度	企业承担社会责任的活动数量
		企业撰写社会责任报告的次数
		企业在各种报告中发布职业教育活动的次数
		企业派出参加职业教育相关活动的人员数量
	责任发布	是否有发布社会责任报告的制度
		发布职业教育社会责任的内容及数量
企业承担职业教育社会责任的行为表现（人才培养）	管理机构	企业安排有专任负责机构
		企业安排有专任负责人员
	资源提供	职业院校提供资源的数量
		企业提供资源的数量
	专业建设	产教融合专业数量
		合作的职业院校数量
		企业参加专业建设的人员数量

续表

一级指标	二级指标	三级指标
企业承担职业教育社会责任的行为表现（人才培养）	课程及教材建设	共建产教融合应用型课程数量
		1+X 证书课程数量
		共同开发活页式、工作手册式教材数量
		引入企业培训教材数量
		共同开发模块化课程数量
		共同开发的课程资源数量
		企业承担课时数占比
	师资队伍建设	"双师型"教师人数占比
		参加合作的创新型教师团队数量
		企业兼职教师占比
		企业接收教师到企挂职人数占比
	实训基地	与企业共建实训基地数量
		实训基地为企业服务项目数量
	指导实习实训	学校对实习学生进行培训的人数比
		学校对实习学生进行指导的比例
企业承担职业教育社会责任的行为表现（技术创新）	专业交流	开展研讨会次数
		信息技术交流次数
	技术研发	与企业共同研究的纵向课题数量
		与企业共同研究的横向课题经费
		与企业共同拥有的专利数量
	成果转化	实际运用到企业生产中的成果数量
		在企业生产中获得的收益
企业承担职业教育社会责任的行为表现（社会服务）	培训服务	企业为员工提供培训和学历提升次数
		企业为重点群体提供培训人数
		企业为重点产业、重点领域提供培训次数
		企业开发的培训包数量

续表

一级指标	二级指标	三级指标
企业承担职业教育社会责任的行为表现（社会服务）	标准研发	为教育教学标准体系提供服务数量
		为行业标准体系研发提供服务数量
	技术服务	为区域各类社会组织提供科技服务和咨询服务数量
		为行业企业提供信息服务数量
政府的推动和促进作用	财政支持	政府财政投入占教学收入比
		企业捐赠设备占实训设备比
		学校教学实践经费投入占比
		生均师资实训经费
	制度支持	政府是否建立监督协调机构
		支持企业育训、研发和社会服务的制度数量
		相关考核管理制度数量
	工作指导	政府建立职业教育指导咨询委员会
		政府成立职业教育工作联席会议制度
行业协会的指导作用	专业指导	参与专业指导委员人数
		参与专业指导次数
		提供专门指导人员数量
	资源整合	提供项目、课题立项次数
		提供优质行业资源数量

表 8-17 参考量表一览表

观测的维度	作者	量表名称
校企合作绩效	董奇　国卉男	高职院校校企合作绩效量表[100]
	王伟　冯树清	高职院校校企合作绩效量表[101]
	陆芸婷　卢鑫　郭森	用户角度校企合作绩效量表[102]
	陈超逸　汪波　陈洛	企业方绩效量表[103]

续表

观测的维度	作者	量表名称
校企合作绩效	朱海静	高职院校校企合作量表[104]
	王秦 李慧凤	校企合作机制量表[105]
	朱双华	校企合作项目运行绩效量表[106]
	文益民 易新河 韦林	校企合作综合量表[107]
	赵恒伯 刘繁荣	高职院校校企合作项目绩效量表[108]
	黄洋	职业院校校企合作项目综合量表[109]
院校绩效	赵蒙成	校企合作质量评价量表[110]
	吴结	高职院校实效量表[111]
	胡伟卿	高职院校绩效量表[112]
人才培养质量	李红卫 封蕾	人才质量监控量表[113]
	李时 姜文雯	应用型人才评价量表[114]
	包兴先	技能型人才质量评价量表[115]

8.7 本章小结

本章运用企业社会责任"影响因素-行为表现-影响结果"的分析框架,对企业承担职业教育社会责任的行为规律进行了研究,发现企业承担职业教育社会责任以优质资源获得和自身战略发展为根本出发点,企业承担责任的认知对其承担责任的行为存在正向影响,企业承担责任的行为对企业绩效存在正向影响,政府、行业协会对企业承担责任具有正向调节作用。在利益相关者管理模型框架中,真正驱动企业承担责任的是为其可持续发展提供保障的优质的异质性资源。在理想的运行机制良性循环下,企业将承担职业教育社会责任视为能够获得绩效提升的途径,从而响应社会的期待,将承担职业教育社会责任作为其战略发展的重要选择。其承担职业教育社会责任的理念越深入,则行为表现越突出,企业的经营绩效也会越好,最终取得经济效益和社会效益的最大化,实现企业战略发展目标,这是企业自觉主动承担职业教育社会责任的内驱所在。

(1)企业承担职业教育社会责任对企业外部关系性要素的影响作用显著高于内部直接的生产效益相关要素。通过承担责任,企业更容易获得行业内支持和认可、员工能力增强、顾客的满意度和忠诚度、带动供应商和经销商共同承担责任方面的收益。进一步探究发现,企业承担责任对推动产业链中供应商和经销商共同承担责任、提高顾客的满意度和忠诚度、获得行业内支持和认可等间接关系性绩效的影响高于对直接经济性绩效的影响,其中承担社会责任会进一步扩大企业的经济效益的相关系数最低。这表明,承担职业教育社会责任的收益和成效不是短期内能够显现的,较快的成效会首先反映在间接关系性绩效上,主要表现为提升企业的社会声誉和形象。

(2)企业承担职业教育社会责任对企业绩效的影响与院校资源重要性、企业资源重要性及校企共生资源重要性的各项要素均存在相关关系。其中,与企业绩效高度相关的资源是职业院校提供的技术创新、生产服务和资源拓展类资源,企业提供的社会关系、文化育人环境及技术支持和服务类资源,校企共生资源中的责任管理水平提升、技术咨询服务能力提升、参与职教育人和行业标准制定能力提升而获得的社会和行业认可、声誉提高和形象提升。技术创新、技术赋能的教学资源转化是新时期产业转型升级背景下,深化和促进产教融合的关键要素,这也是产业链、创新链、人才链耦合协同的核心要素。

(3)政府对企业承担职业教育社会责任的支持程度直接决定着企业的绩效水平。政府支持程度对企业的间接关系性绩效中获得更多的行业内支持和认可、推动产业链中供应商和经销商共同承担责任、提高顾客的满意度和忠诚度的相关度较高,这也是企业承担责任对企业绩效的影响作用较高的外部因素，说明政府在促进企业外部环境提升方面的作用显著。另外，政府的支持在企业内涵提升方面的作用相关度也较高，如在产品质量、企业运营管理能力和技术研发能力等方面的提高。随着国务院《国家职业教育改革实施方案》《职业技能提升行动方案（2019—2021年）》，以及发展和改革委员会、教育部《建设产教融合型企业实施办法（试行）》等系列文件的出台，政府的组合式激励政策与本研究中的核心要素将相继在产教融合建设方面产生作用，职业教育的育训功能和内涵质量，企业承担职业教育的内生动力将进一步得到极大的促进和增强。

（4）不同区域的企业承担职业教育社会责任在提高企业生产率、增加企业销售收入、提供更优质的产品、提高企业运营管理水平四个方面存在差异性。天津在这四个方面的绩效表现均高于长三角、粤港澳大湾区、北京和河北地区。天津的经验说明，区域层面促进产教融合要从两个方面着手，一是夯实专业（群）建设基础，紧密对接产业、行业、企业、职业，提高职业院校对人才和技术的服务能力；二是通过整合资源，相互对接、协同联动，激发企业参与职业教育的内生动力，促进产业链、教育链、人才链、创新链有机衔接。协同发展既需要产业结构的调整又需要产业布局的整体规划，在此基础上制定推动企业主体作用发挥的政策框架体系，切实促进产业发展，让企业得到经济收益是深化产教融合的核心成效。

（5）上市企业、参与校企合作项目的企业、参与现代学徒制或企业新型学徒制项目的企业承担职业教育社会责任对企业绩效的影响显著高于其他企业。企业管理制度规范能够促进企业承担社会责任，推动企业与职业院校的合作，深度参与产教融合项目，从而对推动和促进企业外部和内部的绩效产生积极的影响，这是企业承担职业教育社会责任行为能够促进企业成长和发展的证实。

（6）企业与企业所属行业内的合作，与能够为企业提供优质的社会关系、专门的招生指标和专项支持资金的职业院校合作，表现出对产业链伙伴产生影响越大、社会责任行为在考评体系中比重越大、参与合作在行业协会内话语权越大的履责行为，以及政府对企业管理者决策的作用越显著，企业承担职业教育社会责任对企业绩效的影响越大。这表明，企业绩效的影响因素与职业院校为企业提供的优质资源直接相关，优质的社会关系、专门的招生指标、专项支持资金是企业参与职业教育办学最关键性的要素，而社会关系和专项支持资金也是企业发展壮大、服务教育的关键资源，对这些资源的需求是企业承担职业教育社会责任的内驱动力，是职业教育所能提供给企业，让企业对其有较强依赖性的优质资源。

（7）企业承担职业教育社会责任的行为规律符合"社会责任原则-社会响应过程-社会责任结果"的利益相关者管理模型，该模型能够较好地对企业承担职业教育社会责任的认识、选择、行为、结果进行动态过程描述。因此，从注重企业承担职业教育社会责任的理念和认知开始，到在这个过程中企业基于社会责任的实现与职业院校、政府、员工、供应商和经销商等特殊利益相关者团体的互动关系，再到企业职业教育社会责任成熟度及企业与院校提供资源、双方共生资源的重要程度，是企业获得更多绩效的关键因素，也是培育和评价产教融合型企业的重要维度。

第 9 章

担当与坚持：企业职业教育社会责任的案例报告

——来自河北新龙科技集团的案例报告

背景资料

  企业承担社会责任，实现社会可持续发展，已成为当今全球发展的潮流。党的十九大为中国开启了新时代，新时代要有新责任、新担当。作为企业，要实现产品升级、创新发展，生产符合时代发展需求的产品，满足人民日益增长的美好生活需要，这也是企业承担社会责任追求的目标。人工智能、虚拟现实、物联网、大数据、5G、共享经济等新技术催生出了信息互联、产业共治的新思路，使得企业在制定发展新战略的同时打破传统的社会责任概念，集合各方的智慧和力量，实现企业的合作和共享。跨界、融合、共生、共赢是信息时代的全新经营理念。

  经济社会不断发展，企业的利益相关者及其诉求也在发生变化，企业所承担的社会责任也随之升级改变。更多的企业将社会责任融入发展远景和工作格局中，也有更多的领域被纳入企业社会责任的

第 9 章 担当与坚持：企业职业教育社会责任的案例报告

范围，从而推动整个社会可持续发展。新技术、新规范的普及和推广对劳动力市场中的人力资源提出了新要求。世界的发展证明，能够促进产业进步的高素质技术技能人才的短缺将是制约经济社会发展的关键要素。参与职业教育人才培养过程，承担职业教育社会责任现已成为企业在承担社会责任中首要关注的内容之一。

2014 年 6 月出台的《现代职业教育体系建设规划（2014—2020年）》中明确要求"将国有大中型企业支持职业教育列入企业履行社会责任考核内容"，首次提出了将企业参与职业教育的行为列入其社会责任的范畴，明确了企业参与职业教育是承担社会责任的行为表现，为企业社会责任的范围划入了新的领域。2019 年 1 月，国务院印发的《国家职业教育改革实施方案》特别提出，要"厚植企业承担职业教育社会责任的社会环境，推动职业院校和行业企业形成命运共同体"。这其中，营造企业承担责任的社会环境是各相关部门形成政策合力的落脚点，推动建设产教融合命运共同体是体制机制创新，推动教育链与产业链、人才链、创新链有机衔接的任务目标。这将是未来我国经济社会发展中的大变革、大趋势，将对企业和院校的组织创新产生重要影响，对提高就业质量、促进产业转型发展起到重要推动作用。

在新时期，许多企业在国家深化产教融合、鼓励多元主体办学的激励下，以企业为主开发了系列应用型课程，将企业真实项目、案例融入教育教学中并进行不断探索。本章案例就是一个很好的观察企业承担职业教育社会责任发展及成效的案例。

深化产教融合是当前职业教育创新发展的核心要素和本质特征，其根本任务和关键落脚点是充分发挥企业的主体责任作用，推动企业与职业院校形成命运共同体。企业承担职业教育社会责任的理念深刻地阐释了企业主体作用的角色定位，是有效实现企业经济属性和社会属性协调统一的责任载体[116]。

新的历史时期，企业在与职业院校合作的过程中责任理念、意识的提升，校企共生资源的依赖性和成长性，以及企业在不同的发展阶段所进行的战略决策调整、承担的责任对企业绩效的影响等，将成为企业承担职业教育社会责任的内在动力和行为选择的根本。因此，企业承担职业教育社会责任的过程不仅带有区域经济发展、产业转型升级的烙印，受到来自不同层面政策的影响，同时也受到管理者责任意识、共生资源重要程度及企业绩效的"光合"作用。这种"光合"作用是校企资源提供、交换、成长的催化剂，在企业与职业院校责任共担和利益共享中起着至关重要的推动作用。这些校企合作的要素是如何协同运行起来的，企业承担社会责任的内在驱动力，发展中的博弈、抉择和行动及其对职业院校所产生的影响是企业承担职业教育社会责任需要了解和借鉴的内容，同时也是院校行动必须关注的重点。

河北新龙科技集团（以下简称新龙）是河北省政府批准的首家股份制软件企业，企业自 2004 年开始与职业院校合作，历经 19 年的实践，从摸索、成长、拓展走向提升，形成了特色鲜明的产教共同体，校企双方经历了我国进入 21 世纪以来推动职业教育校企合作的各个阶段，每一个阶段合作都对新的要素进行了深入探索和实践，创新合作模式，校企双方彼此成就，实现了各自的发展目标。在这个过程中，新龙承担职业教育社会责任的意识和理念不断增强，产教融合成为其每一步发展的战略选择。新时期，产业发展需求提升，新龙开始了建设产业学院的探索。随着产教融合利好政策的不断出台，新龙更加坚定了参与产教融合的自信和决心，不仅积极发挥自身在命运共同体中的责任，而且在职教集团中主动承担着推动职业教育创新发展的使命和担当。

第 9 章　担当与坚持：企业职业教育社会责任的案例报告

9.1　企业承担职业教育社会责任的基本情况

新龙创立于 1995 年 5 月。经过 28 年风雨历程，形成了以河北新龙科技集团股份有限公司为龙头，河北新龙信息技术有限公司、河北演艺集团科技有限公司、河北新龙人力资源服务有限公司、石家庄新龙软件科技股份有限公司、石家庄新龙之翼电子商务有限公司、河北省新龙职业培训学校、新龙智慧谷为骨干的信息产业集团。现有在职员工 160 人，兼职员工 500 人，3 个产教融合基地，合作院校在校生 6800 多人。集团主营业务是软件研发与服务。新龙是河北省政府批准的首家股份制软件企业，河北省软件与信息服务业协会认定的首家软件企业，取得了首批国家信息产业部颁发的计算机信息系统集成资质证书，是行业内最早通过 ISO9001 标准认证的国家级高新技术开发区之一。自创始以来，新龙紧跟 IT 新技术、新趋势，在大数据、云计算、人工智能、信息安全、物联网等方面开展创新，创造性地完成了国家、省内众多重点信息化项目，取得了较好的生产效益。

在 2005—2015 年间，新龙从项目公司逐渐转型成运营企业，重视研发投入，先后承担了国家、省、市各类课题项目数十项，其承担的科技部"翰子昂软件人才实训公共服务平台""软件园软件测试公共服务平台"项目被认定为国内领先水平。新龙始终紧跟产业发展步伐，同时积极响应国家关于支持软件类专业人才培养的要求，致力于软件人才培养，投入软件人才培养、培训、教育、实训的探索和实践，逐渐将参与职业教育、培养河北省软件行业合格人才作为自身战略发展的板块，形成了其独特的发展模式——"一个事业，两个翅膀，互动发展"。其中，一个事业是专注于软件行业，两个翅膀指的是软件研发与服务、软件人才教育与培训，以软件研发与服务拉动软件人才教育与培训，以软件人才教育与培训推动软件研发与服务，促进集团的可持续发展。目前，新龙已经形成了一批具有自主知识产权的服务于教育信息化的"智慧教育"系列产品。2013年，新龙成为河北省软件与服务外包职业教育集团的牵头单位，该集团是河北省教育厅批复的省内首个以行业及企业牵头的职业教育集团。

9.2 企业承担职业教育社会责任的历程

1. 1995—2002 年：组织生存的基本需要

新龙在建立之初就树立了良好的社会责任意识。企业负责人曾经是国企的员工，由于单位合并后业务范围发生改变，导致个人对事业的追求与单位主营业务存在较大偏差，因此辞职下海自创企业。1995 年，在企业的初创期，业务出现很多问题，为了生存，企业选择了利润提升较大的培训业务以维持软件开发业务，注册了"石家庄信息技术培养学校"。该业务板块是针对自己的上下游用户，从应用到服务、从开发到创新进行全面培训，培训业务为推广企业产品、争取客户立下了汗马功劳。与利润的获得同时收获的是形成了"与用户共成长"的核心价值观，为后来企业参与职业教育奠定了坚实基础。新龙承担社会责任的原因，是基于企业对客户承担社会责任，实现消费者满意，其本质是满足利益相关者的合作诉求，获得良好的社会效益和经济收益，符合企业发展的战略选择原则。

新龙对客户的社会责任意识在市场需求中不断扩展。随着信息技术的迅猛发展和培训业务需求量增加，新龙发现做好软件行业培训，不仅需要有教育理念，更需要有最前沿的核心技术，有专业的课程开发团队和系统的教材，虽然在增强培训效果上下了很多工夫，

第9章　担当与坚持：企业职业教育社会责任的案例报告

但苦于没有行业领域的高水平专业团队，一直收效甚微，这种状态一直持续到 2000 年。在中华人民共和国科学技术部和教育部支持下，北大青鸟集团与印度 APTECH 公司成立了合资公司，专业培养实用型软件工程师，实施加盟连锁模式。新龙恰逢其时成功加盟，开始培养"北大青鸟软件工程师"。先进一流的人才培养理念，与国际软件技术接轨的课程实训体系，标准化的教师团队，规范的考核管理系统，使新龙的培训业务板块迅速进入一个快速成长期，为今后的课程研发提供了教育理念和人员储备。

2. 2003—2013 年：创新发展的历史机遇

信息产业迅速发展导致的人才匮乏使新龙开始思考如何培养自己能用得上的人才，几年的培训经历和对人才的渴求使新龙树立起为行业培养人才的理念，主动承担起为河北省软件行业发展培养"工作需要的人"的责任。2003 年年底，中华人民共和国教育部在实施本科院校示范性软件学院的基础上，开展国家示范性软件职业学院的建设遴选，河北省推荐三所高职院校参加，石家庄职业技术学院是其中之一。《教育部办公厅关于试办示范性软件职业技术学院的通知》中明确要求："实行开放式办学，吸收国内外优质的教育资源，开展多种形式的产学结合、校企合作，特别要加强与国家和地方软件园的联系与合作，同时争取国际国内若干软件企业、公司的支持，共建实训实习基地和技术开发研究室等，联合开展技术攻关，以增强办学活力。"在政策的推动下，新龙与石家庄职业技术学院顺利达成合作意向，开始了双方的合作之路。

曾经的培训经验和社会责任意识使新龙在与院校的合作中主动承担了人才培养过程中的核心任务，特别是在课程开发、课程体系构建、师资配备、实训实习等方面，企业有较为丰富的经验，因而在合作中拥有较大"话语权"。育人环境也由企业投入并进行设计和优化，管理上实行"企业+员工"的模式。校企双方在合作中，逐渐摸索形成了以互渗的校企文化为支撑，以开放式的教学管理为基础，以互济融合的双师团队为保障，构建"三阶段三对接"的培养模式，打造"教师+工程师"的师资队伍，按照"标准嵌入+真实项目"的思路建立课程体系，实施"学校+园区"的轮动学习模式并在此过程中坚持"贯穿始终的项目实习实训、技能训练考核、职业素质培养、服务成长关怀"育人工作原则，形成促进学生"德技并修、工学结合"的"四梁四柱"育人模式（图 9.1），真正实现了产教相长、校企共荣、深度融合。

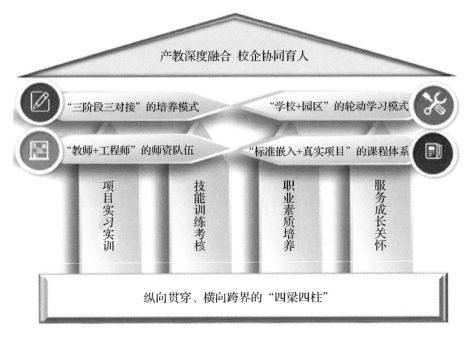

图9.1 "四梁四柱"育人模式示意

在合作探索过程中，新龙的职业教育社会责任被不断激发，并且及时抓住了两次政策支持的关键节点。一是利用河北省软件与服务外包产业发展支持人才培养的支持政策拓展合作院校，形成"一

第 9 章 担当与坚持：企业职业教育社会责任的案例报告

企多校"分层培养的合作模式。2012 年，《河北省人民政府关于加快全省服务外包产业发展的若干意见》中提出，重点培育 20 个培训基地，创办 10 所省级服务外包示范学院，专设招生计划，实行成本性收费，以鼓励校企合作，培养实用型人才。新龙积极响应政府号召，先后与石家庄学院、张家口职业技术学院分别签约共同创建软件与服务外包学院；与石家庄经济学院（现河北地质大学）、河北经贸大学信息技术学院、河北科技大学等高校签署战略合作协议，继续探索校企融合、工学结合。二是以企业为主牵头组建职业教育集团，形成"多校多企"产教融合生态系统。2013 年 1 月，为促进产业拉动教育、教育推动产业互动发展，新龙联合河北省软件与信息服务业协会、河北省服务贸易与服务外包协会共同牵头组建了河北省软件与服务外包职业教育集团，构建了校企合作、产学结合、培养实用人才的河北省服务外包人才公共服务平台。在这个平台上，新龙与更多的院校和行业企业开展了广泛合作。例如，启动"双百工程"，实现校企双方优秀专业技术人员互通互聘，为校企双方人员赋能；牵头开发基于 ISCC（国际服务外包从业人员标准，International Service Outsourcing Career Certification）的职业标准体系；设立"IT 人才成长基金"和"大学生创业就业基金"，在省内建立河北省大学生创业就业实训平台和测评服务中心，使企业的社会责任内涵有了质的提升。

3. 2014—2018 年：人才升级的战略应对

这一时期数字化转型升级加剧，技术人才的匮乏再次加深了企业危机感，新龙开始深层次思考未来发展中如何推动人工智能时代的人才供给，与院校合作创新产教融合平台，开创新一轮人才培养模式。2014 年，《国务院关于加快发展现代职业教育的决定》中提出，探索发展股份制、混合所有制职业院校，引导社会力量参与教学过程，共同开发课程和教材等教育资源。国家政策的出台促使企业对自身在产教融合中能够发挥的主体作用有了新的认识，新龙意识到教学内容应有彻底性变革，认识到这个阶段作为牵头企业的责任应是开发新课程，满足新技术对人才的需求，企业社会责任再度升级。2017年，国务院办公厅印发《关于深化产教融合的若干意见》，鼓励企业以独资、合资、合作等方式依法参与举办职业教育。新龙再一次调整发展战略，在2018年建设了智慧谷产业学院（新龙智慧谷），开始了以企业为主的产教融合育人模式的探索。新龙的职业教育板块继续扩大，已经从积极参与职业教育发展到举办职业教育的阶段。2018年3月，新龙成立了第一个"职业精英班"，从所有专科层次的合作院校二年级学生中遴选11名学员，精准定位学员未来的就业岗位，开始了培养职业经理人的探索。以课程供应链改革为抓手，联合职业院校，从技术、技能、知识、管理能力、社会认知等方面，构建"能力、知识和素养矩阵"，重构了模块化的产教融合课程体系，重组教学内容。新龙对此投入专门的场地打造产教融合育人环境，通过15个月分9个阶段的"迭代螺旋"培养方式，对学员进行了分阶段个性化培养，有效地促进了学员能力、知识和素养的提升。新的人才培养定位得到业内认可，"职业精英班"学员未毕业就已经被多家知名企业预定。企业由此开始了以打造产业为核心，在发展产业中培养人才，在培养人才中发展产业的新尝试。在与院校的合作中双主体共育的实现，使企业的社会责任内涵进一步升级。

4. 2019年至今：国家利好政策支持

近年来，国家产教融合政策的大环境持续利好。2019年1月，国务院印发《国家职业教育改革实施方案》。同年3月，河北省率先出台《河北职业教育改革发展实施方案》，并积极推动混合所有制股份制改革试点。新龙与石家庄职业技术学院向真正的股份制合作形式迈了一大步,具有重要的意义。新龙又一次顺应政策形式,及时开始了升级创新的新征程。

9.3 企业承担职业教育社会责任的条件和内在驱动力

1. 企业的角色认知:责任意识的萌芽

新龙在谋求自身发展的过程中,将行业人才培养视为己任,积极与职业院校合作,在多年的探索中承担了职业教育多样化人才培养、技术技能传承、促进就业创业的责任。在合作过程中,企业从一开始就处于主导地位,学校始终保持着配合和规范的作用,与企业共同将企业的真实任务和项目转化成教学资源,将企业的文化理念融入校园。企业最初的角色定位决定了企业在育人过程中的主体作用,使企业萌发了承担职业教育社会责任的使命感,并贯穿始终。企业对客户业务负责,为区域产业、行业发展育人的初衷是企业承担社会责任的基础条件。这个初衷作为企业承担职业教育社会责任的源头,不是企业追求的短期利益,其本质是企业承担伦理责任。

2. 政策的持续支持:责任环境的营造

纵观校企合作项目成长发展的每个阶段,都离不开相关政策的引导和扶持。政策支持反映在对信息产业发展的大力扶持和对产教融合、校企合作的引导支持两个方面。随着校企双方合作关系的持续发展,企业参与职业教育的政策利好不断升级,企业每一次与职业技术学院深入推进合作的决策都与国家大力发展职业教育、促进产教融合与校企合作的步伐合拍。企业承担职业教育社会责任的过程也反映了校企合作的政治、经济、技术和文化环境不断优化的进程,企业的积极性和主动性受到了极大激励。特别是《国家职业教

现代职业教育中企业社会责任的实现机制与评价研究

育改革实施方案》的出台,明确提出厚植企业承担职业教育社会责任的社会环境,推动职业院校和行业企业形成命运共同体,为推动企业社会责任的可持续发展奠定基础。

3. 相互的认同信任:责任履行的动力

企业管理者和员工对社会责任的认知和重视程度是企业职业教育社会责任实现的基础。校企相互之间的理念认同是校企合作持续的关键要素。新龙的校企合作项目持续发展,很大一部分动力来自企业家的教育情怀、对职业院校的信任和与职业院校合作育人的共识。新龙的董事长具有深厚的职业教育情结,在合作过程中没有将企业的利润作为第一追求,而是始终追求培养质量的提升。而新龙校企合作项目的深入,也同样凝结着石家庄职业技术学院管理者对校企合作本质内涵的理解,对企业的信任,以及通过实践凝练出来的共生依赖的合作思想。

4. 价值取向的定位:责任意识的方向

从企业社会责任的内涵不难看出,企业承担社会责任并非单纯的公益性付出,企业在承担责任的同时获得应有的收益,符合企业的组织属性特征。在实现其营利的根本属性的同时承担相应的社会责任,应成为企业的一种发展模式、竞争方式和管理战略,这也是企业提高其核心竞争力的重要途径。从战略发展的角度来看,企业承担职业教育社会责任的价值取向不可回避地带有营利性的目的,但不能急功近利,而应是经济效益与社会效益的均衡发展。新龙将育人目标与企业发展追求的目标有机地结合在一起,在深入履行社会责任、服务行业发展的同时,并不影响企业追求利益最大化,提升企业的治理能力和治理水平。

5. 体制机制的完善:责任持续的保障

合作双方坚持"合作共赢"的原则,始终秉持"把需要工作的人变成工作需要的人"的办学理念,在机制上形成了石家庄职业技术学院、新龙、河北省信息产业行业协会的多元治理结构,实行理事会领导下的院长负责制。新龙与院校共同制定了《石家庄职业技术学院混合所有制办学实施办法》和 200 多个工作标准化文件。校企双方按照"机制健全、责任明确、分工合作、目标一致"的原则进行双主体管理,对双方资源及利益进行深度捆绑,完善利益共享机制,创新"三阶段三对接"人才培养模式,构建课程开发机制。在办学收入上,学院与企业采用利益分成机制,按 4∶6 的比例进行分配。

9.4 企业承担职业教育社会责任的成效和收益

1. 拓展责任内涵,企业声誉不断提升

通过承担职业教育社会责任,企业的技术研发和合作育人共进双赢,得到了行业的认可和支持,提升了"新龙科技"品牌的社会影响力,在软件与信息服务业拓展了市场份额,有力支持了企业未来的可持续发展。新龙创立 27 年来获得数十项嘉奖,包括全国有影响的软件企业、河北省科技企业十强、河北省信息产业创新企业、河北省软件与信息服务业"双十佳"企业、河北省最佳雇主、中共优秀党组织、石家庄信息行业纳税大户等称号。2007 年,新龙被科学技术部认定为国家火炬计划软件产业基地骨干企业。2015 年 12 月,新龙旗下石家庄新龙软件科技股份有限公司在石家庄股权交易所正式挂牌上市交易,登陆资本市场。2018 年,新龙跻身河北省软件与信息服务业五十强企业。

2. 强化共建机制,加快师资团队建设

企业从结构、身份和制度三个层面实现了校企组织间人力资源共享，加速了企业成员的知识整理，提高技术研发水平。一是实现校企人员的互济融合。学院采用培养、聘请、引进相结合的方式，依托行业与企业优势，构建了"互聘互兼、理实兼备、优势互补"的"双师型"教学团队。二是完成校企身份转换。专任教师通过企业顶岗实践，主动参与技术创新，实行新教师先实践、后上岗的定期实践制度，完成专任教师与企业技术人员的身份转换；企业兼职教师在前期参加教育教学培训，参与人才培养方案、教学计划、教学内容制订，以及教育教学研讨等，实现从企业技术人员到兼职教师的身份转换。三是制度建设引导。新龙与职业院校共建的软件学院针对各类教师分别制定了《教师标准及工作要求》，形成了"教师+员工"的管理模式，工作人员既是学院的教师，又是企业的员工，实行双重标准的要求和管理，提升教师团队教学能力和技术创新水平。

3. 成果获得认可，精准服务产业发展

一是企业深度参与的合作模式得到推广，以软件学院为孵化器，与冀鲁豫等省市 14 所院校开展"专业共建"，与河北科技大学、河北经贸大学、石家庄学院等 10 所本专科院校共同建立了二级学院，并向各高校共建二级学院理事会输出管理人才。二是研制行业标准，服务行业产业发展。软件学院与新龙制定《软件行业人才培养目标和培养标准》，撰写《京津冀软件人才评测体系》，建立服务京津冀 IT 行业的"预约就业"企业资源库。三是创新实训体系，引领产业人才培养。新龙组织企业、高校合作开发"翰子昂软件工程师实训体系""软件工程师职业能力训练体系（HCCP）"等教学产品，并成功推向社会，其中"翰子昂软件工程师实训体系"在全国 27 所高校应用，学员超过 10 万人，成为科学技术部火炬计划支撑项目；"小额贷款公司管理以及运营信息化服务系统"服务全省 644 家小额贷款公司近 5000 名用户，累计放款 18 万余笔，金额逾 1200 亿元；

第9章 担当与坚持：企业职业教育社会责任的案例报告

牵头建立的河北省软件与服务外包职业教育集团现有成员单位328个，含高校42所，行业协会3个，科研院所6个，软件服务外包企业277个，涵盖京津冀所有骨干企业，实施软件与服务外包"双百工程"；"七维度产教融合育人体系"获得教育部职业教育教学成果二等奖。

4. 学生素质提高，社会声誉不断提升

2016年毕业生就业质量年度报告显示，软件学院毕业生专业对口就业率98.89%，毕业半年平均薪金达4147.19元/月，在省内学院名列前茅。软件学院的学生得到企业的认可和肯定，校企合作人才培养模式对学生、家长和企业产生了"磁吸效应"，招生规模逐年增长。2018年，精英班培养模式和未来的就业岗位定位受到多家企业的关注和青睐，学员已经被很多优质企业预定。2021年，河北省科学技术厅批准建设的河北省网络安全监测技术创新中心，由新龙和石家庄职业技术学院共同承担建设任务。

9.5 本章小结

新龙承担职业教育社会责任的历程具有典型意义和代表性。在国家鼓励校企合作、产教融合的各个历史时期，企业都进行了积极的响应，与院校的合作不断深化，合作模式不断更新，从校企一对一，到企校一对多，再到政企行校多对多，以及以企业为主的产业学院的建立，企业的职业教育社会责任不断扩大创新，在行业和产业链上得到了肯定和支持，产教融合生态系统逐渐形成规模。通过此案例，我们可以得到促进企业承担职业教育社会责任的成功经验。

（1）增强企业参与的话语权，提供系统的政策支持和激励。

企业在人才培养中拥有充分的自主权和话语权是推动企业深度参与校企合作并不断创新的动力。相关的研究也证实了这一点，企业的话语权越大，校企合作关系就越容易建立。赋予企业更多的"话语权"，即在人才培养、技术创新、社会服务、就业创业、文化传承等方面使企业有更多的自主性，让企业有更多的责任，一方面要明确责任的边界和使命，另一方面要确保企业的合法收益，这些都需要有配套政策的支持和保障。在新的产教融合布局下，推动企业主体作用的发挥，全面推动供需对接和流程再造成为操作层面的重点和难点，尚需建立支持企业参与校企合作的制度体系和资源平台。新龙的实践证明，企业在每一个政策激励的节点都会有新的实践行动，这正是政策的红利为企业行动带来的助力。因此，需要研制出台具有地方特色的"金融+财政+土地+信用"组合式激励方案，整合财政、发改、人社、税务、国资委、教育、自然资源等部门共同形成政策合力，促进产业链、教育链、人才链、创新链有机衔接。

（2）充分发挥行业协会作用，引导激发企业的社会责任意识。

行业协会代表着本行业全体企业的共同利益。从功能来看，行业协会具有天然的行业凝聚力与制约力。新龙在河北省信息产业与信息化协会、河北省软件与信息服务业协会、河北省服务贸易与服务外包协会中担任重要职务，承担职业教育社会责任可及时得到行业协会的认可，深层次地激发和推动了企业持续承担责任的意愿和使命感，激励和推动了企业成立职教集团，积极为各类成员服务，组织校企对接，共同制定人才培养方案，选拔企业工程师、高管到高校任职，组织用人单位到高校举办招聘会，在推进工作过程中实现了政府、协会、企业、职业院校四方联动。因此，行业协会应发挥组织凝聚力，对行业中有发展前景、责任心和使命感的企业赋予重要职责，带动行业内其他企业共同承担职业教育社会责任。同时，为企业提供人才资源、发展指导、技术服务和成果信息，帮助其发挥主体作用。

(3）完善科技创新环境建设，扶持产教协同技术研发和成果转化。

完善科技创新环境建设，扶持产教融合项目和成果，鼓励企业与职业院校研发新技术、研究新装备、研制新产品，充分发挥企业的主体地位，构建以企业为主体、以市场为导向、产学研相结合的职业教育技术创新体系。一方面，提升职业院校教师的科研水平和技术服务能力，同时促进企业积极与院校合作研发，产教融合共同培育技术研发、创新、服务团队。另一方面，科研主管部门加大扶持和鼓励力度，鼓励企业和院校共建创新研发平台，以及工程技术研究中心、企业实验室、生产性实训基地、技术咨询服务站等平台，在项目立项方面给予专项支持和倾斜政策。借助产教融合项目，促进行业龙头企业、国内外科研院所、应用技术大学、职业院校合作共建技术创新中心，集产学研用一体化平台、生产性工厂、技术服务、员工培训、生产车间、可视化展示功能为一体，将技术研发、成果转化与教学改革、人才培养相结合，以科研促教学，以成果促生产，提升服务产业能力。

（4）加强校企文化有机融合，实现企业承担职业教育社会责任的价值。

新一轮科技革命和产业变革，要求现代化职业教育体系构建开放创新复合多元的生态系统。在促进产教融合进程中，发挥企业主体作用，还体现在企业文化的融入上。这就要求建立有利于促进企业技术技能、工匠精神、先进管理、创新文化等要素融入学校人才培养、科学研究、创新创业全过程的理念和推动机制，构建和谐共生的校企文化生态系统，帮助人才需求侧精准对接供给侧，促进人才培养质量的提升。构建产教融合的学习空间，将企业文化融入学校制度、管理和活动中，突破教育与产业的边界，使学校学习和工作环境无缝对接，是校企文化融合的内涵所在，也是企业承担职业教育社会责任的价值所在。

（5）构建"互联网+教育+产业"创新平台，推动产教多元融合发展。

在信息化技术迅猛发展的背景下，还应以区域产教融合项目为依托，建设"互联网+教育+产业"产教融合创新平台，整合政府、行业协会、龙头骨干企业、科研院所、园区、社区、乡村镇、中高职院校的优质资源，利用"大智移云"技术建设集成化、智能化的产教融合生态系统，以产业链为导向，明确不同层次、规模企业的主体作用，龙头企业引领，骨干企业带动，大型国有企业示范，中小微型企业协同跟进，建设信息技术时代的产教融合"学习工厂"，推动职业院校和行业企业形成命运共同体。

第10章
现代职业教育中企业社会责任的推进政策与建议

当前，信息技术赋能产业对要素资源在全球范围内流动提供了巨大的推动力，数字经济时代推动着经济社会发展、产业技术转型升级，产业之间的相互渗透和融合使其边界变得越来越模糊，促使院校和企业思考和探索社会可持续发展的需求所带来的变革。人力资本成为促进经济发展、推动产业结构升级和推动双创深入发展的核心和关键要素，建设支撑产业转型升级的人才培养体系，培养适应数字化转型的人才资源成为各国战略布局的重点。加快建立有利于促进产教融合的体制机制，发挥企业的主体作用，构建产教深度融合、校企协同育人、完善需求导向的人才培养模式，推动教育链与产业链、创新链和人才链的有机衔接，是时代赋予职业教育的新使命。

职业教育人才培养需要在规范的框架中构建起承载创新发展理念的逻辑系统，以应对不断变化的市场需求。职业院校的人才培养生态链不仅需要教育内部各要素之间的优化组合，而且需要教育外部行业企业、科研院所、园区、社区等优质资源的整合重塑，应注重将生源的变化、教育技术创新、课程体系建设、管理评价设置与新的生产要素作用、生产流程再造、生产管理运行进行有机融合，构建起职业教育专业特色鲜明的人才培养生态链，在人才培养中促进和推动产教融合命运共同体、职业院校协作发展命运共同体的建立和形成。同时，产业发展背景下职业院校与企业进行技术技能积累创新和社会服务升级等，也对企业承担职业教育社会责任提出新的要求。企业承担职业教育社会责任，深化产教融合、校企合作，已经成为新时期经济社会发展的新语境。

站在新的历史起点，产业升级变化中企业也要面临产业重组所带来的挑战，技术赋能的企业要适应新产业的组织方式，企业之间需要在新的产业链逻辑中进行合作，寻求协同共生。企业为顾客创造更大的价值是驱动增长的来源，新模式、新业态中驱动增长的来源，不仅仅是产品本身，还有企业与社会、社区和行业之间的影响和责任。技术迅猛发展中的企业应该有人力资源的支撑，才能完成与产业升级并行的战略转型，可见企业的战略规划实质是人力资源规划。因此，深化产教融合、校企合作，助力和赋能企业在产业转型升级中的人力资源、技术创新、服务水平的增长，在职业院校实力足够支撑的前提下，将是企业承担职业教育社会责任的内生发展动力。

10.1 研究结论

企业与职业院校是分属不同性质的组织，两者之间合作关系的建立与维系在于对方能够助力自身的成长和发展。校企双方的生存与发展依赖于资源及其获得和保持资源的能力，其中，企业生存与发展所依赖的资源是从特定物质资源和人力资源到众多资源的集合，而企业最关注的是能够为其提供可持续竞争优势的关键性资源，资源依赖基础上的企业契约关系推动着企业主动承担社会责任。一

第10章 现代职业教育中企业社会责任的推进政策与建议

般地,企业在选择承担社会责任时会按照利益相关者对企业的影响力及其对企业的关注度进行识别。企业对职业院校承担人才培养责任的根本原因是其对院校提供资源的依赖性。产教融合、互利共赢,构建命运共同体的校企合作关系,其本质是构建对称性互惠共生的依赖关系。

结论一:企业承担职业教育社会责任的理念提升需要良好社会环境的培育

(1)企业承担职业教育社会责任正在形成共识。

在国家政策的大力推动下,企业对所应承担的社会责任的认识较为深刻且定位清晰。新时期,企业已经意识并体会到承担职业教育社会责任对自身发展的助益,在校企合作实践中正在逐步由需要法律约束的被动接受转化为理性的主动承担,以此谋求政府、供应链企业及消费者、社会公众对其发展的支持。

(2)作为战略发展选择的企业职业教育责任行为具有强大的内驱动力。

从企业战略发展视角来看,企业承担职业教育社会责任,不仅能够获得高素质技术技能人才和技术创新成果,而且会取得更大的社会效益,提升企业社会形象,提高其人才吸引力和服务客户能力,增强员工凝聚力,提高市场美誉度和客户满意度,改善企业所在地的社区关系,等等,这是保证其可持续发展的根本。因此,战略发展决策下企业主动承担职业教育社会责任的行为具有强大的内驱动力。

(3)关键利益相关者的支持是企业承担职业教育社会责任的有力支撑。

利益相关者的支持和促进是企业社会责任实现的前提条件和基础,企业在承担职业教育社会责任中最期望得到来自政府、行业协会、供应链伙伴的支持。其中,企业对政府的诉求是在税收减免、人才引进优惠政策、产业政策引导等方面的支持;企业对行业协会引领的诉求是在协调企业与其他利益相关者之间的关系、加强对企业的正面宣传、提供多元化专业服务等方面的支持；企业希望得到来自供应链伙伴和同行企业的帮助是在专业技术、市场推介、联合参与推进等方面的支持。

结论二：企业承担职业教育社会责任的内生动力是资源的匹配和成长

（1）职业院校提供优质资源的能力决定着企业的战略选择。

产教融合、互利共赢的本质是构建对称性互惠共生的依赖关系。资源的贡献率、相长性和稀缺性决定了企业社会责任配置。对企业而言，院校提供的自有资源以及与企业合作产生的共生资源越重要，企业承担社会责任的意愿越高，承担社会责任对企业绩效的影响越显著。企业参与合作的程度和内容与院校合作治理能力、师资教学科研水平、专业建设水平直接相关。其中，职业院校提供优质师资和满足企业需求的学生、为企业在职员工提供优质培训的合作会受到企业青睐。这对职业院校的办学实力和资源整合创造实力提出了新要求。

（2）企业会选择与自身提供资源相匹配的院校进行深度合作。

能够提供与自身提供的自有资源重要性程度相当且互补的资源的职业院校，也就是与企业自身提供的资源相匹配的院校。合作双方资源的重要性和互补性是企业选择合作伙伴的原则和标准。企业提供的核心自有资源是培养人才所需要的就业岗位和实习岗位、真实的生产环境、文化育人环境，以及技术研发支持和专业技术人员，企业最为看重的院校资源是获得适应企业发展的新员工，对现有员工的技能提升及技术研发革新。

（3）企业注重在承担社会责任过程中获得体现核心竞争优势的共生资源。

企业看重合作过程中资源的成长性。校企合作资源的相长性是维系双方紧密合作的基础。成长性的新资源是整合了合作双方的优质资源，在新的组织平台上对知识、技术和设备等要素进行流程再造，进而在人才培养、技术研发、社会服务、创新创业等方面产生的支持组织可持续发展的新资源，这是产教融合、互利双赢的基础，也是形成产教融合命运共同体的根本动因所在。这对职业院校和企业的治理能力和水平、资源整合能力提出了更高要求。

结论三：企业承担职业教育社会责任会对企业绩效产生积极影响

（1）企业履责行为对绩效产生影响的因素在于外部监督的有效性和内涵发展的引领性。

首先是政府的推动作用，在管理上对企业管理者履责的决策有较大推动，促进管理者将承担社会责任作为企业各级考评中的重要指标；其次是院校提供的优质资源，包括专门的招生指标、专项资金支持和优质的社会关系；最后是企业履责获得优质资源使企业在行业中有较大话语权，且对产业链伙伴影响较大。这些因素均对企业绩效产生较大影响。

（2）企业承担社会责任的成效会首先反映在企业的社会声誉提升等关系性因素方面。

企业承担职业教育社会责任对企业外部关系性要素的影响作用显著高于内部生产效益直接相关要素。通过承担社会责任，企业更容易获得行业内的支持和认可，员工能力增强且顾客的满意度和忠诚度提高，从而带动供应商和经销商共同承担社会责任。这表明，承担职业教育社会责任的收益和成效不是短期内能够显现的，企业应做好长远发展的规划。

（3）企业履责行为对绩效的影响与各类优质的重要性资源直接相关。

在产业转型升级背景下，技术创新和技术赋能的优质资源生产是新时期促进产教融合深化的关键要素，也是产业链、创新链、人才链耦合协同的核心要素。企业履责行为对绩效的影响，与院校提供的与企业技术创新、生产服务类资源直接相关，与企业提供的社会关系提升、生产环境和育人环境、技术支持和服务类资源直接相关，与校企共生的治理水平提升、技术咨询服务能力提升、参与职教育人和行业标准制定能力提升直接相关。

结论四：政府的推动引领作用直接决定着企业职业教育社会责任成效

（1）政府的支持和激励是企业承担职业教育社会责任的根本保障。

政府制定有促进校企合作的法规且可操作性强，相关部门监督执法能力强，是推动企业承担职业教育社会责任的关键。政府的组合式激励政策将使企业承担职业教育社会责任的内生动力进一步增强。政府对企业承担责任的支持和激励程度越高，在外部环境中，企业就越能获得更多行业内的支持和认可，得到更多产业链伙伴的支持，获得顾客更高的满意度和忠诚度，同时也将在内涵建设中获得员工技能、产品质量、治理水平、技术研发能力等方面的更大提升。

（2）政府应针对不同属性的企业进行专项扶持。

针对非上市、非国有企业制定促进履责的政策和规范政策；针对初创期、成长期企业制定扶持政策；加强对中小微企业的资源配置和政策扶持；加强对产教融合型企业的培育，促进各层次企业之间、各类型项目之间的合作交流。

（3）各地政府应根据实际情况制定差异化促进策略。

由于区域经济社会发展不均衡，各区域产业结构不同、企业属性不同、院校发展实力不同，企业承担职业教育社会责任的影响因素和行为表现呈现区域差异化特点。需要各地政府和主管部门围绕产业需求和发展实际做出整体部署，按照产业集群需求规划专业集群发展，搭建产教融合平台，构建区域产教融合生态系统，以"点、线、面、体"进行系统治理。

第10章 现代职业教育中企业社会责任的推进政策与建议

10.2 政策建议

建议一：厚植企业承担职业教育社会责任的社会环境，推动职业院校和行业企业形成命运共同体

企业承担职业教育社会责任的社会环境，包括政治环境、经济环境、技术环境、信息和文化环境等。

（1）构建企业承担职业教育社会责任的政治环境。

在现有政策的基础上，构建和完善企业承担职业教育社会责任相关法律法规体系，并确保其相互之间的匹配度和有效性，同时应注重加强制度和法规的执行力度和监督监察力度，为企业承担职业教育社会责任提供切实的制度保障。一方面，按照各地区深化产教融合若干意见方案，以及产教融合型企业的认定和培育建设指导意见，制定相应的实施细则，明确企业的参与资质、行使主体作用的内容、各部门及利益相关者的职责权利及具体的激励和保障，从理念认知到实际参与，制定各阶段政策保障并获得行业内的认可；另一方面，引导各地区制定区域特色产教融合整体规划，促进企业主体作用发挥，规范企业承担职业教育社会责任的行为，要求企业制定承担责任的规划，并将企业制定规划、参与开展职业教育的情况纳入社会责任报告，赋予相关职能部门以监督执法职责，加大企业承担职业教育社会责任行为在企业信用和社会荣誉称号的考评中的比重，并作为真抓实干成效明显地区评选的支撑材料。

（2）优化企业承担职业教育社会责任的经济环境。

制定企业利用资本、技术、知识、设施、设备和管理等要素参与校企合作的管理流程，切实保障企业的利益；统筹协调各学校对在校企合作中获得的智力、专利、教育、劳务等报酬制定分配方案，明确资金使用和支持渠道；督促各地根据区域实际，落实激励企业承担社会责任所提出的"金融+财政+土地+信用+X"组合式政策的具体措施；明确对兴办职业教育的企业减免当年教育费附加的比例；联合人力资源和社会保障部门，切实落实职业院校通过校企合作、技术服务、社会培训、自办企业等所得的收入纳入绩效考核的比例，激发职业院校教师的积极性和创造力。另外，还应在科技项目支撑、文化引领促进和产业发展支持项目中，逐步加大对校企合作项目的支持力度，支持大型企业的参与，提高合作项目的社区服务能力，创新学徒制人才培养模式，扩大在行业协会中的影响。

（3）创新企业承担职业教育社会责任的技术环境。

探索学校与产业园区共建、学校与科研机构合作、校企技术参股的合作形式，为行业企业技术、产品升级提供服务，出台系统支持产教融合型企业发展的专项对接政策。推动科技主管部门和各行业主管部门为校企合作技术研发创新平台、生产性实训基地建立课题研究和成果转化的扶持通道，同时加大技术培训力度，提升职业院校与企业专业技术人员的研发能力，进一步加大产教融合型项目的科研经费投入和科研奖励力度。推动职业院校与企业共建生产性实训基地，形成培育技术先进、促进成果转化良好机制。

（4）营造企业承担职业教育社会责任的信息和文化环境。

建立人工智能、大数据、物联网支撑的产教融合育人平台，聚集整合校企优质资源，提高资源整合能力，促进信息对称交流与互动，提高合作成效。打造企业文化育人环境，加大对产教融合型企业的宣传力度，选择龙头企业发挥模范引领作用，带动中小型企业积极参与。充分利用利益相关者在企业承担职业教育社会责任过程中的推动作用，构建多元化、多层次的社会责任推进体系。

建立和完善企业承担职业教育社会责任信息披露制度，将企业承担社会责任的行为公开，接受社会各界特别是各利益相关者和社会公众的监督。研制企业职业教育社会责任评价体系，而且要着重关注企业承担职业教育社会责任的部分，对于在行业领域深化产教

第10章 现代职业教育中企业社会责任的推进政策与建议

融合改革的领军企业及建设培育成绩突出的企业，给予"金融+财政+土地+信用+X"组合式激励，提高承担社会责任企业的社会声誉。同时，也应对逃避社会责任的企业形成强大的舆论和社会压力。

建议二：提高职业院校提供优质资源的能力

提升职业院校治理能力和资源整合能力，积极与行业企业共建集教学、生产、创新创业为一体的生产性实训基地，探索股份制、混合所有制形式，为企业提高生产效益、提升产品质量提供服务；夯实专业建设，创新人才培养模式，产教融合开发精品课程，提高人才培养质量，为企业提供优质毕业生；深入行业企业生产实践，运用信息化手段，为企业员工开发专用性培训课程和活页式、工作手册式教材，开发教学资源，及时将新技术、新工艺、新规范纳入教学标准和教学内容，制定培训标准；按照《国家职业教育改革实施方案》中的教师招聘新机制，采取定期回炉精修的形式，让教师到企业实习锻炼，提升教师的教学能力、技术研发能力和社会服务意识。此外，还应建立专门的职业教育督导评价机制，对职业院校的技术技能人才培养水平、技术创新的贡献程度进行引导与评估，确保职业院校的水平不断提升，以适应行业的发展需求。职业院校还应在产业集群的概念下重新定位专业集群，聚集优质生产要素和特质资源，系统构建"创新元网络"和"知识元集群"，精准对接新时期产业链上的技术技能人才需求。

建议三：促进行业协会的引领带动作用

强化行业协会的指导、评价和服务职能，切实发挥行业对企业承担职业教育社会责任的有效引导、沟通、协调和评价作用。建议各地方行业协会建立职业教育指导机构，制定职业技能标准，参与职业院校专业建设规划，指导专业设置与调整和专业标准研制，为职业院校明确人才培养目标、制定课程标准、选择教学内容、开展职业培训等提供指导。行业协会应充分发挥自身的行业背景，在第

现代职业教育中企业社会责任的实现机制与评价研究

三方评价中发挥主体作用,组织、参与研制职业教育质量评价体系,在职业院校人才培养质量、培训质量、职业技能等级证书认证中发挥应有的指导作用。建立行业内的企业和相关职业院校、科研机构、园区、社区共享资源信息平台,在产业链企业中形成企业承担职业教育社会责任促进机制,实现校企资源的共建、共管、共享。

建议四:加强企业自身的治理能力和治理水平

加强对企业管理者、员工承担职业教育社会责任的意识及其理念的培养教育和培训,特别是企业家精神的培养;将企业职业教育社会责任纳入企业文化建设,强化企业的认识和自律约束;引导企业做好承担职业教育社会责任的规划和制度建立,安排专门的机构和人员负责社会责任管理;系统制定企业承担职业教育社会责任的目标,将与职业院校合作进行的人才培养、技术创新和社会服务内容纳入企业战略发展规划,切实与企业员工能力提升、新技术研发、产品升级结合起来;鼓励企业以股份制、混合所有制形式积极参与职业教育项目、实训基地建设,将生产性实训基地作为企业生产性项目,打造"实训基地经济",集技术研发创新、技术培训、人才培养、技术服务为一体,更好地为企业发展、产业进步提供条件和基础。对不同特征的企业,如上市企业、大型企业、国有企业,以及处于成长期、成熟稳定期的企业,还需要制定有针对性的支持和激励策略。例如,给予上市企业更多的平台,在产教融合型企业的培育中为企业搭建参与职业教育人才培养的平台,使其得到更多消费者的认同;让大型企业且处于成熟稳定期的企业在行业标准制定和推广中承担更多的责任,并在其社会责任行为的考评体系中增加职业教育社会责任部分,科学使用评价结果对企业运营给予优惠等,让企业切实感受到声誉提升后的成就感和获得感,增强其承担职业教育社会责任的使命感和荣誉感。

在此基础上,职业院校应积极构建对接产业发展的专业集群,

第10章 现代职业教育中企业社会责任的推进政策与建议

确保资源多样性,提高共同专属性,着力打造产教融合创新体系关键节点。注重将促进企业成长发展的优质要素进行"线性""块状"的集成和优化,构建产教融合命运共同体平台;构建"政、产、学、研、用"五位一体协同育人新体系,以集群特色推动系统可持续发展,共同打造相互依赖、共生共进的创新网络和技术技能积累群体。各地、行业主管部门应制定宏观政策,统筹规划合作节点建设施工图,营造政策制度环境,在系统内构建产教融合供应链;突出产教融合的网络集群优势,提高动态适应性,构建四重螺旋系统,优化产教融合生态系统发展的整体环境。

政府及各部门应充分发挥大型企业、龙头企业在行业内的示范和引领作用,系统设计培育一批产教融合型城市、产教融合型行业和产教融合型企业,在产教融合中形成人才培养共同体、技术技能积累共同体、社会服务共同体,带动中小微型企业积极承担职业教育社会责任,获得更多创新发展的优质资源;将企业承担职业教育社会责任的成效在行业或区域内进行集成,将合作成效扩大化,形成产教融合创新生态系统;以产业链为纽带,将企业在职业教育中承担的人才培育、技术创新、社会服务、文化传承中的优势集成化,整合院校、行业企业、科研院所、园区社区的优质资源进行共建,实现协同共生、互利共赢。

在经济社会快速发展,产业转型升级的背景下,充分发挥企业主体作用,促进企业积极承担职业教育社会责任,以新知识生产模式的特征和规律探索区域、行业层面产教融合创新生态系统的构建,在人才培养、技术研发、社会服务、文化传承等领域实现多组织竞合共生、共进发展的合作运行机制,实现系统中各项多样化、异质化要素之间的动态适应,将为有效促进产业发展需求与复合型技术技能人才培养供给之间的精准对接,为进一步优化区域和行业的人力资源配置,促进新技术、新工艺、新规范的生产、积累和转化,推动新时期经济社会的创新发展、智慧发展和可持续发展提供有力支撑。

10.3 研究存在的不足

党的十九大报告提出,"完善职业教育和培训体系,深化产教融合、校企合作",是将产教融合放在整个经济社会发展与产业全面转型升级的大局中进行统筹设计,并上升为人才资源开发的基本制度安排,将产教融合作为国家可持续发展的重要支撑点。文件发布以来的这个时期,也是本课题进行研究的关键时期,有很多热点和难点问题还没有得到深入的研究和关注。

第一,本研究在对企业职业教育社会责任实现机制的研究中,缺乏对不同类型、不同规模和不同行业企业的行为规律进行深度的数据挖掘,提出的政策建议不系统、不全面。

第二,对企业职业教育社会责任评价的研究还不够深入,提出的企业职业教育社会责任的评价指标体系,需要在规范的研究方法的基础上进行分析和论证。由于新时期产教融合项目都刚开始运行,对指标的检验还需要在未来进行深入思考,运用德尔菲法对专家成员的意见进行研究的环节也将放在后续一起进行。

第三,本研究在对企业承担职业教育社会责任的行为测量中只考虑了互补性和重要性,但是按照资源依赖理论的框架设计,还缺少对资源的不可替代性的测量。在问卷设计时,考虑到产教融合探索初期企业对问题的认识不足,为了不影响研究信效度,本次调研将此题项舍去。在未来的研究中将会针对这一点进行补充和完善。

附录 1
企业承担职业教育社会责任情况调查问卷

尊敬的女士/先生：

您好！

这是一份关于现代职业教育中企业社会责任实现方面的学术调查问卷，调查结果主要为国家相关政策的制定提供依据。本调查采取不记名方式，我们承诺严格保密，保证在任何情况下都不公开企业的个体信息，仅将数据作为分析的基础，其结果用于理论研究和决策参考。感谢您百忙之中的支持！请根据实际情况回答本问卷所提出的问题，若无特殊说明，每题限选一项。

现代职业教育中企业社会责任的实现机制与评价研究课题组

2018 年 12 月 1 日

一、企业基本情况

1. 贵企业成立时间：_____。
2. 贵企业所属行业类别为_____。

   A．农、林、牧、渔业

B．采矿业

C．制造业

D．电力、热力、燃气及水生产和供应业

E．建筑业

F．批发和零售业

G．交通运输、仓储和邮政业

H．住宿和餐饮业

I．信息传输、软件和信息技术服务业

J．金融、保险业

K．房地产业

L．租赁和商务服务业

M．科学研究和技术服务业

N．水利、环境和公共设施管理业

O．居民服务和其他服务业

P．教育业

Q．卫生和社会工作

R．文化体育和娱乐业

S．综合（含投资类、主业不明显等）

3．贵企业的经济类型为_____。

A．国有企业　　　　　　　　B．集体企业

C．股份合作企业　　　　　　D．联营企业

E．私营企业　　　　　　　　F．股份有限公司

G．有限责任公司　　　　　　H．港澳台投资企业

I．外商投资企业　　　　　　J．个人独资企业

K．有限合伙企业　　　　　　L．其他

4．贵企业是否为上市公司_____。

A．是　　　　　　　　　　　B．否

5. 贵企业年销售额为_____（2017年，单位：万元）。

  A．100 及以下   B．101～300

  C．301～500   D．501～1000

  E．1001～2000   F．2001～5000

  G．5001～10000   H．10001～30000

  I．30000 以上

6. 贵企业员工数量为_____。

  A．10～20 人   B．21～50 人

  C．51～100 人   D．101～200 人

  E．201～300 人   F．301～500 人

  G．501～1000 人   H．1001～2000 人

  I．2000 人以上

7. 贵企业所处发展阶段为_____。

  A．初创期（新成立的企业，规模不大，但在未来有发展潜力）

  B．成长期（销售额每年增长，企业的结构及使用的技术因快速成长而改变）

  C．成熟稳定期（成长趋稳且缓慢，提供的产品和服务已有消费者熟悉，企业结构及技术稳定）

  D．持续发展期（企业业绩下滑，效率低，需要全面再造和进行革新，寻找新的生态圈）

8. 贵企业主要产品及生产技术最主要的来源是_____。

  A．自主研发（自主知识产权或专利）

  B．购买技术专利

  C．合作开发

  D．仿制

  E．服务性标准、高质量产品

  F．其他

9. 贵企业是否与职业院校建立了校企合作关系_____。

  A．是   B．否

10．贵企业是否参加了现代学徒制或者企业新型学徒制项目_____。

  A．是   B．否

二、企业对承担职业教育社会责任的认识

11．您认为企业应承担的社会责任具体内容包括_____（可多选）。

  A．维护股东利益   B．依法纳税

  C．拒绝商业贿赂   D．诚信经营，公平交易

  E．遵守行业道德规范   F．支持参与教育事业

  G．节能减耗，减少环境污染   H．消费者满意

  I．确保企业利润

  J．保证员工合法权益及安全卫生

  K．保护产品质量安全

  L．支持公益事业、社会捐赠

  M．为员工提供福利待遇和培训，无就业歧视

  N．履行法律法规

  O．公布企业真实信息

  P．其他

12．贵企业已经承担的社会责任包括_____（可多选）。

  A．维护股东利益   B．依法纳税

  C．拒绝商业贿赂   D．诚信经营，公平交易

  E．遵守行业道德规范   F．支持参与教育事业

  G．节能减耗，减少环境污染   H．消费者满意

  I．确保企业利润

J．保证员工合法权益及安全卫生

K．保护产品质量安全

L．支持公益事业、社会捐赠

M．为员工提供福利待遇和培训，无就业歧视

N．履行法律法规

O．公布企业真实信息

P．其他

13．您认为企业承担的职业教育社会责任的内容包括_____（可多选）。

A．接受职业院校的学生就业

B．与职业院校共同开发课程

C．合作进行技术研发、技术攻关、成果转化

D．为院校实习学生提供实习岗位

E．为职业院校提供优质专业师资

F．为职业院校教学提供设备设施

G．为职业院校营造真实生产环境

H．为职业院校提供捐赠、专项支持资金

I．与院校合作为社区提供培训、文化活动

J．其他

14．贵企业了解企业社会责任的主要途径为_____（可多选）。

A．法律法规要求　　　　　　B．政府政策鼓励措施

C．非政府组织引导　　　　　D．上下游企业要求

E．媒体宣传　　　　　　　　F．自发学习

G．社会呼吁

15．请选出贵企业在实际运营中的重要利益相关者_____（最多选择三项，并按重要程度从大到小排序）。

A．投资者　　B．供应商　　C．员工

D．顾客 　　　E．政府 　　　　F．园区

G．科研与教育团体 　　　　H．行业协会

I．当地社区 　　J．竞争者 　　　K．工会

16．您认为贵企业在承担企业社会责任方面的表现为_____。

　　A．全面承担 　　　　　　B．刚开始承担

　　C．计划承担 　　　　　　D．尚未形成明确计划

　　E．从不知道此事

17．贵企业是否发布过企业社会责任报告（或可持续发展报告、环境报告、环境健康报告等）_____（可多选）。

　　A．企业社会责任报告 　　B．可持续发展报告

　　C．环境报告 　　　　　　D．环境健康报告

　　E．其他类似报告 　　　　F．暂无

18．您认为企业社会责任报告中与职业院校合作的内容是_____的部分。

　　A．非常重要 　　　　　　B．比较重要

　　C．一般 　　　　　　　　D．不重要

　　E．非常不重要

19．如果贵企业参与技术技能人才培养，或者与职业院校师生共同做产品研发，贵企业是否愿意将其公布在社会责任报告中_____？

　　A．非常愿意 　　　　　　B．比较愿意

　　C．一般 　　　　　　　　D．不太愿意

　　E．非常不愿意

20．您认为政府在推动企业承担职业教育社会责任中所起的作用_____。

　　A．非常显著 　　　　　　B．比较显著

　　C．一般 　　　　　　　　D．不太显著

　　E．没有作用

三、企业承担的职业教育社会责任

21. 若贵企业将与职业院校的合作视为战略型企业社会责任，应属于_____类型定位。

  A．成本领先型（对生产性环节进行创新，降低成本）

  B．资源开发型（社会责任投资，改善要素供给）

  C．差异化型（通过产品和服务形成与同行企业的差异，寻求价格溢价）

  D．策略性影响型（与政府政策制定者互动，改变竞争规则创造寻租机会）

  E．市场拓展型（扩大绿色和社会责任产品市场，创造新的社会责任型市场）

22. 贵企业承担职业教育社会责任的动因是_____（最多选择三项，并按重要程度从大到小排序）。

  A．履行相关法律法规 B．政府鼓励政策措施

  C．技术技能人才需求 D．产品研发升级需求

  E．提升社会声誉 F．企业生产发展需求

  G．在行业内有话语权

  H．有责任扶持职业院校培育人才

  J．为了应对院校的需求

  K．获得竞争优势加强影响力

  I．其他

23. 在贵企业看来，承担职业教育社会责任会产生哪些积极作用？请在相应分值上画"√"：

选项	非常同意	比较同意	一般	不太同意	非常不同意
降低生产成本	5	4	3	2	1
有利于提升企业形象	5	4	3	2	1

续表

选项	非常同意	比较同意	一般	不太同意	非常不同意
有利于凝聚员工力量	5	4	3	2	1
有利于获得市场	5	4	3	2	1
增加客户资源	5	4	3	2	1
增加订单数	5	4	3	2	1
增强企业核心竞争力	5	4	3	2	1
提升服务客户能力	5	4	3	2	1
提高人才吸引力，降低流失率	5	4	3	2	1
提高产品质量	5	4	3	2	1
提高总体盈利能力	5	4	3	2	1
提升企业自主研发能力	5	4	3	2	1
获得行业内的支持和认可	5	4	3	2	1
改善企业所在地的社区、社群关系	5	4	3	2	1
提高市场美誉度和客户满意度	5	4	3	2	1

24．企业承担职业教育社会责任会产生哪些消极作用？请根据影响程度，在相应的分值上画"√"：

选项	非常同意	比较同意	一般	不太同意	非常不同意
会增加企业生产成本	5	4	3	2	1
会降低企业提供优质产品的能力	5	4	3	2	1
会消耗企业的资源	5	4	3	2	1
会导致企业的商业秘密泄露	5	4	3	2	1
企业在职业教育人才培养方面的投入时间成本大，收益不明确	5	4	3	2	1
企业在职业教育人才培养方面的投入，会导致生产效率降低	5	4	3	2	1
企业参与培养的优秀人才会外流至其他企业，造成极大的损失	5	4	3	2	1

附录1 企业承担职业教育社会责任情况调查问卷

续表

选项	非常同意	比较同意	一般	不太同意	非常不同意
企业的专业技术人员投入了较多精力，会导致生产效率降低	5	4	3	2	1
企业的管理人员投入了较多精力，会导致生产效率降低	5	4	3	2	1
企业投入生产设备用于教学，会导致生产效率降低	5	4	3	2	1
影响企业的专项资金使用	5	4	3	2	1

25．请您对企业承担职业教育社会责任的理念进行评价，在您认为合适的分值上画"√"：

选项	非常同意	比较同意	一般	不太同意	非常不同意
企业应保证其行为符合道德要求	5	4	3	2	1
企业若要在社会中拥有很大的影响力，除了股东利益之外还应该承担一定的社会责任	5	4	3	2	1
参与职业教育人才培养过程，除了获得利益之外，也应该是为社会做出的贡献	5	4	3	2	1
各级政府制定政策，应对主动承担职业教育社会责任的企业进行奖励和宣传	5	4	3	2	1
各级政府应对不承担职业教育社会责任的企业进行一定的惩罚	5	4	3	2	1
企业承担职业教育社会责任是企业发展的战略选择，应有长远发展策略	5	4	3	2	1
承担职业教育社会责任的企业应该能将承担责任的社会收益视为大于企业自身获得的利益	5	4	3	2	1

续表

选项	非常同意	比较同意	一般	不太同意	非常不同意
企业在承担职业教育社会责任和生产高价值产品两方面不可以兼顾	5	4	3	2	1
企业守法经营就行，没有义务承担其他社会责任	5	4	3	2	1

26．从企业效益出发，贵企业需要与_____层次的职业院校合作。

　　A．高等职业院校　　　　　　B．中等职业学校

27．若要承担职业教育社会责任，贵企业对合作职业院校的选择标准为_____。

　　A．院校办学实力强、声誉高

　　B．院校为企业提供订单培养

　　C．学生素质好

　　D．院校教师研发能力强

　　E．政府支持力度大

　　F．学生可以参与实际生产

　　G．企业与院校之前有过隶属关系

　　H．院校培训能力强

　　I．其他

28．贵企业是否已经承担职业教育社会责任_____。

　　A．是　　　　　　　　　　　B．否

如果已经承担了相关责任，贵企业都采取了_____支持策略。

　　A．建立了相应的兼职或专门的合作管理部门

　　B．在企业内为顶岗实习培训设立岗位

　　C．制定了校企合作管理制度

　　D．将与院校合作列入企业战略发展规划

E．制定了合作研发机构管理制度和工作计划

F．为合作研发课程、技术创新、员工培训提供专门人员

G．其他

29．贵企业承担职业教育社会责任最希望获得的资源是_____（最多选择三项，并按重要程度从大到小排序）。

A．政府专项资金扶持

B．培养符合生产需要的员工

C．生产性设备

D．教师研发的可用于生产的成果

E．能短期实习的学生

F．社会声誉提升

G．新产品新技术研发中心

H．员工能力培训机构

I．参与行业标准研制

J．其他

30．为了顺利推动企业承担职业教育社会责任，贵企业最希望得到来自_____的支持。

A．政府	B．供应链伙伴
C．行业协会	D．同行企业
E．媒体	F．其他

31．为了顺利推动企业承担职业教育社会责任，贵企业最希望得到来自政府的_____（最多选择三项，并按重要程度从高到低排序）支持。

A．税收减免优惠政策	B．产业政策引导
C．人才引进优惠政策	D．融资扶持政策
E．法律法规保障	F．设立专项基金
G．公开表彰奖励	H．专项拨款支持

I．土地及其他资源倾斜政策

32. 为了顺利推动企业承担职业教育社会责任，贵企业最希望得到来自行业协会的＿＿＿＿＿＿＿＿（最多选择三项，并按重要程度从大到小排序）支持。

  A．协调企业与其他利益相关者之间的关系

  B．加强对企业的正面宣传

  C．提供多元化的专业服务

  D．制定统一的社会责任标准

  E．扶持企业在行业内整合优势资源

  F．扶持企业进行国际交流与合作

  G．其他

33. 为了顺利推动企业承担职业教育社会责任，贵企业最希望得到来自供应链伙伴和同行企业的＿＿＿＿＿＿＿＿（最多选择三项，并按重要程度从大到小排序）支持。

  A．专业技术支持   B．联合参与推进

  C．市场推介   D．财务支持

  E．人力支持   F．其他

34. 您认为影响企业承担职业教育社会责任行为表现的因素有哪些？请根据影响程度，在相应的分值上画"√"：

选项	非常同意	比较同意	一般	不太同意	非常不同意
本地制定有促进校企合作的法规	5	4	3	2	1
本地相关法规可操作性强	5	4	3	2	1
本地相关部门有监督、执法能力强	5	4	3	2	1
政府制定有激励和优惠政策	5	4	3	2	1
当地政府对企业承担社会责任过程中的违规行为制定了惩罚措施	5	4	3	2	1
有专门的机构和人员负责社会责任管理	5	4	3	2	1

附录1 企业承担职业教育社会责任情况调查问卷

续表

选项	非常同意	比较同意	一般	不太同意	非常不同意
行业协会的引领带动作用大	5	4	3	2	1
行业协会有效发挥了管理和指导作用	5	4	3	2	1
产业链中供应商或经销商的影响大	5	4	3	2	1
消费者会认同与院校有合作的企业	5	4	3	2	1
社会责任行为在企业的考评体系中的分量较大	5	4	3	2	1
公众对企业负责任地对待与职业院校合作的行为非常赞赏	5	4	3	2	1
参与合作的企业能够在更大的平台上发展	5	4	3	2	1
参与合作的企业会在行业协会内有话语权	5	4	3	2	1
职业院校为企业业务发展带来助力	5	4	3	2	1
领导、员工接受的社会责任教育对企业有很强的影响力	5	4	3	2	1
是企业战略发展需求，承担责任可以获得更多的优质资源	5	4	3	2	1
企业安排有支持承担相应责任的规划和制度	5	4	3	2	1

35．您认为职业院校的哪些资源对企业承担社会责任非常有吸引力？请根据吸引程度，在相应的分值上画"√"：

选项	非常同意	比较同意	一般	不太同意	非常不同意
提供教学能力和研发能力强的师资	5	4	3	2	1
提供专用性强的线上线下培训课程（定制化培训）	5	4	3	2	1
提供专门的技术研发和咨询服务支持	5	4	3	2	1
提供可转化的技术成果	5	4	3	2	1

续表

选项	非常同意	比较同意	一般	不太同意	非常不同意
提供社会关系，增加客户资源	5	4	3	2	1
提供生产型、共享型实训基地，可用于生产和品牌宣传	5	4	3	2	1
提供前沿的行业信息	5	4	3	2	1
提供可用于生产的设备设施	5	4	3	2	1
提供专门的招生指标	5	4	3	2	1
提供专项资金投入（来自政府、行业、院校）	5	4	3	2	1
提供可参与生产的实习学生	5	4	3	2	1
提供熟悉企业生产、企业文化的优质毕业生	5	4	3	2	1

36．您认为贵企业承担职业教育社会责任能够为职业院校提供哪些资源？请根据认同程度，在相应的分值上画"√"：

选项	非常同意	比较同意	一般	不太同意	非常不同意
提供顶岗实习岗位	5	4	3	2	1
提供专业技术人员做兼职教师	5	4	3	2	1
提供就业岗位	5	4	3	2	1
提供设备设施	5	4	3	2	1
提供生产环境，营造带有企业文化的育人环境	5	4	3	2	1
提供社会关系	5	4	3	2	1
提供技术支持和服务	5	4	3	2	1
提供捐赠	5	4	3	2	1
提供专项支持资金	5	4	3	2	1

四、企业承担职业教育社会责任的绩效

37. 您认为企业在承担职业教育社会责任的过程中，与院校合作产生的哪些资源更为重要？请根据重要程度，在相应的分值上画"√"：

选项	非常同意	比较同意	一般	不太同意	非常不同意
参与人才培养过程，培养适应企业发展的员工	5	4	3	2	1
参与生产型实习基地建设，有效促进自身发展	5	4	3	2	1
培养"双师型"教师和院校专业技术人员能力提升	5	4	3	2	1
为员工提供足够的内部培训和在职教育且成效显著	5	4	3	2	1
将行业发展的最新知识和技能转化为教学资源，形成行业员工培训课程体系，扩大影响力	5	4	3	2	1
促进作为兼职教师的企业专业技术人员的知识更新	5	4	3	2	1
促进当地就业政策的实施，为当地解决一定的就业问题	5	4	3	2	1
与院校合作促进员工本地化政策实施	5	4	3	2	1
合作为所在社区提供公益服务，得到赞誉和肯定	5	4	3	2	1
因承担社会责任较好地扩大了知名度，提高自身社会声誉	5	4	3	2	1
能够更好地研发新产品、新技术，提供技术咨询服务	5	4	3	2	1
参与研发课程标准、行业标准，增强在业内的话语权	5	4	3	2	1
获得上级部门的奖励和更多的专项支持	5	4	3	2	1
企业对社会负责的经营理念受到社会公众的推崇和认可	5	4	3	2	1

38．您认为企业承担职业教育社会责任对企业绩效有哪些影响？请根据认同程度，在相应的分值上画"√"：

选项	非常同意	比较同意	一般	不太同意	非常不同意
进一步扩大企业的经济效益	5	4	3	2	1
提高企业的生产率	5	4	3	2	1
增加企业销售收入	5	4	3	2	1
企业会提供更优质的产品	5	4	3	2	1
员工能力增强，生产效率提高	5	4	3	2	1
提高企业技术研发能力	5	4	3	2	1
提高企业运营管理水平	5	4	3	2	1
提高顾客的满意度和忠诚度	5	4	3	2	1
推动产业链中供应商和经销商共同承担责任，形成产业链共生新格局	5	4	3	2	1
获得更多的行业内支持和认可	5	4	3	2	1

39．您认为政府对企业承担职业教育社会责任行为的支持领域及程度如何？请根据影响程度，在相应的分值上画"√"：

选项	非常同意	比较同意	一般	不太同意	非常不同意
对企业管理者承担责任的决策具有显著影响	5	4	3	2	1
对职业院校积极响应企业的行为具有显著影响	5	4	3	2	1
对促进行业协会的引领和带动作用具有显著影响	5	4	3	2	1
对督促和推动产业链上的供应商和经销商共同承担责任具有显著影响	5	4	3	2	1
对企业的社会声誉提升具有显著影响	5	4	3	2	1
对企业承担责任的专项扶持政策能够有效促进生产	5	4	3	2	1
对企业承担责任的激励、奖励能够有效提高企业的积极性和参与程度	5	4	3	2	1

答题完毕，感谢您的支持和帮助！

附录 2
企业家访谈实录

企业家访谈之一：初创期的战略主题是"活着"

实际上，河北新龙科技集团（以下简称新龙）在办软件工程师人才培养的时候根本没有想到承担社会责任，甚至那时候都没有社会责任的概念。

新龙于1995年由四个在国企干了多年的技术人员下海创立。当时我们所在的国企重组，不再做软件，而是全力以赴生产程控交换机。干了三年的软件研发不能再继续了，我们涌生出了"在国企干不成的事情那就出去干"的热情。四个人凑了几万块钱注册了公司，脱离了体制。当真要靠自己的研发挣钱时，我们才意识到不能再继续开发并销售属于原国企知识产权的"谷神教学软件"，在没有得到原国企允许的情况下继续开发并销售，会后患无穷，若与原国企谈判，又谈何容易。最终我们放弃了"谷神教学软件"，重新选择方向。那时候的人才培养就是因为有市场需求，出于对集成客户的需要，我们注册了"石家庄信息技术培训学校"，通过人才培养寻找集成客户，只是为了"活着"，并没有意识到承担社会责任这一层面。

企业家访谈之二：成长期责任意识萌芽

2000年，一向落后于中国的印度软件产业在世界亮相，给国人当头一棒。由中华人民共和国科学技术部出面，中华人民共和国教育部支持，北大青鸟集团与印度APTECH公司成立合资公司北大青鸟APTECH，专业培养实用型软件工程师，实施加盟连锁模式。新龙得知消息第一时间到北大青鸟APTECH谈加盟。2001年5月，"北大青鸟软件工程师"培养落户石家庄。先进一流的人才培养理念，与国际软件技术同步的课程实训体系，标准化训练出来的德才兼备的教师，规范、严格、可操作的考核管理系统，使得"北大青鸟软件工程师"培养风生水起，成效极佳，品牌如日中天。也许是我们足够努力，也许是我们的运气好，新龙三年内营业额数达千万，人员达到数十人之多，迅速成为当地信息技术领域的领军企业，受到政府、客户、各大高校毕业生的关注。

企业家访谈之三：发展期人才奇缺寻求创新

就在顺风顺水想升级发展的时候，一个无法绕过的难题摆在了我们面前：人才。一是招不到合适的人，当年来新龙工作的不乏一流院校毕业的应届生，也有普通本科毕业的，同时还有专科、中专毕业的，统统需要再培训，少则3~5个月，多则一年。知识陈旧、动手能力差、没有工程概念是大家的通病，职业素养较高的毕业生简直凤毛麟角。二是员工离职，那时候集成市场火爆，虽然有一定的门槛，但由于新龙的项目多而大，员工可以得到充分的锻炼，所以公司骨干被挖的事情经常发生，甚至团体被挖。新龙现在在职员工160人，据不完全统计，公司24年来工作过的员工有3000人，也就是说新龙已培养出去2800多人，员工学习期间还有工资和"五险一金"，公司仿佛是一所"带工资的学校"。怎么办？从在校生开始培养"自己人"！

2003年年底，中华人民共和国教育部在实施本科院校示范性软件学院的基础上,要实施国家示范性软件职业学院的建设遴选,河北省推荐三所职业院校参加,石家庄职业技术学院就是其中之一。教育部明确要求建设国家示范性软件职业学院要开展校企合作,新龙有幸得到石家庄职业技术学院的合作邀请,共同梳理实用型软件人才培养理念,制订培养方案,研究课程实训体系、规划学生职业素质养成。由于每个省仅选一所,结果是河北软件职业技术学院成为河北省的国家示范性软件职业学院。当时的石家庄职业技术学院领导班子认为工学结合、校企合作是培养实用型人才的必由之路,虽然没有被国家选为示范,但此路正确,就与新龙继续合作。双方决定在石家庄职业技术学院共同建设软件学院,设置两个专业,每年招生300名。

企业家访谈之四:企业社会责任拓展

2012年,随着《河北省人民政府关于加快全省服务外包产业发展的若干意见》的出台,新龙响应政府号召与本科学校签署协议,探索校企融合、工学结合,培养区域经济发展需要的实用型、复合型、国际化人才,形成层次上的突破。

2013年1月,新龙联合河北省软件与信息服务业协会、河北省服务贸易与服务外包协会共同牵头组建了河北省软件与服务外包职业教育集团(以下简称职教集团),在此平台上启动"双百工程"项目——企业选派100名德才兼备的工程师作为职教集团内院校的企业教授,在职教集团内院校中开设实践性强、处于发展前沿的课程;职教集团内院校选派100名青年骨干教师作为高校工程师深入职教集团内企业,参与项目研发。同时实施的还有"彩虹桥"毕业生高质量就业帮扶计划,新龙的培训让一些有志之才顺利进入IT行业500强企业就业。2013年10月,职教集团还与清华大学国家服务外包人力资源研究院在河北省内推广ISCC,共建河北省大学生创业就业实训平台和服务外包人才培养中心、测评服务中心。

新龙一贯支持大学生创新创业。公司用集团庆的50万元设立"IT人才成长基金",支持河北省IT人才培养。2008年开始出资100万元在石家庄职业技术学院成立"大学生创业就业基金""石家庄大学生IT创业孵化基地",为大学生创业就业及成长提供了资金支持和实训平台,为那些脚踏实地、勤奋拼搏、执着进取、勇于创业的信息技术专业大学生给予鼓励和资助。为此,石家庄市人民政府授予新龙"石家庄捐资助学先进集体"称号。

企业家访谈之五:人才培养持续升级

到2017年,软件学院已走过14年的时光,从最初的每年招生300名扩大到500名,已培养毕业生4467人,目前在校生1498人。14年中,校企合作创新,共赢图发展。新龙把软件产业的最新发展、需求第一时间传递到软件学院,学院开展相应的项目实训和丰富多彩的实践活动,激发学员的学习兴趣和创造力,让学员在校内便提前开始职业生涯,真正实现了学员、学校、企业的共赢。

2018年3月,新龙成立了第一个"职业精英班",首批精选11名学员。11名学员吃住在学校,学习在企业,企业根据真实项目和任务重新开发了课程体系,融入了企业的技术标准,学员跟着工程师边做边学。目前已经有13家需求企业参与到对"职业精英班"学员的培养中。

企业家访谈之六:实现更高层次的企业职业教育社会责任

新时代、新经济,呼唤中国特色职业教育。2019年,国务院正式印发《国家职业教育改革实施方案》,文件中提出,经过5~10年时间,职业教育基本完成由政府举办为主向政府统筹管理、社会多元办学的格局转变,由追求规模扩张向提高质量转变,由参照普通教育办学模式向企业社会参与、专业特色鲜明的类型教育转变,大幅提升新时代职业教育现代化水平。文件中还提出,将构建职业教育国家标准，启动 1+X 证书制度试点工作；促进产教融合校企"双元"育人，多措并举打造"双师型"教师队伍；建设多元办学格局；完善技术技能人才保障政策。

在方案的指导下，新龙董事会决定：探索校企一体化，培养信息技术职业精英。目标是探索中国特色、国际一流的职业精英培养模式，5 年内进入京津冀一流职业学院行列，10 年内成为中国职业教育走向世界的典范，在更高层次上实现新龙的企业职业教育社会责任。

（1）正式确定"职业精英班"的培养定位。

理念：让有潜质的人成为精英。

目标：聚集高水平团队，培养职业精英，创新一流产品。

特点：高起点，专而精，校企一体化。

高起点，以培养职业精英为己任。教师团队以新龙团队为基础，同时汇集海内外一流技术专家、企业高管、艺术大师等，形成专职兼职结合的豪华教师队伍，遴选有潜质的高考生，按照"书院制"进行德、智、体、美、劳全面培养，特别要坚持"立德树人"，明确为中国共产党培养人才的目标，培养在党领导下的信息技术职业精英。

专而精，以信息产业集聚为核心。以人工智能、大数据、空间安全、物联网等信息技术前沿专业，配合必要的创意策划、艺术、管理、市场营销等专业，形成科学、艺术、人文交叉融合的学习模式，致力于培养创新性、国际化、综合型职业精英。2019 年遴选信息技术专业学员不超过 200 人，管理专业学员不超过 50 人，艺术专业学员不超过 50 人，三年在校生 900 人。软件学院专职教师 100 人，兼职教师 100 人，师生比大于 1∶5，每一位学员配备有一名德才兼备的工程师作为导师。学院近期规划在校生 900 人，长期规划在校生 3000 人。

校企一体化，以信息技术为特色。采取"基于解决问题的四步走人才培养模式"：案例教学、做真项目、真做项目、解决问题，辅助以"新龙智慧教育"产品，师生共同成长，深化产教融合，在发展产业中培养人才，在培养人才中发展产业。毕业生不仅有才，而且有德、有熏陶、有浸润，有人文素养、中国情怀、世界胸怀。

（2）正式确定"职业精英班"的培养模式。

建设"没有休息日"的人才培养模式。一是建设"星期天大学"，满足上班族继续学习的需求，到软件学院听课、研讨、技术攻关；二是为师生提供不间断进行产品研发、服务社会的环境，营造学习氛围。

人才培养的核心是群体学习和输出学习。在软件学院的学习分为三种方式：一是别人输出、自己接收；二是群体学习，学员之间通过讨论触发灵感；三是反向输出，学员把知识消化后再反向输出。后两种学习方式同样重要，尤其以学员反向输出的效果为最好，因为了知识输出，学员往往需要额外接收更多信息。

模糊专业边界，以产业中心为教学单位培养综合性人才。根据当前产业链，软件学院划分大数据、人工智能、信息安全、物联网四个产教融合中心，四个中心主任交叉任职，多位教师共同任课，使产业中心形成既相互独立又相互融合的格局。

企业家访谈之七：企业员工的成长

企业承担职业教育社会责任，也使企业员工得到了成长。我们的员工具有了包容性格，过去"三句话聊不来就发火"的现象彻底没有了；培养了坚韧不拔的意志，开发产品犹如攀登高山，遇到艰难险阻需要勇敢面对，自从与大学合作办学，工程师在校任教，我们的产品成功率提高了30%，不能不承认这是大学文化熏陶对员工品质的影响；软件工程师普遍"笨嘴笨舌"，工程师在大学讲课，与大学教师一起做科研，带领学生做项目，语言能力得到了锻炼，大家都喜欢交流也会交流了。

企业家访谈之八：政策制度宽松，积极参政议政

新龙得到社会认可，具体证明就是集团董事长杜秀珍从 2003 年就当选第十届河北省人大代表，第十一届连续当选，2013 年当选第十二届政协河北省委员，2018 年当选石家庄市第十四届人大代表。16 年的参政议政，杜秀珍念念不忘的就是推动区域企业职业教育社会责任的制度化，推动"产教融合"政策出台，连续 13 年提建议、写议案，得到政府机构多次采纳，获得优秀省人大代表和优秀政协委员表彰。杜秀珍还多次参加政府关于"产教融合"的咨询会，从行业层面、企业层面、职业院校层面提出意见和建议，并得到采纳，为河北省出台各项"校企合作，产教融合"政策出力献策。

企业家访谈之九：行业协会的作用

新龙认为，职业教育必须联系行业、产业、企业，与教育行政主管部门形成合力。充分发挥行业协会的作用，调动行业协会的积极性至关重要。行业协会应发挥其引领带动作用，带领企业、院校开展深度合作。同时，行业协会还要发挥其指导、协调作用，指导企业制定人才标准，指导职业院校进行人才培养、专业建设、课程开发及 1+X 证书制定，协调企业与院校的关系等。

新龙是职教集团的理事长单位，我们在 2018 年换届时就成立了"产教融合委员会"，明确了委员会主任、副主任。"产教融合委员会"根据大家的需求制订工作计划，有创新创业大赛、课程体系研发，也有校企互动，其中校企文化交流是重中之重。

企业家访谈之十：科技环境

新龙充分利用参政议政的机会，推动科技部门大力扶植职业教育。过去一段时间，普通高校，特别是重点高校是科技部门的座上宾，其无论在研究课题承担还是科技成果转化上，都能优先得到科技部门的政策资金支持。也难怪，一直以来职业院校教师的科研水平不高，科技成果转化不多，长此以往将陷入死循环。我们要推动科技部门出台扶持职业院校的政策，认可职业院校的科技成果，鼓励一流企业与职业院校共同成立"技术创新中心"、申报研究课题；设立职业教育科技成果专项奖励；支持职业院校成果转化，加大产权分配、收入分配比例，以产生的效益作为分数为职称晋升项加分等措施的落实。

企业家访谈之十一：文化融合

新龙依托职教集团进行校企文化的融合。新龙在五年前就率先设置了"高校工程师"和学生顶岗实习岗位，制定了岗位标准，明确了评价体系，设立了专项资金，并且纳入《新龙科技集团人力资源管理体系》，通过行业协会、职教集团进行宣讲，将《新龙科技集团人力资源管理体系》公之于众，供其他企业参考，营造全行业、全社会欢迎职业院校教师和即将毕业的学生到企业见习、工作、研发的氛围，列出预算，奖励价值，容纳失败。

企业家访谈之十二：响应号召，充分发挥企业主体作用

我们是信息产业的一兵，应用信息技术构建集信息传递、协同办公、在线学习、智能实践等功能于一体的平台是我们的强项。职教集团已经具有了这个平台的雏形，实现了线上线下协同应用，我们在此基础上以《国家职业教育改革实施方案》为指导，根据软件行业和职业教育特点更新思路、创新方法，建设智能化的"产教融合创新平台"。我们的平台不仅服务于河北省的产教融合，更要为全国以至于世界范围内的政府、行业、企业、员工、职业院校、学生服务，成为职业院校和行业企业的命运共同体的载体。在新时代，我们将努力承担起打造中国特色、国际一流的职业教育的社会责任。

参 考 文 献

[1] 陈春花, 朱丽, 刘超, 等. 协同共生论: 组织进化与实践创新[M]. 北京: 机械工业出版社, 2021.

[2] CARROLL A B. The pyramid of corporate social responsibility: toward the moral management of organizational stakeholders[J]. Business Horizons, 1991, 34(4): 39-48.

[3] 黎友焕. 企业社会责任研究[D]. 西安: 西北大学, 2007.

[4] 陈宏辉. 企业的利益相关者理论与实证研究[D]. 杭州: 浙江大学, 2003.

[5] 黄卓君. 大中型企业参与职业教育的社会责任研究[D]. 杭州: 浙江工业大学, 2017.

[6] MCGUIRE J W. Business and society[M]. New York: McGraw-Hill, 1963.

[7] FITCH H G.Achieving corporate social responsibility[J]. Academy of Management Review, 1976, 1(1): 38-46.

[8] DAVIS K, BLOMSTROM R L. Business and society: environment and responsibility[M]. New York: McGraw-Hill, 1975.

[9] CARROLL A B. A three-dimensional conceptual model of corporate performance[J]. Academy of Management Review, 1979, 4(4): 497-505.

[10] CARROLL A B. Corporate social responsibility: evolution of a definitional construct[J]. Business and Society, 1999, 38(3): 268-295.

[11] 中国企业管理年鉴编委会. 中国企业管理年鉴 1990[M]. 北京: 企业管理出版社, 1990.

[12] ULLMANN A A. Data in search of a theory: a critical examination of the relationships among social performance, social disclosure, and economic performance of U.S. firms[J]. Academy of Management Review, 1985, 10(3): 540-557.

[13] SHELDON O. The philosophy of management[M]. London: Routledge, 2003.

[14] 霍德盖茨. 美国企业经营管理概论[M]. 中国人民大学工业经济系外国工业管理教研室, 译. 北京: 中国人民大学出版社, 1985.

[15] 刘俊海. 公司的社会责任[M]. 北京: 法律出版社, 1999.

[16] 刘连煜. 公司治理与公司社会责任[M]. 北京: 中国政法大学出版社, 2001.

[17] 周祖城. 企业伦理学[M]. 北京: 清华大学出版社, 2005.

[18] LANTOS G. The boundaries of strategic corporate social responsibility[J]. Journal of Consumer Marketing, 2001(18): 595-630.

[19] SCHWARTZ M S, CARROLL A B. Corporate social responsibility: a three-domain approach[J]. Business Ethics Quarterly, 2003, 13(4), 503-530.

[20] 陈志昂, 陆伟. 企业社会责任三角模型[J]. 经济与管理, 2003(11): 60-61.

[21] 王竹泉. 从利益相关者角度分析财务信息披露外部性[J]. 财会月刊, 2006(10): 10-11.

[22] 陈宏辉, 贾生华. 企业利益相关者三维分类的实证分析[J]. 经济研究, 2004(4): 80-90.

[23] JAMALI D. The case for strategic corporate social responsibility in developing countries[J]. Business and Society Review, 2007, 112(1): 1-27.

[24] 花双莲. 企业社会责任内部控制理论研究[D]. 青岛: 中国海洋大学, 2011.

[25] DONALDSON T, PRESTON L E. The stakeholder theory of the corporation: concepts, evidence, and implications[J]. Academy of Management Review, 1995, 20(1): 65-91.

[26] EVANS J R. An exploratory study of performance measurement systems and relationships with performance results[J]. Journal of Operations Management, 2004, 22(3): 219-232.

[27] SANTORO M D, GOPALAKRISHNAN S. Relationship dynamics between university research centers and industrial firms: their impact on technology transfer activities[J]. The Journal of Technology Transfer, 2001(26): 163-171.

[28] JENSEN M C, MECKLING W H. Theory of the firm: managerial behavior, agency costs and ownership structure[J]. Journal of Financial Economics, 1976, 3(4): 305-360.

[29] FREEMAN R E. Strategic management: a stakeholder approach[M]. Bostom: Pitman/ Ballinger, 1984.

[30] ALKHAFAJI A F. A stakeholder approach to corporate governance[M]. New York: Quorum Book, 1989.

[31] CLARKSON M B E. A stakeholder framework for analyzing and evaluating corporate social performance[J]. Academy of Management Review, 1995, 20(1): 92-117.

[32] WARTICK S L, COCHRAN P L. The evolution of the Corporate Social Performance Model[J]. Academy of Management Review, 1985, 10(4): 758-769.

[33] WOOD D J. Corporate social performance revisited[J]. Academy of Management Review, 1991, 16(4): 691-718.

[34] 王姝, 王译萱. 利益相关者视角下中小企业社会责任评价研究[J]. 经济研究导刊, 2018(29): 14-15.

[35] 张进发. 基于利益相关者理论的企业社会责任管理研究[D]. 天津: 南开大学, 2009.

[36] 李佳楠. 企业社会责任对利益相关者的影响[D]. 南京: 南京大学, 2017.

[37] 钱爽. 企业社会责任、创新投入与企业财务绩效关系研究[D]. 合肥: 中国科学技术大学, 2017.

[38] 威廉姆森, 温特. 企业的性质: 起源、演变与发展[M]. 姚海鑫, 邢源源, 译. 北京: 商务印书馆, 2010.

[39] DONALDSON T. Corporations and morality[M]. Upper Saddle River: Prentice-Hall, 1982.

[40] DONALDSON T, DUNFEE T W. Integrative social contracts theory: a communitarian conception of economic ethics[J]. Economics and Philosophy. 1995, 11(1): 85-112.

[41] 刘长喜. 利益相关者、社会契约与企业社会责任[D]. 上海: 复旦大学, 2005.

[42] 李淑英. 社会契约论视野中的企业社会责任[J]. 中国人民大学学报, 2007(2): 51-57.

[43] 李嘉宁, 胡改蓉. 企业社会责任: 基于不完全契约与动态平衡理论的思考[J]. 甘肃政法学院学报, 2008(5): 102-110.

[44] 姜启军, 顾庆良. 企业社会责任和企业战略选择[M]. 上海: 上海人民出版社, 2008.

[45] 刘建秋, 宋献中. 企业社会责任契约的层次、范围与边界研究: 基于可持续发展背景[J]. 河北经贸大学学报, 2011, 32(6): 37-42.

[46] 刘建秋, 宋献中. 契约理论视角下企业社会责任的层次与动因: 基于问卷调查的分析[J]. 财政研究, 2012(6): 68-71.

[47] 崔丽. 基于关系契约理论的企业社会责任体系的构建[J]. 生产力研究, 2015(3): 121-122+139.

[48] 佘佳微, 马爱霞. 契约理论视角下企业社会责任动力机制研究[J]. 科技与经济, 2017, 30(6): 1-5.

[49] 申富平, 袁振兴. 论企业社会责任的资源依赖性及其配置[J]. 河北经贸大学学报, 2011, 32(3): 50-54.

[50] 张钢仁, 王鹏, 汤小伟, 等. 种子企业利益相关者理论分析: 基于资源依赖理论[J]. 现代商贸工业, 2013, 25(8): 20-21.

[51] 陈红强, 彭珏. 政治关联、政府控制与企业社会责任[J]. 财会月刊, 2015(14): 22-28.

[52] 陈钢. 公司社会责任、资源依赖与并购方财富效应[J]. 东北财经大学学报, 2015(1): 26-32.

[53] DEISSINGER T. Vocational education and training-VET system[J]. International Encyclopedia of Education, 2010,(8): 448-454.

[54] 国家教委职业技术教育中心研究所. 历史与现状: 德国双元制职业教育[M]. 北京: 经济科学出版社, 1998.

[55] 王彦军, 李志芳. 日本劳动力技能形成模式分析[J]. 现代日本经济, 2009(5): 41-46.

[56] 彭四平. 校企合作: 企业的社会责任[J]. 广东技术师范学院学报, 2010, 31(1): 10-12+137.

[57] 周梁. 论企业在职业教育中的社会责任[J]. 教育与职业, 2011(29): 16-18.

[58] 魏海群. 企业社会责任在校企合作中的法律化[J]. 中国商贸, 2012(8): 242-243.

[59] 聂伟. 论企业的职业教育责任[D]. 天津: 天津大学, 2013.

[60] 徐珍珍, 黄卓君. 职业教育中的企业社会责任: 履行模式与路径选择[J]. 中国职业技术教育, 2018(18): 39-43+49.

[61] 秦程现. 企业职业教育责任的战略性研究[J]. 职业教育研究, 2021(12): 48-53.

[62] 舒岳. 从企业社会责任报告看校企合作的制度安排[J]. 中国职业技术教育, 2011(3): 11-14.

[63] 光琳. 社会责任视角下的企业参与职业教育的动力研究[J]. 职业教育(中旬刊), 2016(10): 48-49+53.

[64] 孙健, 贺文瑾. 社会责任视角下企业参与职业教育校企合作的动力思考[J]. 教育与职业, 2017(18): 20-24.

[65] 刘晓, 黄卓君. 我国大中型企业参与职业教育的社会责任研究: 基于 300 家企业社会责任报告的文本分析[J]. 职业技术教育, 2017, 38(30): 42-48.

[66] 马永红, 陈丹. 企业参与校企合作教育动力机制研究: 基于经济利益与社会责任视角[J]. 高教探索, 2018(3): 5-13.

[67] 秦程现. 论企业的职业教育责任及其实现: 基于企业社会责任理论视角[J]. 职业技术教育, 2020, 41(1): 37-41.

[68] 威勒, 西兰琶. 利益相关者公司: 利益相关者价值最大化之蓝图[M]. 张丽华, 译. 北京: 经济管理出版社, 2002.

[69] 彭华岗, 钟宏武, 孙孝文, 等. 中国企业社会责任报告编写指南之一般框架[M]. 北京: 经济管理出版社, 2014.

[70] 郑海东. 企业社会责任行为表现: 测量维度、影响因素及绩效关系[M]. 北京: 高等教育出版社, 2012.

[71] 李智, 崔校宁. 中国企业社会责任: 基于"三省千企"调查和"2S+2C"框架的CSR影响机制与推进方略研究[M]. 北京: 中国经济出版社, 2011.

[72] 王淑霞. 中小企业社会责任履行的动因研究[J]. 河北企业, 2018(1): 75-76.

[73] VISSER W. The age of responsibility: CSR 2.0 and the new DNA of business[J]. Journal of Business Systems, Governance and Ethics, 2010, 5(3): 7-22.

[74] CAMPBELL J L. Why would corporations behave in socially responsible ways? An institutional theory of corporate social responsibility[J]. Academy of Management Review, 2007, 32(3): 946-967.

[75] DAVIS K, FREDERICK W C. Business and society: management, public policy, and ethics[M]. New York: McGraw-Hill, 1984.

[76] CARLISLE Y M, FAULKNER D O. Corporate social responsibility: a stages framework[J]. European Business Journal, 2004, 16(4): 143-152.

[77] JAWAHAR I M, MCLAUGHLIN G L. Toward a descriptive stakeholder theory: an organizational life cycle approach[J]. Academy of Management Review, 2001, 26(3): 397-414.

[78] 陈旭东, 余逊达. 民营企业社会责任意识的现状与评价[J]. 浙江大学学报(人文社会科学版), 2007(2): 69-78.

[79] 宋天霞. 企业规模、社会责任与绩效的关系研究[D]. 厦门: 集美大学, 2018.

[80] 陈宏辉, 王江艳. 企业成长过程中的社会责任认知与行动战略[J]. 商业经济与管理, 2009(1): 51-58.

[81] 冯变英. 不同区域企业社会责任差异性的实证比较[J]. 数理统计与管理, 2018, 37(4): 603-609.

[82] 金碚, 李钢. 企业社会责任公众调查的初步报告[J]. 经济管理, 2006(3), 13-16.

[83] TUZZOLINO F, ARMANDI B R. A need-hierarchy framework for assessing corporate social responsibility[J]. Academy of Management Review, 1981, 6(1): 21-28.

[84] 袁纯清. 共生理论: 兼论小型经济[M]. 北京: 经济科学出版社, 1998.

[85] 袁纯清. 共生理论及其对小型经济的应用研究(上)[J]. 改革, 1998(2): 100-104.

[86] 吕文晶, 陈劲, 汪欢吉. 组织间依赖研究述评与展望[J]. 外国经济与管理, 2017, 39(2): 72-85.

[87] PFEFFER J, SALANCIK G R. The external control of organizations: a resource dependence perspective[M]. New York: Harper and Row, 1978.

[88] BARNEY J. Firm resources and sustained competitive advantage[J]. Journal of Management, 1991, 17(1): 99-120.

[89] 王卓君, 赵顺龙, 陈同扬, 等. 中国大学外部经济关系研究[M]. 北京: 北京大学出版社, 2005.

[90] 王丹中. 基点·形态·本质: 产教融合的内涵分析[J]. 职教论坛, 2014(35): 79-82.

[91] 刘志辉. 政府与社会组织对称性互惠共生关系构建: 基于国家治理能力现代化视角的分析[J]. 天津行政学院学报, 2017, 19(3): 16-23.

[92] 霍丽娟. 产学合作教育中高职院校与企业的关系研究[M]. 石家庄: 河北教育出版社, 2010.

[93] SAIDEL J R. Resource interdependence: the relationship between state agencies and nonprofit organizations[J]. Public Administration Review, 1991, 51(6): 543-553.

[94] SCHOORMAN F D, MAYER R C, DAVIS J H. An integrative model of organizational trust: past, present, and future[J]. Academy of Management Review, 2007, 32(2): 344-354.

[95] RUF B M, MURALIDHAR K, BROWN R M, et al. An empirical investigation of the relationship between change in corporate social performance and financial performance: a stakeholder theory perspective[J]. Journal of Business Ethics, 2001, 32(2): 143-156.

[96] 弗里曼. 战略管理: 利益相关者方法[M]. 王彦华, 梁豪, 译. 上海: 上海译文出版社, 2006.

[97] 王倩. 企业社会责任与企业财务绩效的关系研究[D]. 杭州: 浙江大学, 2014.

[98] 胡罡. 基于社会责任的国有企业管理研究[D]. 西安: 西安建筑科技大学, 2011.

[99] 林丽萍, 罗莹. 论社会责任对企业成长性的作用机理[J]. 财会通讯, 2014(15): 86-89.

[100] 董奇, 国卉男. 高职院校校企合作绩效量化评价的研究: 基于因素分析的视角与方法[J]. 职教论坛, 2015(13): 30-35.

[101] 王伟, 冯树清. 东中西部 7 所财经类高职校企合作绩效评价研究[J]. 职教论坛, 2012(9): 25-28.

[102] 陆芸婷, 卢鑫, 郭淼. 基于用户满意度的校企合作绩效评价体系研究[J]. 科教文汇(中旬刊), 2015(23): 122-123.

[103] 陈超逸, 汪波, 陈洛. 校企合作中企业方合作绩效的多角度评价研究[J]. 电子科技大学学报(社科版), 2014, 16(2): 56-60.

[104] 朱海静. 基于博弈论的高职院校校企合作评价体系探究[J]. 太原城市职业技术学院学报, 2014(11): 1-3.

[105] 王秦, 李慧凤. 基于合作博弈的校企合作长效机制构建[J]. 中国职业技术教育, 2014(36): 24-29.

[106] 朱双华. 校企合作项目运行绩效评价指标体系构建与实例分析[J]. 财经问题研究, 2016:(S1): 33-36.

[107] 文益民, 易新河, 韦林. 利益相关者视域下校企合作综合评价指标体系构建研究[J]. 中国高教研究, 2015(9): 58-62.

[108] 赵恒伯, 刘繁荣. 刍议高职院校校企合作项目绩效评价指标体系的构建[J]. 中国职业技术教育, 2014(9): 41-43+48.

[109] 黄洋. 职业院校校企合作项目综合评价[D]. 北京: 北京交通大学, 2010.

[110] 赵蒙成. 校企合作质量评价指标体系的构建[J]. 职教通讯, 2016(4): 24-32+38.

[111] 吴结. 基于利益相关者理论的高职校企合作实效评价研究[J]. 职教通讯, 2012(16): 64-67.

[112] 胡伟卿. 高职院校校企合作绩效评价研究[J]. 高等理科教育, 2009(6): 154-158.

[113] 李红卫, 封蕾. 校企合作人才培养模式质量监控与评价体系[J]. 电子科技, 2010, 23(6): 97-98+102.

[114] 李时, 姜文雯. 基于CIPP的民办本科院校校企合作应用型人才培养评价指标体系研究[J]. 延安职业技术学院学报, 2018, 32(1): 29-31.

[115] 包兴先. 校企合作视域下技能型人才培养质量评价体系研究[J]. 职教论坛, 2015(24): 75-79.

[116] 胡焱. 科学发展观视阈下企业社会责任实现路径研究[J]. 理论月刊, 2013(9): 149-151.